Unternehmensstrafrechtliche Tage

Herausgegeben von

Prof. Dr. Dr. h.c. Gerhard Dannecker,
Universität Heidelberg

Prof. Dr. Dr. h.c. Michael Kubiciel,
Universität Augsburg

Prof. Dr. Marianne Johanna Lehmkuhl,
Universität Bern

Prof. Dr. iur. Frank Meyer, LL.M. (Yale),
Universität Zürich

Prof. Dr. Frank Saliger,
Ludwig-Maximilians-Universität München

Univ.-Prof. Dr. Richard Soyer,
Johannes Kepler Universität Linz

Band 2

Marianne Johanna Lehmkuhl | Frank Meyer (Hrsg.)

Das Unternehmen im Brennpunkt nationaler und internationaler Strafverfahren

Nomos   DIKE ⊞   MANZ ⍦

Onlineversion
Nomos eLibrary

Die Deutsche Nationalbibliothek verzeichnet diese Publikation in
der Deutschen Nationalbibliografie; detaillierte bibliografische
Daten sind im Internet über http://dnb.d-nb.de abrufbar.

ISBN 978-3-8487-6942-1 (Nomos Verlagsgesellschaft mbH & Co. KG, Baden-Baden, Print)
ISBN 978-3-7489-1059-6 (Nomos Verlagsgesellschaft mbH & Co. KG, Baden-Baden, ePDF)

ISBN 978-3-03891-260-6 (Dike Verlag, Zürich/St. Gallen)

ISBN 978-3-214-02052-1 (MANZ'sche Verlags- u. Universitätsbuchhandlung GmbH, Wien)

Geleitwort zur Schriftenreihe „Unternehmensstrafrechtliche Tage"

Die Verantwortlichkeit und Sanktionierung von Verbänden zählen zu den zentralen Fragen des Wirtschafts- und Wettbewerbsrechts der Gegenwart. Zurückgehend auf eine Idee der Gründungsmitveranstalter Richard Soyer und Gerhard Dannecker wurden die Unternehmensstrafrechtlichen Tage ins Leben gerufen, um sich im Rahmen einer deutschsprachigen Veranstaltungsreihe, beginnend an den Universitäten Linz, Heidelberg, München und zunächst Köln, jetzt Augsburg, der Diskussion über das Unternehmensstrafrecht über nationale Grenzen hinweg in all seinen thematischen Facetten anzunehmen. Inzwischen sind die Universitäten Bern und Zürich dazu gekommen. Die Unternehmensstrafrechtlichen Tage wollen über den nationalen Tellerrand hinausschauen und eine Plattform für verschiedene, an diesen Themen interessierte Berufsgruppen schaffen. In ihrem Zentrum steht der interregionale Austausch auf wissenschaftlicher und praktischer Ebene zu tagesaktuellen und grundsätzlichen Fragen der Strafverfolgung von Wirtschaftsstraftaten und Sanktionierung von Unternehmen. Diese Bandbreite spiegelt sich auch in dem angewachsenen Kreis der Mitveranstalter wider, die dieses Konzept mittragen.

Die bisherigen Veranstaltungen konnten den hochgesteckten Anspruch mit langfristiger, integrierter Programmplanung und einem Netzwerk fachkundiger Referenten verschiedener Professionen einlösen und durch große Aktualität, inhaltliche Tiefe, Praxisnähe und rechtsvergleichende Perspektiven einen besonderen Mehrwert für die Teilnehmenden schaffen. Der hohe Informationswert spiegelt sich in deren vielstimmig geäußertem Interesse wider, nach der Tagung Zugang zu den schriftlichen Fassungen der Referate in einer gebündelten Form zu erhalten.

Diesem Wunsch möchte die Veranstaltenden mit dieser Schriftenreihe gerne nachkommen. Der Weg vom Sonderheft zur Schriftenreihe soll Kontinuität und Anspruch der Unternehmensstrafrechtlichen Tagen ausdrücken und dafür sorgen, dass die hochwertigen Tagungsbeiträge der Referierenden in gebührender Form Eingang in die Diskussionen rund um das Unternehmensstrafrecht finden und die Debatte weiterhin nachhaltig fördern können.

Gerhard Dannecker (Heidelberg), Michael Kubiciel (Augsburg),
Marianne Johanna Lehmkuhl (Bern), Frank Meyer (Zürich),
Frank Saliger (München), Richard Soyer (Linz)

Vorwort

Dieser Tagungsband dokumentiert nicht nur die 5. Unternehmensstrafrechtliche Tage, die von den Universitäten Bern und Zürich am 15. und 16. November 2019 erstmals in der Schweiz ausgerichtet wurden, sondern unterstreicht zugleich, dass sich die mit den Universitäten Augsburg, Heidelberg, Linz und München gemeinsam veranstaltete Tagungsreihe fest im Veranstaltungskalender etabliert hat. Diesem Erfolg wird nun auch in gebundener Form Ausdruck verliehen werden. Dank langfristiger gemeinsamer Entwicklung der Tagungsthemen und konzertierter Referent(inn)ensuche fiel es den Herausgebern nicht schwer, einen thematisch vielfältigen und dennoch geschlossenen, qualitativ anspruchsvollen Tagungsband zusammenzustellen. Er spiegelt Aktualität, Anspruch, Vielfalt der Perspektiven und landesspezifische Zugänge wider, welche die Unternehmensstrafrechtlichen Tage prägen. Das diesmalige Generalthema «Das Unternehmen im Brennpunkt nationaler und internationaler Strafverfahren» ist insofern von besonderer Bedeutung für die Schweiz im Allgemeinen und den Wirtschaftsstandort Zürich im Besonderen. Wohl nur an wenigen Orten lässt sich wie unter einem Brennglas beobachten, was es bedeutet, dem zeitgleichen weltweiten Zugriff von Staatsanwaltschaften und Aufsichtsbehörden ausgesetzt zu sein; nahezu wöchentlich finden sich entsprechende Medienberichte. Und so überrascht es danach auch nicht, dass Tagungsthemen wie die Reichweite des Anwaltsgeheimnisses und die Beschlagnahmefreiheit bei internen Ermittlungen oder die Geltung von nemo tenetur in FINMA-Verfahren bereits das Schweizer Bundesgericht beschäftigt haben. Und auch die rechtspolitische Diskussion hat hier diskutierte Fragen der Mehrfachsanktionierung und -verfolgung mit der (mittlerweile verworfenen) Idee eines Aufschubs der Anklageerhebung bei Verfahren gegen Unternehmen bereits aufgegriffen. Die Beiträge können Lebhaftigkeit und Ideenreichtum der Diskussionen zwar nicht vollumfänglich wiedergeben, doch vermitteln sie äusserst fachkundige und prägnante Einblicke in die Kernfragen der Tagung. Wir wollen allerdings nicht verschweigen, dass auch diesem Band die Auswirkungen der Corona-Pandemie zu schaffen gemacht haben, indem sie die Abgabe des einen oder anderen Beitrags verunmöglicht haben. Als Herausgeber hoffen wir aber gleichwohl, dass die Teilnehmer und Leser viel Freude mit diesem Band haben werden.

Bern/Zürich, im Mai 2020   *Marianne Johanna Lehmkuhl und Frank Meyer*

Inhalt

Thematische Einführung

Frank Meyer, Zürich

Eine periodisch stattfindende Tagungsreihe, die sich einem ganz bestimmten Gegenstand, nämlich dem Unternehmensstrafrecht, verschrieben hat und als Kooperation von Partnern aus drei Ländern veranstaltet wird, hat zwei Dinge zu leisten. Die jährlichen Veranstaltungen sollten thematische Fäden kontinuierlich und kohärent fortspinnen. Ihre Referenten sollten einen guten Querschnitt aus allen drei beteiligten Ländern sowie Wissenschaft und Praxis bilden. Mit unserem Generalthema «Das Unternehmen im Brennpunkt nationaler und internationaler Strafverfahren» knüpfen wir insofern nahtlos an die 4. Unternehmensstrafrechtlichen Tage in Augsburg an. Dort hatte RA Prof. Dr. Wolfgang Spoerr zur Perspektive der internationalen internen Untersuchungen referiert. Er zeigte dabei eine ganze Reihe von Spannungslagen zwischen interner Untersuchung und Strafverfahren auf; zugleich postulierte er Prinzipien zu deren Behebung. Seine Beobachtungen trafen nach meiner Erinnerung ins Schwarze. Und auch seine Regelungsvorschläge besaßen Plausibilität und Praxisnähe. Allerdings schienen mir die Spannungslagen noch viel weiter zu reichen und komplexer zu sein, als es im damaligen Rahmen dargelegt werden konnte. Und geradezu desillusionierend endete das nachträgliche Reflektieren der Vorschläge bei den Planungen zur diesjährigen Tagung. Es fehlt wohl in vielerlei Hinsicht schon an einem gemeinsamen Rechtsrahmen und einem geteilten Verständnis von zentralen Kategorien des Sanktionen- und Verfahrensrechts für die Behandlung mehrgleisiger, multidisziplinärer Sanktions- und Aufsichtsverfahren, zumal in grenzüberschreitender Dimension. Umspannende transnationale Rechtsprinzipien für transnationale Verfahren lassen sich daher weder ohne weiteres deduzieren noch induktiv im Wege der Prozessführung generieren. Damit war aber zugleich die Idee für unsere Tagung geboren, die mit unseren Mitveranstaltern ausgearbeitet und in dieses Programm gegossen werden konnte.

Leitidee dieser Tagung ist es, erstmals die verfahrensrechtliche Seite des Unternehmenssanktionenrechts genauer zu beleuchten, allerdings nicht isoliert auf das Strafverfahren, sondern sensibel für Mutationen der Verfahrenswirklichkeit. Ein Charakteristikum unternehmensstrafrechtlicher Verfahren ist ihr Hand-in-Hand-Gehen mit regulatorischen Aufsichtsverfahren, Verwaltungssanktionsrecht, internen Untersuchungen und neuartigen Bewährungsverfahren wie dem Compliance-Monitor.

Die Geometrie dieser Verfahren ist variabel. Sie können mehrstufig und -gleisig sowie parallel in mehreren Jurisdiktionen auftreten. Sie sind – auch in ihrem komplex-kumulativen Auftreten – die Kehrseite eines ungezügelten Ausbaus nationaler Strafgewalt und Jurisdiktionsansprüche, gekoppelt mit einer Diversifizierung und Ausdifferenzierung der Regulierung und Ahndung von Wirtschaftsverhalten. Dieser Aufwuchs führt zu mehrgleisigen oder -stufigen Straf-, Aufsichts- und Verwaltungssanktionsverfahren, und zwar europa-, wenn nicht gar weltweit. Dies geschieht leider vielfach sowohl innerhalb staatlicher Rechtsordnungen als auch international unabgestimmt, selbst dort, wo es substantiell um den Schutz der gleichen Interessen geht.

Ebenso mangelt es an einem korrespondierenden Mitwachsen des grund- und verfahrensrechtlichen Rahmens. Wenn die Konsequenzen überhaupt gesamthaft mitgedacht werden, müssen Schutzmechanismen nachträglich notdürftig konstruiert werden. Die Rechtsprechung von EGMR und EuGH zum Ne-bis-in-idem-Schutz bei mehrstufigen Sanktionsverfahren ist ein beredtes Beispiel für die dogmatischen Bemühungen, die neuen Strukturen mit Prinzipien nationaler Individualstrafverfahren einzufangen. Tatsächlich sehen wir selbst in der EU zwar eine besonders intensive Institutionalisierung und Intensivierung der strafrechtlichen Zusammenarbeit, die aber eben vor einer echten, integrierenden Supranationalisierung der Rechtspflege und insbesondere des Sanktionenrechts Halt macht, um nicht das Versprechen eines einheitlichen Rechtsraums einlösen und die Wirkungen für Unternehmen kumuliert, gesamthaft und raumumfassend in den Blick nehmen zu müssen. Dies gilt auch für die immer stärkere Einbindung des Strafrechts in Enforcement-Strukturen des Unionsrechts zur Durchsetzung harmonisierten europäischen Rechts.

Es sind diese häufig transnationale Parallelität und Komplexität von Ahndung und Aufsicht und die Asymmetrie und Asynchronität der Entwicklung von Verfolgungsinstrumentarium und schützenden Formen, welche der Praxis Kopfzerbrechen bereiten und die Wissenschaft vor Herausforderungen stellen. Mit unserem Eingangsreferat von Gerson Trüg wollen wir diesem Umstand panoramaartig und rechtsgrundsätzlich zu Leibe rücken und ihn dann aus Sicht von Unternehmen und Unternehmensverteidigung (vorgestellt durch Christoph Knauer und Lars Hauser) diskutieren. Ferner wollen wir uns auch mit der verfahrensrechtlichen Seite befassen, um (gerade auch aus wissenschaftlicher Sicht) besser erfassen zu können, woran es konkret gebricht. Ermöglichen werden dies die Einsichten von Mark Livschitz, Heiner Hugger und Stefan Schumann. Wie spannend und aktuell diese Fragen sind, zeigt ein neuer Beitrag aus Österreich, der eine erste empirisch abgesicherte Übersicht zur Praxis des dortigen Verbandsverantwortlichkeitsrechts liefert.

Und auch die Auseinandersetzung mit den Grenzen von legitimem Geheimnisschutz und neuen Mitteln der Rechtsdurchsetzung wie dem Whistleblowing darf nicht fehlen. Gerade hier könnten die Vorträge aus Unternehmenspraxis und Wissenschaft von Franziska Janorschke, Cathrine Konopatsch und Thomas Schröder offenbaren, dass es international an verlässlichen gemeinsamen Standards dazu fehlt, was schutzwürdiges Geheimnis respektive schutzbedürftiges öffentliches Interesse ist und welche Stelle für Meldungen zuständig sein soll, insbesondere bei Fällen mit grenzüberschreitenden Implikationen. Anders ist es nicht zu erklären, dass in Deutschland mehr als 70 Strafverfahren gegen über 500 Beschuldigte wegen Cum-Ex-Geschäften geführt werden, das Bezirksgericht Zürich dagegen Cum-Ex-Whistleblower wegen Verletzung des Bankgeheimnisses verurteilt hat. Aber auch die multinationalen Unternehmen stehen vor großen organisatorisch-praktischen Herausforderungen, wenn es gilt, den im jeweiligen Tätigkeitsland maßgeblichen Geheimnisschutz zu ermitteln sowie passende Compliance-Strukturen und Hinweisgebersysteme zu schaffen und im Gesamtkonzern zu integrieren.

Damit ist bereits der Bogen zu den prekären Grundrechtsfragen geschlagen. In beiden – hier von Helmut Satzger und Christoph Dannecker referierten – Bereichen haben wir es mit den Verwerfungen zu tun, die beim Vorgehen gegen juristische Personen in multiplen straf- und strafrechtsähnlichen Verfahren auftreten.

Auch hier müssen Lösungen gesucht werden, welche der Komplexität und Transnationalität des Problems gerecht werden. Der EGMR und der EuGH machen dies mit ihrer Rechtsprechung zu *nemo tenetur* und *ne bis in idem* nicht gerade leichter. Wie auch die Wissenschaft tun sich die Gerichtshöfe im Umgang mit multidisziplinären Sanktions- und Regulierungsansätzen schwer. Denkt man die Thematik dann (anders als es der EGMR bzw. der EuGH könnte resp. bisher musste) auch in einer transnationalen Dimension, d.h. als Frage des Koordinationsrechts bzw. Aspekt der territorialen und materiellen Reichweite von Grundrechten, wird die Rechtslage noch komplexer. Es muss daher gelingen, den Schutzkern der hier behandelten Garantien wieder freizulegen und im Kontext transnationaler multidisziplinärer Verfahren zu rekonstruieren.

Noch größer könnten die Verwerfungen werden, wenn Digitalisierung und Datafizierung in noch stärkerem Umfang Einzug halten. Hier drohen erhebliche Beeinträchtigungen der Waffengleichheit. Die Frage ist freilich: „für wen?", denn je nach Verfahrenskonstellation und Delikt sind sehr un-

terschiedliche Szenarien vorstellbar, wie die Beiträge von Bernhard Weratschnig und Flavio Romerio illustrieren werden. Eine potente Wirtschafts-
staatsanwaltschaft genießt gegenüber verfolgten natürlichen Personen
kaum auszugleichende Vorteile bei der Gewinnung und Analyse elektronischer Beweismittel. Genau umgekehrt kann sich die Lage dort darstellen,
wo multinationale Unternehmen mit Unterstützung hochgerüsteter internationaler Wirtschaftskanzleien im Vergleich zu staatlichen Einrichtungen
über deutlich größere Kapazitäten zur Rekonstruktion und Untersuchung
von potenziell sanktionsrelevanten Geschehnissen verfügen. Auch in diesem Themenfeld wird man sich auf die zentralen Rechtsgrundsätze unseres Verfahrenssystems rückbesinnen und diese sensibilisiert für Gefahren
und Potenzial digitaler Forensik für die Verfahrensbalance neu denken
müssen. Spinnen wir den Gedanken fort, dann geht es um nicht weniger
als die Anforderungen an Rationalität und Legitimation strafjustizieller
Entscheidungen im digitalen Zeitalter.

Mit Blick auf dieses Programm und insbesondere die Referenten, die
wir gewinnen konnten, hat sich bei den Veranstaltern die übliche Nervosi-
tät schon im Vorfeld gelegt. Sie ist der Vorfreude auf anregende Vorträge
und Diskussionen voller neuer Ideen und spannender Perspektiven gewi-
chen. Die Beiträge in diesem Band legen hiervon Zeugnis ab.

Gesamtpanorama der Verteidigung von Unternehmen in nationalen und internationalen Strafverfahren

Gerson Trüg

Inhalt

A. Einleitung

Wir stehen am Beginn eines neuen wirtschaftsstrafrechtlichen Zeitalters: Einerseits sind mittlerweile im Kontext von größeren Wirtschaftsstrafverfahren[1] noch vor wenigen Jahren auf das Kartellordnungswidrigkeitenverfahren beschränkte Verhaltensweisen wie „volle Kooperation", „uneingeschränkte Zusammenarbeit mit den Verfolgungsbehörden", die weite und mitunter bedingungslose Inanspruchnahme der „Kronzeugenregelung" (§ 46b StGB: „Hilfe zur Aufklärung oder Verhinderung von schweren Straftaten") neben weiteren andienenden Mustern wie „Beschuldigtenvernehmungen ohne vorherige Akteneinsicht" fest etabliert. Ferner sind bekanntlich die Instrumente „Compliance und Internal Investigations" in unser Unternehmensstrafrecht inkorporiert und prägen dieses. Dies führt

---

1 Der Begriff „Strafverfahren" ist vorliegend weit zu verstehen und beinhaltet auch administrativstrafrechtliche Verfahren, bezieht sich daher auf alle Formen repressiver Sanktionsverfahren.

zu Strafverfahren im Bereich von Unternehmens„kriminalität", in denen die tradierten strafprozessualen Garantien – und dies ist eine jedenfalls neuere Entwicklung – aus Sicht aller Verfahrensbeteiligten keine Rolle mehr spielen (sollen), sondern stattdessen die soeben erwähnten Verhaltensweisen auch strukturell die Verfahren prägen und ein neuer Typus des Unterwerfungsverfahrens entstanden ist.[2]

Andererseits zeigt die forensische Erfahrung gerade in jüngerer Zeit, dass die noch vor wenigen Jahren vertretene These, Unternehmen könnten es sich im Strafrecht nicht „leisten", sich gegen die erhobenen Vorwürfe einer Verbandsstraftat kontradiktorisch zu verteidigen,[3] jedenfalls nicht durchgängig richtig ist.

Dies ist der Hintergrund, vor dem die folgenden Überlegungen stehen.

- In einem ersten Teil werden die Folgen des Fehlens eines harmonisierten strafrechtlichen *legal framework* für international agierende Unternehmen untersucht (B.).
- Anschließend wende ich mich der Frage zu, ob tradierte strafprozessuale Institute im Kontext eines Unternehmensstrafrechts „neu" gedacht werden müssen (C.).
- In einem nächsten Schritt gehe ich auf das Spannungsverhältnis zwischen (Unternehmens- und Individual-) Verteidigung einerseits und Compliance und internen Ermittlungen andererseits ein (D.).
- Abschließend stelle ich idealtypische Modelle einer Unternehmensverteidigung und weiter deren strafprozessuale Chancen und Risiken sowie schließlich die Wechselwirkung mit der inhaltlich verbundenen Individualverteidigung dar (E.).

---

2 Dadurch unterscheidet sich dieser neue Typus auch von der Verständigung im Strafverfahren, die ihrerseits teilweise als Unterwerfungsverfahren bezeichnet worden ist. Denn die Verständigung im Strafverfahren ist gerade vor dem Hintergrund und mit Blick auf die tradierten strafprozessualen Garantien (Mündlichkeit, Unmittelbarkeit des Verfahrens oder auch mit Blick auf das Beweisantragsrecht) zu sehen. Bei dem hier angesprochenen neuen Typus des Unterwerfungsverfahrens bilden diese tradierten strafprozessualen Garantien nicht einmal mehr eine gedankliche Folie. Sie spielen schlicht keine Rolle.

3 Diese These habe ich selbst vertreten, G. *Trüg*, Zu den Folgen der Einführung eines Unternehmensstrafrechts, wistra 2010, S. 241; *ders.*, Sozialkontrolle durch Strafrecht – Unternehmensstrafrecht, StraFo 2011, S. 471.

B. Folgen des Fehlens eines harmonisierten strafrechtlichen legal framework für international agierende Unternehmen

Blickt man auf die Umsetzung unternehmensstrafrechtlicher Regelungen in ausländischen Rechtsordnungen, dann bleibt beachtlich, dass die unterschiedliche Verortung des Unternehmenssanktionenrechts und die Umsetzung entweder eines strafrechtlichen Modells, eines parastrafrechtlichen Modells oder eines lediglich administrativrechtlichen Modells[4] bis heute die inhaltliche Vergleichbarkeit einzelner Umsetzungen in internationaler Perspektive schwierig macht und dies nach wie vor Implikationen hat für den Anwendungsbereich von Art. 54 SDÜ und, über Art. 54 SDÜ hinaus, jedenfalls auch für die Rechtsfolgenbestimmung. Aus Sicht betroffener Verbände jedenfalls erschiene es sachgerecht, dass jedwede an eine verbandsbezogene Pflichtverletzung anknüpfende *Rechtsfolge* (gleich auf welchem Rechtsgebiet, also gerade auch in Administrativ- und Aufsichtsverfahren) bei der Bemessung weiterer Rechtsfolgen in derselben Jurisdiktion oder gar jurisdiktionsübergreifend angemessene, d.h. regelmäßig mildernde Berücksichtigung findet.

Die Gegenwart sieht anders aus: Die zerklüftete Landschaft unternehmensstrafrechtlicher Regelungen in einzelnen Staaten führt dazu, dass es an rechtlichen Leitprinzipien für den Bau nicht nur eines überstaatlichen Unternehmensstrafrechtsraumes und einer darauf bezogenen internationalen Zusammenarbeit allgemein fehlt, sondern bereits eine angemessene Berücksichtigung von ausländischen Beweisergebnissen nicht stattfindet.

---

4 Vgl. dazu *G. Dannecker*, Zur Ausgestaltung der Verbandsverantwortlichkeit als straf- oderverwaltungsrechtliches Sanktionssystem, in: M. Henssler/E. Hoven/M. Kubiciel/T. Weigend (Hrsg.): Grundfragen eines modernen Verbandsstrafrechts, Baden-Baden 2017, S. 17; *Ch. Schmitt-Leonardy*, Originäre Verbandsschuld oder Zurechnungsmodell?, ebd., S. 71; *dies.*, Unternehmenskriminalität ohne Strafrecht, Heidelberg 2013, S. 340 ff.; *Trüg*, Sozialkontrolle (Fn. 3), S. 471 ff.; ferner zu unterschiedlichen Regelungsmodellen aus der Diskussion um ein Verbandsstrafrecht *M. Mansdörfer*, Die rechtsdogmatische Diskussion um ein Unternehmensstrafrecht im Kontext aktueller Corporate Governance, in: M. Jahn/Ch. Schmitt-Leonardy/Ch. Schoop (Hrsg.), Das Unternehmensstrafrecht und seine Alternativen, Baden-Baden 2016, S. 113 (117 ff.).

I. Fehlen eines harmonisierten Haftungsmodells

Zunächst ist ein harmonisiertes Haftungsmodell, von wenigen punktuellen Regelungen einmal abgesehen, nicht erkennbar. Leidtragend sind die international agierenden Unternehmen auch deshalb, weil national wirkende, materiell-rechtliche oder strafprozessuale Schutzkonzepte, etwa der Schutz vor Doppelbestrafung oder ein weites *attorney-client-privilege*, schnell an Bedeutung verlieren können, wenn ohne harmonisiertes Modell grenzüberschreitende Verfolgung und Ahndung von Pflichtverletzungen erfolgen.

Für international agierende Unternehmen besteht wegen desselben – grenzüberschreitenden – Lebenssachverhaltes die Gefahr kumulativer Grundrechtseingriffe und die Problematik divergierender Ergebnisse. Stellen wir uns beispielhaft vor: Ein Konzern erfährt wegen derselben betrugsrelevant veräußerten Produkte, die beispielsweise von der deutschen Produktionsstätte an eine in den USA gelegene konzerneigene Vertriebsgesellschaft veräußert werden, dafür im Inland eine repressive Ahndung. Weil die US-amerikanische Vertriebsgesellschaft sodann die betrugsrelevant wertgeminderten Produkte an die dortigen Endkunden veräußert, hat dies eine weitere repressive Unternehmenssanktion zur Folge. Hier liegt die Problematik einer Doppelsanktionierung auf der Hand. Wenn in diesem fiktiven Beispiel die staatsanwaltschaftlichen Ermittlungen in den USA andere Konzernrepräsentanten als Beschuldigte und Angeklagte zu Tage fördern als im deutschen Strafverfahren, dann könnte dies auf den ersten Blick daran liegen, dass die tatbestandlichen Voraussetzungen der jeweiligen Betrugsnorm in den beiden betroffenen Rechtsordnungen unterschiedlich geregelt sind. Möglicherweise ist aber auch eines der beiden staatsanwaltschaftlichen Ermittlungsergebnisse (in den USA oder in Deutschland) in tatsächlicher Hinsicht falsch. Wäre es daher in solchen Konstellationen grenzüberschreitender Verfolgung und Ahndung nicht sachgerecht, dass sich die Strafjustiz in beiden betroffenen Rechtsordnungen im Sinne eines Befassungsgebots mit der jeweiligen Beweiswürdigung aus der anderen Jurisdiktion (d.h. mit dem Stand der dortigen Beweiswürdigung zu dem Zeitpunkt, zu dem in der anderen Jurisdiktion eine abschließende Würdigung getroffen wird) auseinandersetzen muss, um zu eruieren, welchen Grund die abweichenden (sich abzeichnenden) Ergebnisse genau haben? Wer diese Überlegung sogleich abtun möchte mit dem Hinweis, Strafverfolgung sei national hoheitliches Handeln und über Art. 54 SDÜ hinaus bestehe eben keine Harmonisierung, der hat formal recht. Sanktionierte Unternehmen und Mitarbeiter würden sich jedoch mindestens eine strafprozessuale Lösung dieses Dilemmas dahingehend wünschen, dass das Beweisergebnis und die Beweiswürdigung der ausländischen Strafjustiz im Fall gleichgelagerter oder identischer Lebenssachverhalte bei der eigenen Beweiswürdigung durch die inländische Strafjustiz angemessene Berücksichtigung finden. Ich meine, dies ist bereits nach geltendem Recht möglich und sachdienlich.

II. Fehlen eines harmonisierten Verfahrensmodells

Das Fehlen eines harmonisierten Verfahrensmodells birgt weiter die Gefahr eines prozessualen Statusverlusts: Stellen wir uns vor, dass in einer Jurisdiktion, die ein umfassendes *attorney-client-privilege* (etwa USA) vorsieht, durch ein Unternehmen und dessen Mitarbeiter Dokumente nur deshalb erstellt und (mit-)geteilt werden, weil sich die dortigen Betroffenen auf das *privilege* verlassen. Gelangen diese Dokumente etwa über den Server des betroffenen Konzerns in die Sphäre des deutschen Tochterunternehmens und werden die Dokumente hier strafprozessual zulässig beschlagnahmt und verwertet und sollte die hiesige Verwertung dazu führen, dass im Herkunftsstaat nunmehr auch gestützt auf die hiesigen Erkenntnisse ein Ermittlungsverfahren eingeleitet oder intensiviert wird, dann führt die Kollision von höheren mit niedrigeren Schutzstandards zu einer Nivellierung hin zum *niedrigeren Standard*. Der höhere prozessuale Schutz geht verloren, auch wenn der Betroffene zur Zeit der Produktion des Beweismittels von möglichen Einschränkungen, die wegen eines niedrigen Schutzstandards im Ausland drohen, keinerlei Kenntnis hatte.

Ein weiteres Beispiel für den kleinsten gemeinsamen Nenner hinsichtlich des strafprozessualen Schutzes zeigt sich, wenn unterschiedlich weitreichende *nemo tenetur*-Schutzkonzepte[5] realisiert sind. Das Risiko, dass ein weitergehender Schutz in einer Jurisdiktion dadurch zumindest de facto ausgehebelt wird, dass Vernehmungsergebnisse, die in einer anderen Jurisdiktion (rechtmäßig) dadurch zustande kamen, dass dort ein niedrigerer Schutzstandard, also eine Aussagepflicht bestand, ist ein praktisch bedeutsames Beispiel, welches national betrachtet auch im Verhältnis von außerstrafrechtlicher Aussagepflicht und strafprozessualen Schweigerechten weithin bekannt ist.

---

5 Zu nemo tenetur für juristische Personen umfassend *M. Baldegger*, Menschenrechtsschutz für juristische Personen in Deutschland, der Schweiz und den Vereinigten Staaten, Berlin 2017; ferner *G. Trüg*, Unternehmensstrafverfahrensrecht, in: St. Barton/T. Fischer/M. Jahn/T. Park (Hrsg.), Festschrift für Reinhold Schlothauer, München 2018, S. 65 (70 ff.).

Führt die Kollision von höheren und niedrigeren Schutzstandards zu einem kleinsten gemeinsamen Nenner des strafprozessualen Schutzes, so entsteht – *vice versa* – ein größter gemeinsamer Nenner (erfolgte Rechtshilfe unterstellt) hinsichtlich der Akkumulation von Beweismitteln. Dies ist etwa der Fall, wenn eine Jurisdiktion (Beispiel: USA) eine objektive Unternehmensverantwortlichkeit durch *strict liability offenses* implementiert hat und dieses denkbar weite Modell einer unternehmensstrafrechtlichen Verantwortlichkeit (verbunden mit dem Scharnier Rechtshilfe) auf eine Jurisdiktion trifft, in welcher im Unternehmensstrafrecht das Legalitätsprinzip gilt.

III. Folge: doppelte Schwächung international agierender Unternehmen

Zusammengefasst führt das Fehlen eines harmonisierten Haftungsmodells und das Fehlen eines harmonisierten Verfahrensmodells zu einer doppelten Schwächung der Position des international agierenden Unternehmens: Es droht eine Mehrfach-Sanktionierung und in strafprozessualer Hinsicht die Gefahr des kleinsten gemeinsamen Nenners, aber auch einer Kumulation von Beweismitteln. Wenn im Schrifttum vereinzelt vorgetragen wird, global tätige Unternehmen, die mit pluralen staatlichen Strafverfolgungsansprüchen konfrontiert sind, könnten mit einer internen Untersuchung, etwa im Verhältnis Deutschland zu den USA, und unter Berücksichtigung des europäischen transnationalen Verbots mehrfacher Strafverfolgung einen „dreifachen Bonus" für sich beanspruchen bzw. erreichen,[6] so ist dies zumindest euphemistisch, mag auch die Durchführung von internen Ermittlungen möglicherweise den einzigen Weg einer Milderung des geschilderten Übels darstellen.

Unwägbarkeiten entstehen schließlich auch, wenn Rechtsinstitute und deren Folgen, welche in einer Jurisdiktion bekannt sind, in der anderen nicht anzutreffen sind, dort aber faktische Wirkungen entfalten. Verdeutlicht werden kann dies anhand des Instituts eines *guilty plea* bzw. eines diesem zugrunde liegenden *statement of facts (factual basis: FRCP 11)*. Bekanntlich findet im Falle eines *guilty plea* keine Hauptverhandlung (*trial*) mehr statt, sondern das Verfahren geht unmittelbar in die Stufe der Strafzumes-

---

6 *M. Mansdörfer*, Internal Investigations: Das BVerfG inhaltsleer und provinziell? – das Jones Day-Debakel im Spiegel der Kommentatoren und im Lichte der Strafrechtspolitik, jm 2019, S. 124 (128).

sung über.[7] Insbesondere findet keine Beweisaufnahme zur Überprüfung der Erklärung statt. Es ist dann aber auch rechtsfehlerhaft, wenn einem *guilty plea* etwa im deutschen Kontext die Wirkung bzw. Bedeutung eines (inhaltlich überprüften) Geständnisses zugemessen wird.

C. Müssen tradierte strafprozessuale Institute im Unternehmenskontext „neu" gedacht werden und ist hierfür die geltende Rechtslage ausreichend?

Der Hinweis auf den Transfer eines *guilty plea* in einen kontinentaleuropäischen Kontext soll überleiten zu der im nationalen Strafverfahren wirkmächtigen Frage, ob tradierte strafprozessuale Institute, die im Individualstrafrecht durch jahre- und jahrzehntelange Praxis weitgehend konturiert sind, im Unternehmenskontext „neu" gedacht werden müssen und, damit zusammenhängend, ob die geltende Rechtslage für ein stimmiges Konzept ausreichend ist.[8]

I. Personelle Reichweite der Akteneinsicht für den Verband

Dies soll veranschaulicht werden am Beispiel der Akteneinsicht für den Verband. Im Fall eines Unternehmenssanktionenrechts hat der Verband ein eigenes Akteneinsichtsrecht (§ 147 d-StPO für das Individualstrafverfahren). Gerade hier stellen sich Folgefragen. So ist zu klären, welche Unternehmensangehörigen konkret die Akten ausgehändigt bekommen und lesen dürfen. Will man den Kreis der derivativ Akteneinsichtsberechtigten nicht auf alle Unternehmensmitarbeiter ausdehnen, sondern etwa nur einen engen Kreis an Entscheidungsträgern ("sanktionsrechtliche" Repräsentanten) mit diesem Recht ausstatten, dann ist zu überlegen, ob alle weiteren Unternehmensmitarbeiter Dritte sind und sich ggf. auf § 475 Abs. 1, 2 d-StPO stützen können.

Häufig werden die Organe des betroffenen Unternehmens und die Unternehmensverteidigung wesentliche Aktenbestandteile mit weiteren Beratern, namentlich Gesellschaftsrechtlern, Steuerberatern, Wirtschaftsprüfern etc., erörtern müssen. Wenn die Überlassung einer Kopie der Akten an diese professionellen Berater nicht vom Akteneinsichtsrecht für den Verband umfasst sein sollte, dann müsste die Unternehmensverteidigung

---

7 *Boykin v. Alabama*, 395 U.S. 238, 89 S.Ct. 1709 L.Ed.2d 274 (1969).
8 Vgl. dazu auch bereits *Trüg*, Unternehmensstrafverfahrensrecht (Fn. 5), S. 74.

die Frage, ob die Akte beispielsweise dem langjährigen Steuerberater des Unternehmens überlassen werden darf, mit der Strafjustiz erörtern. Das könnte, je nach Sachlage, mit legitimen taktischen Erwägungen der Unternehmensverteidigung kollidieren. Oder: Wie verhält es sich in Konstellationen, in denen die Organe zu den strafrechtlichen Vorwürfen nur deshalb nichts beitragen können, weil sie erst nach den vorgeworfenen Taten in das Unternehmen gekommen sind? Entspricht es hier nicht der Interessenlage, dass die Organe sowie die Unternehmensverteidigung auch den Akteninhalt mit solchen Unternehmensmitarbeitern erörtern dürfen, die Auskünfte zu den Vorwürfen geben können? Wie ist zu verfahren, wenn das Organmitglied neben dem Verband zugleich Beschuldigter ist, was nicht selten der Fall sein wird, und die Staatsanwaltschaft hinsichtlich des Organmitglieds oder des Verbandes eine Gefährdung des Untersuchungszwecks geltend macht (§ 147 Abs. 2 d-StPO) und die Akteneinsicht insoweit verweigert?

Weitere Fragen entstehen mit Blick auf das Akteneinsichtsrecht des Verletzten (§ 406e d-StPO). Wenn etwa gegen individualbeschuldigte Organe und das Unternehmen getrennte Verfahren geführt werden und die Akten des jeweils einen Verfahrens nicht von Amts wegen in dem jeweils anderen Verfahren beigezogen werden, ist zu überlegen, ob sich das Unternehmen auf § 406e d-StPO stützen und etwa ausführen könnte, es sei unmittelbar Verletzte aus den Straftaten, welche den individualbeschuldigten Organen vorgeworfen werden. Dies kommt konkret in Konstellationen etwa der Bildung schwarzer Kassen durch Organmitglieder oder durch die Zahlung von Schmiergeldern an Dritte in Betracht. Hier könnte der Verband einwenden, jedenfalls in Höhe der hierfür aufgewandten Geldbeträge Verletzter zu sein.

Im Unternehmenskontext stellen sich also hinsichtlich des Instituts Akteneinsicht komplexere Fragen als im Individualstrafrecht. Will man dem Verband im Sanktionsverfahren wirklich eine autonome Verfahrensstellung als Subjekt einräumen, dann sollten die Organe und die Unternehmensverteidigung entscheiden dürfen, welchen Personen die Akten intern ausgehändigt werden, um dem Verband zu einem Wissensstand zu verhelfen, der demjenigen eines Individualbeschuldigten entspricht.

II. Personeller Bezug des nemo tenetur-Schutzes

Vergleichbares gilt mit Blick auf das Schweigerecht des Verbandes.[9] Weil der Verband selbst weder sprechen noch schweigen kann, stellt sich die Frage, welche natürlichen Personen „für" den Verband schweigen. Zu beachten ist, dass *Unternehmens*mitarbeiter eine Doppelrolle innehaben, weil sie als natürliche Person Subjekt eines eigenen, individuellen Strafverfahrens sein können, als *Unternehmens*mitarbeiter aber eben zugleich auch „für" das Unternehmen sprechen. Dieser Umstand wird im Schweizer Strafverfahren gegen Unternehmen zufriedenstellend nachvollzogen. Dort sind „Auskunftspersonen", als eine weitere Kategorie neben Beschuldigten und Zeugen, nicht zur Aussage verpflichtet (Art. 180 Abs. 1 schwStPO). Gemäß Art. 178 lit. g. schwStPO wird *„als Auskunftsperson [...] einvernommen, wer in einem gegen ein Unternehmen gerichteten Strafverfahren als Vertreterin oder Vertreter des Unternehmens bezeichnet worden ist oder bezeichnet werden könnte, sowie ihre oder seine Mitarbeiterinnen und Mitarbeiter".*[10] Den direkten Mitarbeitern der bestellten und potentiellen Unternehmensvertreter, insbesondere Sekretärinnen, Assistenten, Protokollführern oder auch Datensachverständigen, wird danach ebenfalls ein Schweigerecht zuerkannt, damit die Aussagefreiheit der Unternehmensvertreter nicht de facto wirkungslos bleibt.[11] Die Regelung stellt eine hochinteressante Vorschrift dar. Im Kern geht es darum, dass das Unternehmen als Prozesssubjekt mit einer Stimme sprechen und seine Verteidigung autonom konturieren kann. Es wird auf diese Weise einer Aushöhlung des Schweigerechts sowie des Grundrechts auf effektive Verteidigung vorgebeugt, indem das Prozessrecht der Strafverfolgung den Zugriff auf potentielle Vertreter und deren Mitarbeiter-Sphäre als Zeugen versperrt. Konsequent ist dann auch die restriktive Auslegung des Begriffs der *„Mitarbeiterinnen und Mitarbeiter"*. Es muss sich um Personen handeln, die für eine gewisse Zeit direkt oder persönlich mit dem Organ zusammenarbeiten.

---

9 Dazu aus jüngerer Zeit umfassend *F. Meyer*, § 15: Nemo tenetur – Geltung und Ausübung in einem künftigen Unternehmensstrafverfahren, in: M. Lehmkuhl/W. Wohlers (Hrsg.), Unternehmensstrafrecht, Basel 2020, S. 331.

10 Vgl. auch *M. Niggli/S. Maeder*, in: B. Ackermann/G. Heine (Hrsg.), Wirtschaftsstrafrecht der Schweiz, Bern 2013, § 8 Rn. 106.

11 *R. Kerner*, in: Basler Kommentar, schwStPO, 2. Aufl. Basel 2014, Art. 178 Rn. 13; *P. Goldschmid/T. Maurer/J. Sollberger*, Kommentierte Textausgabe zur schweizerischen Strafprozessordnung, Bern 2008, S. 171; *A. Donatsch*, in: A. Donatsch/T. Hansjakob/V. Lieber (Hrsg.), Kommentar zur schweizerischen Strafprozessordnung, 2. Aufl. Zürich 2014, Art. 178 Rn. 44.

Dies zeigt: Weil Unternehmen aus einer Vielzahl von Personen, und damit potentiellen Auskunftspersonen, bestehen, ist ein isoliertes Schweigerecht etwa nur der Organe kaum effektiv, sondern es ist sachgerecht, dieses Schweigerecht zu flankieren durch ein Schweigerecht solcher Personen, die in der Sphäre der Organe tätig sind.

Die beiden hier gewählten Beispiele – Akteneinsichtsrecht und Schweigerecht des Verbandes – könnten nahezu beliebig ergänzt werden. Wichtig ist, darauf hinzuweisen, dass tradierte strafprozessuale Rechte sich dann anders darstellen können, wenn sie durch einen Verband in Anspruch genommen werden.

D. Das Spannungsverhältnis von (Unternehmens- und Individual-) Verteidigung zu internen Untersuchungen und bestehender Compliance

Blicken wir im Folgenden auf das Spannungsverhältnis von Verteidigung zu internen Ermittlungen und zu bestehender Compliance.

I. Compliance

Dieses Spannungsverhältnis ist durch die hier sog. VW-Entscheidung des Bundesverfassungsgerichts (Beschlüsse vom 27.06.2018)[12] sicher nicht abgemildert worden.[13] Schon nach geltendem Recht kann Compliance (genauer: können Compliance-Programme) zugunsten des Verbandes bußgeldmindernde Berücksichtigung finden.[14] Bei der bisherigen Handhabung in der Praxis war für die Bemessung der Verbandsgeldbuße relevant,

---

12 *BVerfG*, Beschl. v. 27.6.2018 – 2 BvR 1405/17 und 2 BvR 1780/17 (LG München I und AG München) – Volkswagen AG; BVerfG, Beschl. v. 27.6.2018 – 2 BvR 1562/17 (LG München I und AG München) – Rechtsanwälte der Kanzlei Jones-Day; BVerfG, Beschl. v. 27.6.2018 – 2 BvR 1287/17 und 2 BvR 1583/17 (LG München I und AG München) – Kanzlei JonesDay.

13 Zu einer Einbettung der Entscheidung in das überspannende Thema „Unternehmen und Beweis", *G. Trüg*, Unternehmen und Beweis – Verwertbarkeit von Erkenntnissen aus internen Untersuchungen im Lichte der VW-Entscheidung des BVerfG, in: T. Fischer (Hrsg.), Beweis, Baden-Baden 2019, S. 177; ferner *E. Kempf/J. Corsten*, Interne Ermittlungen und das Bundesverfassungsgericht: Die Beschränkung aufs Allernötigste, StV 2019, S. 59; *Ch. Knauer*, BVerfG: Beschlagnahme von Compliance-Unterlagen, NStZ 2019, S. 164.

14 *M. Engelhart*, Sanktionierung von Unternehmen und Compliance, 2. Aufl. Berlin 2012, S. 440 ff.

ob und wie weit der betroffene Verband seiner Pflicht, Rechtsverletzungen aus seiner Sphäre zu unterbinden, nachgekommen ist und ein effizientes Compliance-Management installiert hat, welches auf die Vermeidung von Rechtsverstößen konkret ausgelegt war. Eine Rolle spielte auch, ob der betroffene Verband in Ansehung des jeweiligen Verbandsbußgeldverfahrens ggf. Regelungen optimiert und betriebsinterne Abläufe so (um-)gestaltet hat, dass vergleichbare Normverletzungen künftig zumindest erheblich erschwert werden.[15] Dabei handelt es sich für die Strafrechtspraxis im Unternehmenskontext eigentlich um bekanntes Terrain. Die Berücksichtigungsfähigkeit von Compliance-Maßnahmen und der Umgang der Verteidigung mit dieser Frage verläuft – strukturell betrachtet – ähnlich wie die Verteidigung gegen einen Fahrlässigkeitsvorwurf im Unternehmenskontext. Die Fragestellungen sind also nicht neu. Jedoch bestehen dieselben strukturellen Ungewissheiten wie in der Praxis der Fahrlässigkeitsdelikte (immer: im Unternehmenskontext).

Denn das Fehlen einer ausdrücklichen gesetzlichen Regelung und einer gefestigten Rechtsprechung führt dazu, dass sowohl das „Ob" als auch das „Wie" der Berücksichtigung von Compliance-Maßnahmen in ein weites Anwendungsermessen der Verwaltungsbehörden und/oder Gerichte gelegt sind. Dies führt nicht zuletzt in der präventiven Beratung von Unternehmen, ob und wenn ja inwieweit und vor allem wie kostenintensiv Compliance-Programme etabliert werden, mitunter zu Zurückhaltung, jedenfalls bei Unternehmen mittlerer Größe, für die das Aktiengesetz keine Anwendung findet.

Diese mitunter anzutreffende zögerliche Haltung in Unternehmen würde auch durch Implementierung einer Vorschrift, wie sie § 16 VerSanG in der Fassung des Referentenentwurfs des Deutschen Bundesministeriums der Justiz und für Verbraucherschutz zu einem Gesetz zur Sanktionierung von verbandsbezogenen Straftaten (Verbandssanktionengesetz – VerSanG)[16] vorsieht, nicht beseitigt. Dort ist – vor dem Hintergrund des auch für Verbände vorgesehenen Legalitätsprinzips (§ 3 Abs. 1 VerSanG) – zunächst die eher allgemeine Formel geregelt (§ 16 Abs. 2 S. 1 VerSanG), dass das Gericht bei der Bemessung (der Verbandsgeldsanktion) Umstände dahingehend abwägt, ob sie für oder gegen den Verband sprechen, und dabei *„insbesondere in Betracht kommen soll:* „6. ... *vor der Verbandsstraftat getroffenen Vorkehrungen zur Vermeidung und Aufdeckung von Verbandsstrafta-*

---

15 *BGH* – 1 StR 265/16 wistra 2017, S. 390.
16 Vorliegend wird die Fassung des *Referentenentwurfs* mit dem Bearbeitungsstand 15.08.2019 zugrunde gelegt.

ten," sowie *„7. …*nach *der Verbandsstraftat getroffene Vorkehrungen zur Vermeidung und Aufdeckung von Verbandsstraftaten."* Damit ist zwar das „Ob" der Berücksichtigung ansatzweise geregelt, nicht aber das „Wie". Nicht zuletzt auch mit Blick auf die angemessene Berücksichtigung eines etablierten Compliance-Programms sollte der Gesetzgeber darüber nachdenken, eine weitere Regelung zu schaffen, die den Umfang der Milderung durch ein effektives Compliance-Programm konkret regelt. Es ist zu erinnern, dass der Referentenentwurf zum Verbandssanktionengesetz gerade dies mit Blick auf interne Untersuchungen vorsieht (§ 19 VerSanG). Im Fall legislatorischer Untätigkeit in diesem Punkt wäre es hilfreich, wenn die Obergerichte hier klare Konturen durch Leitentscheidungen schaffen würden (was allerdings für die Fahrlässigkeit bis heute nicht gelungen ist). Insbesondere dann, wenn ein weiter Adressatenkreis und das Legalitätsprinzip aufeinandertreffen, ist auch sachdienlich, wenn klargestellt würde, dass kleine und kleine mittelständische Verbände eher auf (präventive) Compliance verzichten können, jedenfalls ohne dass dies eo ipso strafschärfend wirkt.[17]

Besonders schlüssig ist mit Blick auf die prozessuale Reaktion auf Compliance die Rechtslage in den Vereinigten Staaten.

So sehen die *Principles of Federal Prosecution of Business Organizations in the United States* (im Folgenden: *Principles of Federal Prosecution*)[18] in der Kooperation des Unternehmens einen wesentlichen Gesichtspunkt, um eine Anklageerhebung zu vermeiden. Die *Principles of Federal Prosecution* wurden durch das *Departement of Justice* der USA (*DOJ*) erlassen und dienen dazu, den Bundesanwälten Kriterien für die Ausübung ihres Verfolgungsermessens zu geben. Bekanntlich besteht in den Vereinigten Staaten kein Verfolgungszwang, sondern ein Verfolgungsermessen von Staatsanwälten.[19] Die *Principles of Federal Prosecution* sehen in § 9.28.300–

---

17 Kritisch auch zu zahlreichen gesetzlichen und vertraglichen Regelungen, die Compliance in der privaten Wirtschaft zu einer allgemeinen Managementaufgabe gemacht haben, gerade mit Blick auf mittelständische Verbände, *R. Köllner/J. Mück*, Strafjustiz als Compliance-Regulierungsbehörde?, NZI 2018, S. 311.

18 Abrufbar unter https://www.justice.gov/usam/usam-9-28000-principles-federal-pro secution-business-organizations (zuletzt aufgerufen am 13.01.2020).

19 Dazu grundlegend *T. Weigend*, Anklagepflicht und Ermessen, Baden-Baden 1978; *G. Gilliéron*, Public Prosecutors in the United States and Europe, Basel 2014, S. 65 ff.; ferner *G. Trüg*, Lösungskonvergenzen trotz Systemdivergenzen im deutschen und US-amerikanische Strafverfahren, Tübingen 2003, S. 87 ff.

§ 928.1300[20] spezielle Richtlinien für die Verfolgung von Unternehmen vor (auszugsweise):

- Die Art und Schwere der Straftat und die Gefahr für die Öffentlichkeit;
- die Verbreitung von Verstößen innerhalb des Unternehmens sowie die Beteiligung oder Duldung der Verstöße durch die Unternehmensleitung;
- frühere ähnliche Verstöße innerhalb des Unternehmens sowie strafrechtliche, zivilrechtliche und verwaltungsrechtliche Maßnahmen, die deshalb getroffen wurden;
- die rechtzeitige und freiwillige Information über Verstöße durch das Unternehmen sowie dessen Bereitschaft, bei den Ermittlungen gegen seine Repräsentanten und Mitarbeiter zu kooperieren;
- das Vorhandensein und die Effektivität von Compliance-Programmen in dem Unternehmen;
- anlasstatbezogene Verbesserungen im Unternehmen, z.B. die Einrichtung effektiver Compliance-Programme, der Austausch von Führungskräften, die Entlassung oder disziplinarische Ahndung von Betroffenen, die Zahlung von Wiedergutmachung und die Zusammenarbeit mit den zuständigen staatlichen Behörden;
- Nebenfolgen, wie etwa unverhältnismäßige Verluste für Aktionäre, Pensionsberechtigte, Mitarbeiter und andere Personen ohne nachweisbare Schuld, sowie die Auswirkungen der Strafverfolgung auf die Öffentlichkeit;
- die Frage, ob die Strafverfolgung der für die Unternehmensverfehlung verantwortlichen natürlichen Personen ausreicht;
- das Ausreichen zivilrechtlicher oder verwaltungsrechtlicher Durchsetzungsmaßnahmen.[21]

Die Existenz eines Compliance-Programms in dem betroffenen Unternehmen kann daher, seine Angemessenheit vorausgesetzt, strafbarkeitsvermeidende Funktion haben und führt nicht selten zu einer Ausübung des Anklageermessens der Bundesanwälte dahingehend, von einer Anklageerhebung abzusehen. Dies bedeutet in der Praxis der Bundesstrafverfahren, dass die dortigen Bundesstaatsanwälte das jeweilige Compliance-Programm genau überprüfen und feststellen, ob dieses für die Prävention und

---

20 Näher https://www.justice.gov/usam/usam-9-28000-principles-federal-prosecution-business-organizations#9-28.300 (zuletzt aufgerufen am 13.01.2020).
21 *S. Beale*, Die Entwicklung des US-amerikanischen Rechts der strafrechtlichen Verantwortlichkeit von Unternehmen, ZStW 126 (2014), S. 27 (45).

auch Ermittlung des Fehlverhaltens von Mitarbeitern konzipiert ist und auch im Sinne eines *tone at the top/tone from the top* durch die Unternehmensführung realisiert ist.

Der Blick auf die US-amerikanische Rechtslage macht deutlich, dass die dogmatisch stimmige Einbettung von Compliance in ein Strafprozessrechtssystem nicht ohne weiteres erfolgen kann und in den Vereinigten Staaten vor allem wegen des Verfolgungsermessens (wie dies auch die Rechtslage in Österreich vorsieht[22]) überzeugend erfolgt.

II. Interne Untersuchungen

Als strukturelles Problem im Strafrecht haben sich jedenfalls seit der VW-Entscheidung des Bundesverfassungsgerichts die internen Ermittlungen erwiesen.[23]

1. Stimmiges Konzept in den USA

Ein aus der Verfassung abgeleiteter umfänglicher Beschlagnahmeschutz für Unterlagen aus internen Untersuchungen besteht nach dem Verständnis des BVerfG bekanntlich nicht. Auch an dieser Stelle zeigt sich eine Sollbruchstelle, die entsteht, weil ein Rechtsinstitut (*internals*) in eine Rechtsordnung integriert wird, in der sich interne Ermittlungen als ein Fremdkörper darstellen.

Demgegenüber sind die *internal investigations* in den USA dogmatisch eingebettet und erfüllen dort einen legitimen und legal stimmigen Zweck: Denn nach US-Recht ist die Kommunikation zwischen Unternehmen und durch diese mandatierten Rechtsanwälten sowie auch deren Arbeitsprodukte über ein *Attorney-Client Privilege*[24] und die *Work-Product Doctrine*[25] geschützt. Nach diesem Schutzkonzept haben Strafverfolgungsbehörden auf Dokumente und Informationen aus internen Untersuchungen, die

---

22 In Österreich herrscht im Individualstrafrecht das Legalitätsprinzip, hinsichtlich der Verbandsverantwortlichkeit indes das Opportunitätsprinzip (§ 18 VbVG), O. *Dietrich*, Modelle eines Unternehmensstrafrechts und ihre Effektivität Österreich – Verbandsverantwortlichkeit, NZWiSt 2016, S. 186 (187).

23 Dazu demnächst G. *Trüg*, in: Festschrift für Sieber, 2020.

24 Grundlegend *United States v. Louisville & Nashville R. Co.*, 236 U.S. 318, 336 ff. (1915); *Upjohn Co. v. United States*, 449 U.S. 383, 390 ff. (1981).

25 *Hickman v. Taylor*, 329 U.S. 495, 511 (1947).

zwischen betroffenen Unternehmen und deren beauftragten Rechtsanwälten im Rahmen des bestehenden Mandatsverhältnisses übermittelt werden, keinen Zugriff. Vor dem Hintergrund dieses Schutzes sind dann Regelungen zu sehen, wonach die volle Kooperation der von Strafverfahren betroffenen Unternehmen und insbesondere die umfassende Übermittlung von unternehmensinternen Dokumenten an die Strafverfolgungsbehörden eine signifikant strafmildernde Wirkung entfalten.[26]

2. Friktionen zwischen gesellschaftsrechtlicher Veranlassung und unzureichendem Beschlagnahmeschutz in Deutschland

Die deutsche Rechtslage war bereits vor der VW-Entscheidung des BVerfG und ist – erst recht – seit Bekanntwerden der verfassungsgerichtlichen Sichtweise unbefriedigend.[27] Einerseits stehen Unternehmen bereits heute in Ansehung eines existenten „Unternehmensstrafrechts im weiteren Sinne"[28] im Fokus repressiver Rechtsfolgen, sind aber gesellschaftsrechtlich verpflichtet, interne Untersuchungen durchzuführen oder durchführen zu lassen (§§ 76 Abs. 1, 93, Abs. 1, 111 AktG, §§ 43, 46 GmbHG, § 33 WpHG, auch § 130 OWiG)[29] und damit gegebenenfalls selbst belastende Beweismittel zu generieren. Mit Blick auf verwaltungs-, bußgeld- oder strafrechtliche Risiken und auch wegen möglicher zivilrechtlicher Ansprüche müssen die operative Leitung und das Aufsichtsgremium interne Aufklärung betreiben und das erzielte interne Untersuchungsergebnis als Kompass für das weitere Vorgehen einsetzen. Andererseits war und ist der prozessuale Schutz vor einer Verwertbarkeit dieser selbst produzierten Beweismittel zum Zweck der Strafverfolgung unzureichend. Denn eines liegt auf der Hand: Bei Geltung des Legalitätsprinzips wird die zuständige Staatsanwaltschaft regelmäßig verpflichtet sein, die Ergebnisse interner Ermittlungen und deren Grundlagen zu erheben.

Es ist zudem nicht zu erkennen, dass das BVerfG einen wesentlichen Unterschied zwischen der Verteidigung des Unternehmens und derjenigen

---

26 *Office of the Deputy Attorney General*, Memorandum on the Individual Accountability for Corporate Wrongdoing vom 9.9.2015, abrufbar unter https://www.justice.gov/archives/dag/file/769036/download (zuletzt aufgerufen am 13.01.2020).
27 Vertiefend *A. Gronke*, Verfahrensfairness in transnationalen unternehmensinternen Ermittlungen, Baden-Baden 2019.
28 Vgl. *Trüg*, Folgen (Fn. 3), 241 ff.; *ders.*, Sozialkontrolle (Fn. 3), 471 ff.
29 Vgl. *H. Potinecke/D. Block*, in: T. Knierim/M. Rübenstahl/M. Tsambikakis (Hrsg.), Internal Investigations, 2. Aufl. Heidelberg 2016, 2. Kap. Rn. 2 ff.

von Individuen bedacht hätte: Sind Individuen Beschuldigte, so kennen diese regelmäßig die ihnen vorgeworfenen Sachverhalte oder können ihren Verteidigern jedenfalls erklären, weshalb sie zu den vorgeworfenen Sachverhalten nichts beitragen können. Unternehmen befinden sich in einer anderen Situation. Aufgrund der arbeitsteiligen Strukturen, erst recht gilt dies in Konzernen, ist der vorgeworfene Sachverhalt der aktuellen Unternehmensführung nicht selten nicht vor Augen. Verstärkt wird dies durch eine personelle Fluktuation im zeitlichen Längsschnitt. Das Unternehmen muss also diejenige Kenntnis, die erforderlich ist, um sich zu den Tatvorwürfen überhaupt verhalten zu können, erst generieren.

3. Trennung zwischen Verteidigung des Unternehmens und Durchführung interner Ermittlungen?

Auch hierfür sind interne Untersuchungen notwendig. Dies sollte deutlich machen, dass eine Unterscheidung, wie sie auch dem deutschen Gesetzgeber vorzuschweben scheint (vgl. § 18 Abs. 1 Nr. 2 VerSanG), zwischen Verteidigung des Unternehmens und Durchführung der internen Ermittlungen kaum trennscharf möglich ist[30] (abgesehen davon, dass die insoweit durch den Referentenentwurf gegebene Begründung ein Zerrbild anwaltlicher Tätigkeit darstellt[31]). Wenn aber die Verteidigung des Unternehmens

---

30 Weitergehend *H. Hugger*, Unternehmensinterne Untersuchungen – Erfahrungen und Standards der Praxis, ZHR 179 (2015), S. 214 (223 f.): „Nicht selten wird in der Praxis vorgebracht, es bestehe ein „Interessenkonflikt" zwischen unternehmensinternen Untersuchungen einerseits und der Unternehmensverteidigung, also der Vertretung und Verteidigung von Unternehmen in Straf- und Ordnungswidrigkeitenverfahren, andererseits. Das Gegenteil ist der Fall. Unternehmensinterne Untersuchungen und Unternehmensverteidigung dienen gleichermaßen demselben Interesse, und zwar dem Unternehmensinteresse."

31 Wenn dort behauptet wird, die Verbindung von verbandsinternen Untersuchungen und Unternehmensverteidigung „schwächte die Glaubwürdigkeit der Ergebnisse verbandsinterner Untersuchungen", eine „funktionale Trennung" führe „zu einer erhöhten Glaubwürdigkeit": Ferner könne eine Trennung „auch der erste Schritt zu einer ernsthaften Selbstreinigung des Verbandes und einem nachhaltigen Kulturwandel sein, da nur ein unabhängiger Untersuchungsführer zum Kern der aufzuarbeitenden Straftat vordringen und hierbei auch eventuelle Verstrickungen der Firmenleitung ernsthaft in den Blick nehmen kann" (Referentenentwurf, S. 99 f. unter Bezugnahme auf *Mansdörfer*, Internal Investigations (Fn. 6), S. 123 (126)); krit. auch *A. Dierlamm*, Der Referentenentwurf eines Gesetzes zur Bekämpfung der Unternehmenskriminalität – ein Missverständnis, Editorial StV 11/2019.

in der Zusammenarbeit mit den Mitarbeitern den für die Verteidigung erforderlichen Sachverhalt überhaupt erst generieren muss und diejenigen Beauftragten, welche mit den internen Ermittlungen befasst sind, zumindest im Sinne einer Schnittmenge dieselben internen Erkundungen durchführen (mitunter auch qua Durchführung gemeinsamer „Ermittlungs"-Schritte – bspw. Befragung von Mitarbeitern), dann ist die Trennung, die dem deutschen Gesetzgeber vorschwebt, zumindest in der Sache nicht eingehalten und führt zu diffizilen Abgrenzungsfragen zwischen beschlagnahmefreien Verteidigungsunterlangen und beschlagnahmefähigen Unterlagen aus internen Ermittlungen.

4. Verdachtslage: Relevanz der Feststellung eines Anfangsverdachts gegen den Verband?

Weiter in Ansehung der VW-Entscheidung des BVerfG, zugleich mit Blick auf die aktuelle Praxis, ist für die Frage der Beschlagnahmefreiheit von Unterlagen noch bedeutsam, wann und wie festgestellt wird, ob ein Anfangsverdacht gegen den Verband vorliegt.[32] Mit Blick auf den Referentenentwurf (und die dort vorgesehene Änderung von § 97 Abs. 1 Nr. 3 StPO) wird es zudem ratsam sein zu dokumentieren, dass und weshalb „ein Vertrauensverhältnis zwischen Beschuldigtem und Zeugnisverweigerungsberechtigtem" vorliegt.[33] Den Unternehmen jedenfalls dürfte bei Beauftragung interner Untersuchungen anzuraten sein, exakt zu dokumentieren, was Anlass für die internen Untersuchungen ist und weshalb eine „künftige Nebenbeteiligung nach objektiven Gesichtspunkten in Betracht kommt". Dass die Schaffung einer solchen Dokumentenlage nicht ohne Risiko ist, liegt auf der Hand. Diese Tätigkeit durch einen beauftragten Rechtsanwalt durchführen zu lassen und das Ergebnis der Prüfung in des-

---

32 Man wird sachgerecht darauf abstellen können, ob sich ein Ordnungswidrigkeitenverfahren zum Zeitpunkt der Erstellung der internen Unterlagen bereits (prognostisch) als wahrscheinlich darstellt, d.h. sich abzeichnet. Weitere Voraussetzungen sind, dass die im Rahmen der internen Untersuchungen zu beurteilenden Sachverhalte mit dem Gegenstand des (späteren) Ermittlungs- bzw. Ordnungswidrigkeitenverfahrens in engem zeitlichen und sachlichen Zusammenhang stehen. Wegen der Erforderlichkeit dieses zeitlichen und sachlichen Zusammenhangs geht es nicht, wie dies im Schrifttum aber teilweise formuliert wird, um ein „weitreichendes anwaltliches Legal Privilege", sondern um den Schutz solcher Unterlagen, die für eine effektive, sich abzeichnende Verteidigung des Verbandes erforderlich sind.

33 *Referentenentwurf*, S. 137.

sen Gewahrsam zu belassen, stellt im Lichte der verfassungsgerichtlichen Entscheidung ebenfalls keine Lösung dar. Wohl nur eine solche Dokumentenlage jedoch hilft dem Unternehmen im Falle einer späteren Durchsuchungs- und Beschlagnahmemaßnahme in der Auseinandersetzung mit den Strafverfolgungsbehörden darüber, ob „objektive Gesichtspunkte" und damit eine Beschlagnahmefreiheit gegeben sind oder nicht.

Dem deutschen Gesetzgeber schwebt nunmehr eine Regelung dahingehend vor, dass eine Milderung der Verbandssanktion eintreten *kann*, wenn der Verband das Ergebnis der verbandsinternen Untersuchung einschließlich aller für die verbandsinterne Untersuchung wesentlichen Dokumente, auf denen dieses Ergebnis beruht, sowie den Abschlussbericht (so § 18 Abs. 1 Nr. 4 VerSanG) den Verfolgungsbehörden zur Verfügung stellt. Eines sollte klar sein: Die Diskussion um die Beschlagnahmefreiheit von solchen Unterlagen und die damit verbundene Frage, ab welchem Zeitpunkt der Verband selbst eine Beschuldigtenstellung oder eine beschuldigten-ähnliche Stellung inne hat, wird durch die vorgesehene Regelung jedenfalls de facto obsolet. Denn in diesen Konstellationen liegt eine, normativ betrachtet, „freiwillige" Herausgabe dieser Unterlagen vor. Im Übrigen ist naheliegend, dass eine solche Regelung faktisch zu einer „Pflicht zur Herausgabe-Kooperation" des Unternehmens (jedenfalls auf dieser Ebene, vgl. unten) führt.[34]

Die durch den Referentenentwurf vorgesehene konkrete Milderung der Verbandssanktionen bei verbandsinternen Untersuchungen ist aus Sicht betroffener Verbände wohl einerseits zu begrüßen. Andererseits aber sollte bedacht werden, dass Unternehmen durch die erforderlichen Offenlegungen zur „strafprozessualen Publikumsgesellschaft anderer Art" werden.

5. Schweigerecht von Mitarbeitern im Fall interner Untersuchungen?

Für fehlgehend erachte ich die durch den deutschen Gesetzgeber vorgesehene Regelung, wonach Befragten im Rahmen interner Ermittlungen das Recht eingeräumt werden soll, die Auskunft auf solche Fragen zu verweigern, deren Beantwortung sie selbst oder ihre Angehörigen gefährden würde, wegen einer Straftat oder Ordnungswidrigkeit verfolgt zu werden (vgl. § 18 Abs. 1 Nr. 5 lit. c VerSanG). Eine solche Regelung verkennt, dass Un-

---

34 Auch wenn es eine Rechtspflicht nicht gibt, vgl. auch *F. Bittmann/M. Brockhaus/S. von Coelln/Ch. Heuking*, Regelungsbedürftige Materien in einem zukünftigen „Gesetz über Interne Ermittlungen", NZWiSt 2019, S. 1 (3).

ternehmen in denjenigen Fallgestaltungen, in denen sie interne Ermittlungen durchführen (lassen), gerade in der Situation sind, gesellschaftsrechtliche oder andere Rechtspflichten zu erfüllen.

Stellen wir uns vor, ein Unternehmen veräußert Produkte, etwa Flugzeuge, bei denen bestimmte Mängel festgestellt werden, die zum Rückruf sowie zur vorübergehenden Stilllegung der in den Verkehr gebrachten Maschinen durch das Unternehmen selbst führten, weil erhebliche Gesundheitsgefahren für eine Vielzahl von Fluggästen festgestellt werden. In solchen Konstellationen besteht ein legitimes Interesse des Unternehmens, das gegebenenfalls sogar existentiell sein kann, unverzüglich die Mängelbeseitigung durchführen zu können. Dafür wird regelmäßig eine umfassende Auskunftspflicht derjenigen Unternehmensmitarbeiter erforderlich sein, die möglicherweise aufgrund eigenen schuldhaften Verhaltens bei der Produktion der Flugzeuge auch selbst in den Fokus strafrechtlicher Ermittlungen geraten können. Ein gewissermaßen durch die Hintertür des Sanktionsrechts eingeführtes Schweigerecht der Mitarbeiter im Verhältnis zum Arbeitgeber wird dann weder dem Rechtsverhältnis zwischen Arbeitgeber und Arbeitnehmer gerecht noch denjenigen rechtlichen Verpflichtungen, die der Arbeitgeber im (Außen-)Verhältnis ggü. seinen Kunden zu erfüllen hat. Sachgerecht ist deshalb eine uneingeschränkte Auskunftspflicht des Mitarbeiters auf dem Gebiet des Zivil-/Arbeitsrechts. Der Schutz vor selbstinkriminierenden Aussagen sollte hier strafprozessual durch die Statuierung eines *Verwendungs*verbotes (gerade wegen der Parallele zur sog. Gruppenkriminalität im Umfang der Rechtsprechung zu § 55 StPO) erfolgen (ein einfaches Verwertungsverbot ist zwar verfassungsrechtliches Minimum, erscheint aber strafprozessual nicht ausreichend, weil es lediglich die unmittelbare Verwertung, nicht aber Spurenansätze, und ferner auch die Verwertung der Auskünfte weiterer Auskunftspflichtiger nur in der Konstellation getrennter Verfahrensführung verhindert[35]).[36] Hingegen bleiben Regelung und Begründung im Referentenentwurf des

---

35 *Bittmann/Brockhaus/von Coelln/Heuking*, Regelungsbedürftige Materien (Fn. 34), S. 1 (9).

36 Vgl. weiterführend *K. Rogall*, in: SK-StPO, 5. Aufl. Köln 2016, Vor § 133 Rn. 161; *Ch. Knauer/M. Gaul*, Internal investigations und fair trial – Überlegungen zu einer Anwendung des Fairnessgedankens, NStZ 2013, S. 192 (193); *P. Kasiske*, Mitarbeiterbefragungen im Rahmen interner Ermittlungen – Auskunftspflichten und Verwertbarkeit im Strafverfahren, NZWiSt 2014, S. 262 (266); für eine Widerspruchslösung dergestalt, dass der auskunftspflichtige Arbeitnehmer der Weitergabe seines Befragungsprotokolls an die Strafverfolgungsbehörden widersprechen kann, *K. Moosmayer/M. Petrasch*, Gesetzliche Regelungen für Internal Investigations, ZHR 182 (2018), S. 22.

deutschen BMJV merkwürdig defizitär, wenn dort in § 18 Abs. 1 Nr. 5 lit. c VerSanG „Befragten" ein Schweigerecht eingeräumt wird,[37] arbeitsrechtlich aber nach h.M. gerade eine Aussagepflicht besteht.[38] Dies hat zur Folge, dass der Gesetzgeber nunmehr eine offene Normenkollision schaffen wird (indem Befragten im Rahmen der internen Ermittlung ein Schweigerecht eingeräumt wird, über das sie zu belehren sind, das aber arbeitsrechtlich nicht besteht, also leicht dadurch ausgehebelt werden kann, dass der Arbeitgeber den Arbeitnehmer außerhalb einer internen Untersuchung, im Rahmen eines Personalgesprächs, befragt).

6. Keil zwischen Aufsichtsrat und Vorstand/Unternehmensverteidigung

Schließlich birgt eine aktuelle Entwicklung Zündstoff: In manchen Konstellationen von Verbandsbußgeldverfahren und Ermittlungsverfahren gegen einzelne Repräsentanten des Verbandes (gerade auch dann, wenn die Unternehmensverteidigung mit der operativen Führungsebene des Unternehmens in Ausfüllung des Mandats vertrauensvoll zusammenarbeitet) gibt der Aufsichtsrat eigene interne Ermittlungen in Auftrag. Weil die Ergebnisse auch dieser Ermittlungen gegenüber den Strafverfolgungsbehörden jedenfalls nicht sicher beschlagnahmefrei sind, kann es vorkommen, dass der Aufsichtsrat die Staatsanwaltschaft in prozessualer und inhaltlicher Hinsicht „rechts überholt". Dass solche Tendenzen geeignet sind, einen Keil zwischen Vorstand und Aufsichtsrat des betroffenen Unternehmens zu treiben, liegt auf der Hand. Hier sollte genau geprüft werden, ob der Aufsichtsrat tatsächlich eine ihn treffende Pflicht zur Durchführung interner Ermittlungen trotz Durchführung staatsanwaltlicher Ermittlungen hat oder ob er sich nicht auf Auskünfte seitens der operativen Führungsebene oder seitens der durch diese beauftragten Unternehmensverteidigung (eine Befreiung von der anwaltlichen Schweigepflicht unterstellt) verlassen darf, jedenfalls bis das staatsanwaltschaftliche Ermittlungsergebnis vorliegt.

---

37 Namentlich *Referentenentwurf*, S. 102 f.
38 *LAG Hamm* CCZ 2010, S. 237 (238 f.).

7. Paradigmenwechsel

Bei alledem haben die internen Untersuchungen bereits heute einen Paradigmenwechsel ausgelöst. Ursprünglich hat – holzschnittartig dargestellt – die Staatsanwaltschaft ermittelt und die Verteidigung hat Aspekte der Verfahrensfairness angemahnt. Heute stehen die Vorzeichen anders: Das Unternehmen ermittelt intern bzw. lässt intern ermitteln und die Staatsanwaltschaft wacht – so sieht dies § 18 Abs. 1 Nr. 5 VerSanG vor – über die Frage, ob die Unternehmen und deren Berater Eckpfeiler der Verfahrensfairness einhalten.

E. *Idealtypische Modelle einer Unternehmensverteidigung und deren Implikationen*[39]

Schon eingangs habe ich auf die im Unternehmenskontext anzutreffende sich wandelnde Strafrechtskultur aufmerksam gemacht. Für einen systematischen Überblick erscheint die Erörterung anhand von idealtypischen Modellen einer Unternehmensverteidigung hilfreich, um in einem weiteren Schritt auf die sich ergebenden Implikationen eingehen zu können. Der folgende Überblick enthält keine Wertungen dahingehend, dass eine Entscheidung hinsichtlich der Überlegenheit des einen Modells gegenüber dem anderen getroffen werden soll. Es geht vielmehr um Deskription und um die Folgen bestimmter Strategien.

Bereits seit einigen Jahren wird die unternehmensstrafrechtliche Diskussionen geprägt durch das Bild, Unternehmen könnten es sich nicht „leisten", sich im strafrechtlichen Kontext kontradiktorisch zu verteidigen, sondern naheliegend sei vielmehr, dass stattdessen einzelne Mitarbeiter als „Bauernopfer" dienten.[40]

Dieses Verhältnis von Unternehmen und Mitarbeitern steht im Sinne einer Stellvertreterauseinandersetzung im Fokus, wenn man das Verhältnis zwischen der strafrechtlichen Unternehmensvertretung und der Individualverteidigung im selben Verfahrenskontext beleuchtet. Die Unterneh-

---

39 Dieser Teil des hiesigen Beitrags (E.) wurde bereits in der *Neuen Zeitschrift für Strafrecht – NStZ* veröffentlicht, vgl. *G. Trüg*, Die Implikationen unterschiedlicher Formen der Unternehmensverteidigung – am Beispiel idealtypischer Modelle, NStZ 2020, S. 130 ff.
40 Nachweise bei *Trüg*, Sozialkontrolle (Fn. 3), S. 471 (482 ff.).

mensvertretung und die Individualverteidigung bilden hierbei nicht selten kommunizierende Röhren.

Der Blick auf aktuelle wirtschaftsstrafrechtliche Verfahrenskomplexe unter Beteiligung von Unternehmen führt zu einer Differenzierung von drei idealtypischen Modellen:

- das Modell einer aktiven Unternehmensverteidigung,
- das Modell einer (nach außen weitgehend) passiven Unternehmensverteidigung sowie
- das Modell einer administrativen Unternehmensvertretung.

Die Unterscheidung dieser drei Modelle ergibt sich aus der forensischen Beobachtung verschiedener Formen tatsächlich praktizierter Unternehmensverteidigung/-vertretung, also aus einer Beobachtung des *law in action* der vergangenen Jahre. Diese Modelle sollen im Folgenden differenzierend dargestellt werden hinsichtlich ihrer Charakteristika/Merkmale (I.), ferner hinsichtlich der Wechselwirkung zwischen strafprozessualen und außerstrafprozessualen Chancen und Risiken (II.) und schließlich hinsichtlich der Wechselwirkung mit der kontextuell verbundenen Individualverteidigung (III.).

I. Merkmale der idealtypischen Modelle von Unternehmensverteidigung

1. Das Modell aktiver Unternehmensverteidigung

Blicken wir zunächst auf das Modell der aktiven Unternehmensverteidigung. Die so bezeichnete strafrechtliche Vertretung des Unternehmens begründet *nach außen* ausdrücklich ein Verteidigungsverhältnis und stellte damit klar, dass ein solches Verteidigungsmandat besteht (das ist keine Selbstverständlichkeit, wie aktuelle steuerstrafrechtliche Verfahrenskomplexe zeigen, wo mitunter der Übergang von steuerrechtlicher Beratung zur steuerstrafrechtlichen Verteidigung intern nicht hinreichend dokumentiert und nach außen nicht hinreichend kommuniziert wird und dies zu strafprozessualen Folgeproblemen führt). Die aktive Unternehmensverteidigung zeigt Präsenz gegenüber den Strafverfolgungs- und Strafjustizbehörden durch die Begründung einer eigenen, inhaltlichen Position. Dabei wird die Unternehmensperspektive im zeitlichen Längsschnitt und vor allem in dem die strafrechtlichen Vorwürfe tangierenden Querschnitt dargestellt. Diese Form der Unternehmensverteidigung ist weiter charakterisiert durch eine eigene kritische Aufarbeitung des gesamten Sachverhalts, einschließlich des Akteninhalts. Materiell-rechtlich erfolgt die Unternehmensverteidigung ggf. kontradiktorisch, durch Formulierung einer eigenen tatsächlichen und rechtlichen Würdigung und durch (zumindest gegebenenfalls) die Einbeziehung bestehender Compliance sowie von Ergebnissen aus internen Untersuchungen. Diese Form ist naheliegend, wenn die aktuelle Unternehmensführung effektive Verteidigungsansätze sieht und mit Blick auf Shareholder und Stakeholder hinsichtlich der öffentlichen Wahrnehmung keine Auseinandersetzung scheut.

Gleichwohl wählt auch diese Form der Verteidigung in einem Gutteil der Verfahren eine formale Kooperation mit der Strafjustiz. Diese formale Kooperation ist gekennzeichnet durch eine Herausgabe von Dokumenten und/oder Informationen, jedenfalls auf Herausgabeverlangen (etwa § 95 StPO). Weiter wird sich die formale Kooperation naheliegend auch erstrecken auf die Mitteilung an die Strafverfolgungsbehörden, dass interne Untersuchungen im Kontext der Tatvorwürfe erfolgen, und es werden – heute naheliegend – auch die einzelnen Maßnahmen der *internals*, etwa durch die Abstimmung vorgesehener Interviews mit den Strafverfolgungsbehörden, kommuniziert. Wenn etwa, wie dies aktuell der Fall ist, einzelne Staatsanwaltschaften ein Recht zur ersten Vernehmung von Unternehmensmitarbeitern (im Verhältnis zu den die internen Untersuchungen durchführenden Beratern) beanspruchen, dann wird sich – idealtypisch – auch eine aktive Unternehmensverteidigung dieser Vorstellung der Staatsanwaltschaft nicht entgegenstellen, mag deren Ansicht auch keine Grundlage im geltenden Recht haben.

Nach innen ist die aktive Unternehmensverteidigung gekennzeichnet durch eine akribische Aufarbeitung der Akten, eine kritische, d.h. inhaltliche Erörterung mit den internen Ansprechpartnern. Ferner kann ggf. eine enge Abstimmung mit denjenigen professionellen Beratern stattfinden, die mit der Durchführung der internen Untersuchung beauftragt sind, soweit dies strafprozessual zulässig ist. Auf die Abgrenzung von Verteidigung und internen Ermittlungen vor dem Hintergrund der Beschlagnahmefreiheit habe ich bereits hingewiesen. Hervorzuheben ist weiter, dass bei dieser Form der Unternehmensverteidigung – soweit sich die Bildung eines gemeinsamen „Sockels" anbietet – eine Erörterung der Sach- und Rechtslage mit der Individualverteidigung stattfindet. Nicht zuletzt bei technisch komplexen Fragen können auf dieser Ebene auch gemeinsame Besprechungen stattfinden, in denen über das Unternehmen betreffende technische Abläufe informiert wird. Es versteht sich von selbst, dass die vorbezeichnete Erörterung mit der Individualverteidigung ein sensibler Bereich ist, der von Fall zu Fall überlegt und überdacht werden muss, was sich beispielhaft bei angeordneter Untersuchungshaft mit Blick auf den Haftgrund der Verdunkelungsgefahr zeigt.

Im Falle widerstreitender Interessen zwischen Verband und individuellen Beschuldigten rüstet sich der Verband (auch) nach innen vor Angriffen seitens der Individualverteidigung.

2. Das Modell passiver Unternehmensverteidigung

Der Idealtyp der passiven Unternehmensverteidigung tritt *nach außen* nicht kontradiktorisch in Erscheinung. Kommunikation und Korrespondenz mit den Strafverfolgungsbehörden und Gerichten erfolgt lediglich formal, im Sinne administrativer Umsetzung. Die Unternehmensverteidigung bezieht hier keine inhaltliche Stellung. Nach außen könnte sie plastisch als „ausgelagerte Poststelle" des Unternehmens bezeichnet werden.

Nach innen ist die passive Unternehmensverteidigung vergleichbar mit dem Modell aktiver Unternehmensverteidigung. Im Innenverhältnis findet daher die Aufarbeitung und Darstellung der Sach- und Rechtslage statt. Sollte sich ein „Sockel" abzeichnen, so kann auch hier – in den Grenzen des gesetzlich Zulässigen – eine Koordination und Kooperation mit der Individualverteidigung erfolgen.

Eine passive Unternehmensverteidigung ist naheliegend, wenn Verteidigungsansätze zwar erblickt werden, aber übergeordnete Gründe – namentlich *reputation risks* oder sonstige Interessen der operativen Führung oder der Gesellschafter sowie gegebenenfalls auch des Aufsichtsorgans – gegen eine aktive Verteidigung nach außen sprechen.

3. Das Modell (bloßer) administrativer Unternehmensvertretung

Das Modell (bloßer) administrativer Unternehmensvertretung ist *im Außenverhältnis* vergleichbar mit demjenigen der soeben skizzierten passiven Unternehmensverteidigung.

Anders als diese findet hier, bei der administrativen Unternehmensvertretung, jedoch *auch im Innenverhältnis* keine inhaltliche Aufarbeitung und Erarbeitung einer materiellen Position und erst recht auch nicht der Versuch der Bildung eines Sockels mit der Individualverteidigung statt. Allenfalls erfolgt eine Koordination bzw. Vermittlung von Zeugenbeiständen und ggf. erfolgt eine Abstimmung mit der Unternehmensführung über Pressemitteilungen und vergleichbare knappe verfahrensbezogene Statements.

Diese Form der Unternehmensvertretung ist naheliegend, wenn die Unternehmensführung es für vorteilhaft erachtet, jeglichen prozessualen Konflikt zu vermeiden. Hier finden Ermittlung und Erhebung des Sachverhalts lediglich – soweit diese durchgeführt werden – durch interne Ermittlungen statt.

II. Chancen und Risiken in Bezug auf die unterschiedlichen Modelle

Wendet man nach dieser Charakterisierung der drei idealtypischen Modelle von Unternehmensverteidigung nunmehr den Blick auf die auf eine Umsetzung dieser Modelle folgende Chancen- und Risikoabschätzung, zeichnet sich folgendes Bild:

1. Aktive Unternehmensverteidigung

Die aktive Unternehmensverteidigung sucht und findet rechtliches Gehör, mit Blick auf die geltende deutsche Rechtslage mit dem Ziel einer Verteidigung gegen eine Verbandsgeldbuße (§ 30 OWiG) oder auch gegen vermögensabschöpfende Maßnahmen (§§ 73 ff. StGB), ggf. auch „nur" bezogen auf die Frage der Reputation. Die aktive Unternehmensverteidigung versucht selbst und unmittelbar, die strafrechtlichen Geschicke des Unternehmens zu lenken und unmittelbaren Einfluss auf das Ermittlungsergebnis zu nehmen. Für die Reputation des Unternehmens ergeben sich Chancen dadurch, dass ein positives Ergebnis selbst erkämpft werden kann.

Diese Haltung begründet umgekehrt freilich auch häufig geltend gemachte *reputation risks* durch ein Exponieren des Verbandes, der – bei weitgehender Unkalkulierbarkeit der Art und Weise von Medienberichterstattung – vor dem Hintergrund negativer Assoziation im Falle von Strafverfolgung ggf. auch zum Vorwurf der Unbelehrbarkeit des Unternehmens führen kann. Ferner ist zu sehen, dass eine Rechtsfolge gemäß § 18 Verbandssanktionengesetz (VerSanG), wonach Milderungen der Verbandssanktionen bei verbandsinternen Untersuchungen erfolgen „können", durch eine kontradiktorische Unternehmensverteidigung vereitelt werden könnte. Im Falle einer Regelung, wonach das Gericht Verbandssanktionen mildern kann, wenn der Verband oder der durch ihn beauftragte Dritte „ununterbrochen" und „uneingeschränkt" mit den Verfolgungsbehörden zusammenarbeitet (so § 18 Abs. 1 Nr. 3 VerSanG), erscheint fraglich, ob eine kontradiktorische Unternehmensverteidigung, die

aus Sicht der Strafjustiz immer auch eine Haltung des Unternehmens widerspiegeln dürfte, zur Strafmilderung führen wird. Dies gilt, selbst wenn
weiterhin geregelt ist, dass die Sanktionsmilderung im Falle von internen
Untersuchungen ohnehin nur eintreten kann, wenn die durchführenden
Personen „nicht Verteidiger des Verbandes oder eines Beschuldigten" sind
(so § 18 Abs. 1 Nr. 2 VerSanG). Jedenfalls wird sich die aktive Unternehmensverteidigung mit den Ergebnissen einer internen Untersuchung befassen und auseinandersetzen müssen.

An dieser Stelle wird eine jedenfalls enge Abstimmung mit den Strafverfolgungsbehörden und eine Darlegung erfolgen müssen, dass sich eine
kontradiktorische Verteidigung gegen die Vorwürfe und eine „ununterbrochene und uneingeschränkte Zusammenarbeit mit den Verfolgungsbehörden" nicht a priori ausschließen müssen.

2. Passive Unternehmensverteidigung

In der passiven Unternehmensverteidigung wird nicht selten der Vorteil
einer Vermeidung von *reputation risks* gesehen. Ferner wird dieses Modell
hinsichtlich seiner Chancen dahingehend bewertet, dass die Abstimmung
nach innen dazu führen kann/soll, dass die auf Verbandsebene erblickten
Argumente (ggf.) durch eine kraftvolle Individualverteidigung vorgetragen
werden können, einen gemeinsamen Sockel vorausgesetzt. Diese Form der
passiven Unternehmensverteidigung wird – im Falle eines Sockels – durch
die Individualverteidigung nicht selten nachvollziehbar und verständlich
sein. Friktionen mit internen Untersuchungen werden bei der passiven
Unternehmensverteidigung nicht eintreten, dies mangels eigener inhaltlicher Positionierung.

Hinsichtlich der Risiken dieses Modells ist zu sehen, dass eine am Ende
der Ermittlungen nahezu stets folgende Erörterung der Rechtsfolgen mit
der Strafjustiz (Höhe der Verbandsgeldbuße bzw. Höhe der Einziehung)
nicht auf eine selbst aufgebaute, eigene materielle Position gestützt werden
kann. Demzufolge findet auch bereits etablierte Compliance regelmäßig
keine nachdrückliche Darstellung gegenüber den Strafverfolgungsbehörden. Die Stärke der inhaltlichen Position in solchen Rechtsfolgenerörte-
rungen mit der Strafjustiz ist daher auch abhängig von der Qualität bis da-
hin erfolgter Individualverteidigung. Hinsichtlich der weiteren Risiken
wird auch insoweit die mögliche Wechselwirkung zu einer gegebenenfalls
erstrebten Sanktionsmilderung durch verbandsinterne Untersuchungen zu
beachten sein.

3. Administrative Unternehmensvertretung

Im Falle administrativer Unternehmensvertretung wird im Außenverhältnis ebenfalls eine Vermeidung von *reputation risks* für dieses Modell ins Feld geführt werden. Mit Blick auf (später ggf. zu erörternde) Rechtsfolgen ist eine derartige Unternehmensvertretung vollständig neutral. Ferner kann diese Form der Interessenvertretung vorteilhaft sein, wenn die zu klärenden strafrechtlichen Vorwürfe bis in die jüngste Vergangenheit oder Gegenwart reichen und das Unternehmen, insbesondere die aktuelle (neue) Unternehmensführung, eine größtmögliche Distanzierung von den Vorwürfen zum Ausdruck bringen möchte/muss. Gerade auch dann, wenn die individuell beschuldigten Mitarbeiter zum Zeitpunkt des Strafverfahrens dem Unternehmen nicht mehr angehören, kann sich die aktuelle Unternehmensführung von einer vollständigen Distanzierung von der Individualverteidigung Vorteile versprechen.

Zu den Risiken ist hervorzuheben, dass insoweit mit Blick auf mögliche spätere Rechtsfolgen weder auf eine selbst aufgebaute inhaltliche Position rekurriert werden kann, noch auf einer – im Sinne eines Sockels – der Unternehmensvertretung bekannten kraftvollen Individualverteidigung aufgebaut werden kann. Vielmehr wird die Perspektive des Unternehmens auf das strafprozessuale Geschehen hier nicht kommuniziert. Überindividuelle Informationen bzw. Argumente können in diesem Fall verloren gehen.

III. Wechselwirkung mit der kontextuell verbundenen
     Individualverteidigung

Wendet man den Blick schließlich auf die Wechselwirkungen der unterschiedlichen Formen von Unternehmensverteidigung mit der Individualverteidigung, so zeigt sich:

1. Aktive Unternehmensverteidigung

Ein gemeinsamer Sockel zwischen der Unternehmensverteidigung und der Individualverteidigung kommt v.a. dann in Betracht, wenn in der jeweiligen Fallkonstellation erfolgversprechende Ansätze vorliegen, die gegen das Vorliegen einer Verbandsstraftat sprechen. Dann kann für die Unternehmens- und die Individualverteidigung eine *win-win*-Situation entstehen.

Die Erarbeitung einer gemeinsamen Position führt dazu, dass die verbandsbezogene Perspektive von der individuellen Perspektive partizipieren kann und umgekehrt. Dies ist der Fall, wenn die gemeinsame Position sowohl durch überindividuelle Argumente, die der Position des einzelnen Beschuldigten regelmäßig entzogen sein werden, mit dessen individueller Perspektive, die häufig nicht oder nicht vollständig auf Verbandsebene bekannt sein wird, jeweils gewinnbringend, ggf. jeweils in schriftsätzlichen Darstellungen, ergänzt wird. In diesem Falle entsteht die für die Unternehmen sowie für die Individualverteidigung kraftvollste Form der Verteidigung.

Kommt ein Sockel von vornherein nicht in Betracht, etwa weil widerstreitende Interessen zwischen Verband und beschuldigten Mitarbeitern bestehen, dann liegt die Situation vor, in der sich der Verband möglicherweise „auf Kosten" des beschuldigten Mitarbeiters („schwarzes Schaf") und umgekehrt dieser beschuldigte Mitarbeiter sich „auf Kosten" des Verbandes verteidigen könnte. Hier spielt aus Verbandsperspektive die Frage einer funktionierenden Compliance eine tragende Rolle. Diese Konstellation der Unternehmensverteidigung auf der einen und der Individualverteidigung auf der anderen Seite vor dem Hintergrund widerstreitender Interessen ist die kritischste Konstellation aus Sicht der betroffenen Unternehmen und der Individualverteidigung.

2. Passive Unternehmensverteidigung

Ein gemeinsamer Sockel zwischen Unternehmensverteidigung und Individualverteidigung ist auch im Falle passiver Unternehmensverteidigung möglich. Weil hier die Unternehmensverteidigung jedoch nicht, etwa in Form von Schriftsätzen, nach außen gegenüber der Strafjustiz in Erscheinung tritt, kann die überindividuelle Verbandsperspektive allenfalls dadurch erläutert und gegebenenfalls mit Nachdruck vertreten werden, dass die Individualverteidigung diese Perspektive in ihre Verteidigungslinie mit aufnimmt. Dies wird mitunter auf Verbandsebene zu der Überlegung führen, ob der Verband und seine Verteidigung, welche die Entscheidung gegen die Möglichkeit aktiver Unternehmensverteidigung getroffen haben, im Einzelfall befürworten wollen, dass die Verbandsperspektive – wenn auch in Form des Sach- und Rechtsvortrags durch die Individualverteidigung – in das kontradiktorische Verfahren eingeführt wird. Bei diesem Modell werden die betroffenen Verbände also nicht selten in Kauf nehmen (müssen), dass einzelne überindividuelle, d.h. kollektive Argumente nicht bzw. nicht in der Weise Gehör finden werden, wie dies der Fall wäre, würde sich der Verband aktiv verteidigen.

Auch aus Perspektive der Individualverteidigung besteht das Risiko des „Argumentationsverlusts" dergestalt, dass bei gleichgelagerten Interessen überindividuelle Argumente, die auch den betroffenen Individuen zugutekommen können, nur eingeschränkt bzw. „mittelbar" vorgebracht werden können. Im Fall widerstreitender Interessen zwischen Verband und beschuldigten Mitarbeitern demgegenüber ist es für die individuell Betroffenen offensichtlich günstiger, wenn der Verband nicht im Weg aktiver Verteidigung gegen die individuell beschuldigten Mitarbeiter vorgeht, sondern dies gegebenenfalls auf arbeitsrechtlichem oder gesellschaftsrechtlichem Wege unternimmt und sich im Strafverfahren jedoch (nach außen) passiv verhält.

3. Administrative Unternehmensvertretung

Im Falle (bloßer) administrativer Unternehmensvertretung entfällt die Möglichkeit der Bildung eines Sockels. Überindividuelle Argumente werden hier nicht, auch nicht mittelbar, vertreten.

Aus Sicht der Individualverteidigung kann bei diesem Modell auf überindividuelle Argumente nur insoweit rekurriert werden, als diese zur Kenntnis des eigenen (individuellen) Mandanten gelangt sind. Widerstreitende Interessen zwischen Verband und individuell Betroffenen werden bei diesem – strafrechtlich nach außen und innen passiven – Modell nicht thematisiert. Wechselwirkungen mit der kontextuell verbundenen Individualverteidigung sind hier (weitestgehend) ausgeschlossen.

IV. Die Folgen unterschiedlicher Ausgestaltung der Unternehmensverteidigung mit Blick auf die Strafrechtskultur

Diese Darstellung der idealtypischen Modelle der Unternehmensverteidigung ist mit keiner inhaltlichen Wertung verbunden. Jedes Modell weist Chancen und Risiken auf und jedes Modell hat Implikationen für die Individualverteidigung. Auch die passivste Form, das Modell (bloßer) administrative Unternehmensvertretung, birgt daher Risiken und weist die geschilderten Implikationen auf, *nolens volens*.

Deutlich wurde, dass es mittlerweile auch in komplexesten wirtschaftsstrafrechtlichen Zusammenhängen auf Unternehmensebene Strafprozesssubjekte gibt, welche verfahrensrechtlichen Garantien keine Bedeutung beimessen, sondern das Verfahren „passieren" lassen. Dies ist eine neue Entwicklung (auch wenn es in Theorie und Praxis andere Formen der Unternehmensverteidigung gibt). Diese Entwicklung auf Unternehmensebene koinzidiert zumindest zeitlich mit Entwicklungen auch auf individueller Ebene, wonach prozessuale Rechte nicht in Anspruch genommen werden und die Nicht-Inanspruchnahme als (gegebenenfalls strafmildernder) Verdienst geltend gemacht wird. Diese kollektiven und individuellen Entwicklungen haben – ich bleibe deskriptiv – zu einem *Unterwerfungsverfahren im unternehmensstrafrechtlichen Kontext* geführt. Es handelt sich dabei nicht um eine durchgängige Entwicklung, die Folgen dieses Unterwerfungsverfahrens zeichnen sich aber bereits heute ab. Die Inanspruchnahme strafprozessualer Garantien, namentlich in Form einer aktiven Unternehmensverteidigung, ist erklärungsbedürftig und es wird die Aufgabe künftiger aktiver Unternehmensverteidigungen sein, auch einer medialen Öffentlichkeit klarzumachen, dass und weshalb eine inhaltliche Auseinandersetzung mit der Strafjustiz veranlasst ist.

F. Ausblick

Die Verteidigung von Unternehmen in nationalen und internationalen Kontexten ist ein weites und vermintes Feld.

- Das Fehlen eines harmonisierten *legal framework*, d. h. das Fehlen eines harmonisierten Haftungsmodells und das Fehlen eines harmonisierten Verfahrensmodells, führt zu einer doppelten Schwächung international agierender Unternehmen als Rechtssubjekt. Neben einer Mehrfach-Sanktionierung droht in strafprozessuale Hinsicht über Rechtsverluste hinaus vor allem eine Kumulation von Beweismitteln.
- Schon allein in nationalen Kontexten müssen tradierte strafprozessuale Institute im Unternehmenskontext neu gedacht, also operationalisiert werden, um diese effektiv zur Anwendung zu bringen.
- In besonderer Weise besteht ein Spannungsverhältnis zwischen (Unternehmens und Individual-) Verteidigung auf der einen Seite und internen Untersuchungen und bestehender Compliance auf der anderen Seite. Ursache hierfür ist jedenfalls auch, dass der deutschen Gesetzgeber diese Rechtsinstitute mit dem Legalitätsprinzip und einem fehlenden umfassenden Beschlagnahmeschutz verknüpfen will.
- Schließlich hat der vorliegende Beitrag idealtypische Modelle einer Unternehmensverteidigung skizziert und dabei Chancen und Risiken,

aber auch die Wechselwirkung mit der kontextuell verbundenen Individualverteidigung dargestellt.

Welchen Blick also eröffnet die unternehmensstrafrechtliche Landschaft? Derzeit sehen wir eher Stückwerk und es bedürfte eines kreativen Landschaftsgärtners, um das Gesamtpanorama als eine Kulturlandschaft entstehen zu lassen.

Der Verteidigungsfall aus der Perspektive des Unternehmens

Christoph Knauer

Inhalt

Die Perspektive des Unternehmens auf die Verteidigung im Krisenfall ist ggf. verzerrt. Häufig passen Kultur und Sprache der Unternehmen nicht zur Sprache und Denkweise von Staatsanwaltschaften und Ermittlern. Das Unternehmen (bzw. dessen Leitung) denkt sofort lösungsorientiert, die Staatsanwaltschaft nimmt sich bekanntlich Zeit zur Ermittlung des Sachverhalts. Unternehmen denken oft auch bei Ermittlungsverfahren selbstbewusst auf Augenhöhe und meinen, mit den Behörden früh und nicht erst spät verhandeln zu können, teils nach Art eines M&A-Deals, so die Vorstellung. Generell herrscht häufig Unverständnis für das Vorgehen der Ermittlungsbehörden, insbesondere für eingriffsintensive Ermittlungsmaßnahmen wie Durchsuchungen, Vernehmungen etc. Der Verteidiger hat also neben all seinen weiteren Aufgaben die Rolle eines Übersetzers zwischen Strafrecht und Betriebswirtschaft.[1] Schönstes Beispiel ist der strafrechtliche Vermögensbegriff.[2] Den kann man einem BWLer nicht erklären.[3]

Natürlich habe auch ich, obwohl ich früher selbst in Unternehmen tätig war, die Innensicht des Unternehmens nicht mehr, sodass ich in Abweichung zum mir gestellten Thema natürlich nur die Sicht eines Unternehmensverteidigers auf die Perspektive des Unternehmens liefern kann.

A. *Überblick über die Interessenlagen nach (noch) aktueller Rechtslage*

Dabei ist es zunächst hilfreich, sich einen Überblick über die verschiedenen Interessenlagen[4] im Verteidigungsfall zu verschaffen. Dies könnte, extrem vereinfacht, wie folgt aussehen:

---

1 Zur besonderen Funktion des Unternehmensverteidigers auch *J. Wessing*, in: Ch. Hauschka/K. Moosmayer/T. Lösler (Hrsg.), Corporate Compliance, 3. Aufl. München 2016, § 46 Rn. 76.
2 Nach der h.M. basiert bekanntlich der strafrechtliche Vermögensbegriff nicht nur auf einer ökonomischen, sondern auch auf einer juristischen Betrachtungsweise und vereinigt diese, zum Meinungsspektrum statt vieler *R. Hefendehl*, in: W. Joecks/K. Miebach (Hrsg.), MüKo-StGB, 3. Aufl. München 2019, § 263, ab Rn. 366 ff.
3 Dem freundlichen Hinweis des Kollegen Dr. Hugger schulde ich die Korrektur, dass selbstredend die Mehrheit der General Counsel der großen Unternehmen inzwischen umsichtig und erfahren im Umgang mit dem Strafrecht sind (ob dies ein positiver Befund bezogen auf den Zustand der deutschen Unternehmen ist, sei dahingestellt).
4 Zu den unterschiedlichen Interessenlagen allgemein etwa *F. Bittmann/M. Brockhaus/S. von Coelln/Ch. Heuking*, Regelungsbedürftige Materien in einem zukünftigen „Gesetz über Interne Ermittlungen", NZWiSt 2019, S. 1 (2 f.).

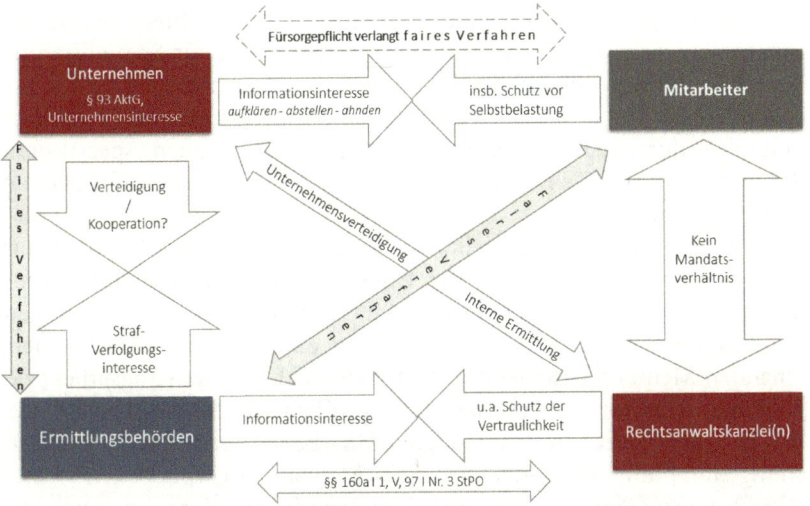

Dem Unternehmen, erlangt es Kenntnis von einer unternehmensinternen Unregelmäßigkeit, ist regelmäßig an Aufklärung gelegen. Daran führt meist schon aus gesellschafts- und haftungsrechtlichen Gründen kein Weg vorbei.[5] Freilich liegt es auch im Unternehmensinteresse, die potenziellen Risiken einer strafrechtlichen Haftung bestmöglich zu minimieren und im Umgang mit den Strafverfolgungsbehörden der Wahl zwischen (Konflikt-)Verteidigung und Kooperation gerecht zu werden. Je größer und internationaler das betroffene Unternehmen ist, desto mehr sieht es sich im Krisenfall aber auch der negativen Presseberichterstattung (mit all ihren reputationellen Folgen) ausgesetzt und muss sich ggf. auch gegenüber ausländischen Behörden, bei Unternehmen mit US-Bezug etwa dem Department of Justice (DoJ), verantworten. Dies erschwert die Situation erheblich.[6]

---

5 Richtungsweisend die Siemens/Neubürger-Entscheidung des LG München I aus dem Jahr 2013, LG München I 10.12.2013 – 5 HK o 1387/10, NZWiSt 2014, S. 183.

6 Speziell zu internen Untersuchungen mit US- oder UK-Bezug, *M. Nietsch*, Legal Privilege und interne Untersuchungen in den USA und dem Vereinigten Königreich – Rechtsvergleichende Überlegungen zur möglichen Regelung des Vertraulichkeitsschutzes von internen Untersuchungen, CCZ 2019, S. 49; *K. Waltenberg*, Unter Beobachtung – Der amerikanische Monitor im deutschen Unternehmen, CCZ 2017, S. 146; rechtsvergleichend auch *M. Rieder/J. Menne*, Internal Investigations – Rechtslage, Gestaltungsmöglichkeiten und rechtspolitischer Handlungsbedarf, CCZ 2018, S. 203 (206 f.); *Wessing* (Fn. 1), § 46 Rn. 5 ff. und Rn. 147 ff.; *K. Moosmayer*, in: T. Rotsch (Hrsg.), Criminal Compliance, 1. Aufl. Baden-Baden

Dabei entspricht es der gängigen Praxis, dass Unternehmen die Aufklärungsarbeit nicht selbst vornehmen, sondern sich hierfür Spezialisten ins Haus holen. Die Untersuchung kann – jedenfalls nach geltendem Recht – entweder durch die mit der Verteidigung beauftragten Anwälte erfolgen und/oder durch Dritte, regelmäßig auf Investigationen spezialisierte (Groß-)Kanzleien.[7] Teils wird auf die großen Wirtschaftsprüfungsgesellschaften gesetzt.

Die Befragung von potenziell involvierten Mitarbeitern zählt dabei zum integralen Bestandteil von internen Untersuchungen, wobei sich das Informationsinteresse des Arbeitgebers auf die mit dem Untersuchungsgegenstand in Verbindung stehenden Mitarbeiter verdichtet. Die nach der herrschenden Meinung bestehende arbeitsvertragliche Mitwirkungspflicht des Arbeitnehmers kollidiert mit der Fürsorgepflicht des Arbeitgebers.[8] Dieser hat, nachdem zwischen den befragten Mitarbeitern und den die Untersuchung durchführenden Anwälten kein Mandatsverhältnis besteht, einerseits für einen fairen Umgang mit seinen Mitarbeitern Sorge zu tragen. Andererseits hat die Gesellschaft ein erhebliches Aufklärungsinteresse, ggf. die Pflicht dazu.

Die aus der Untersuchung gewonnenen Erkenntnisse werden nicht nur dem Unternehmen als Auftraggeber zugänglich gemacht, sondern gelangen regelmäßig zu den Ermittlungsbehörden, deren Anliegen naturgemäß eine lückenlose und schnelle Sachverhaltsaufklärung ist. Dementsprechend groß ist das Interesse an der Vorlage von Abschlussberichten und dem der Untersuchung zu Grunde liegenden Datenmaterial. Dieser Um-

---

2015, § 14 Rn. 75 ff.; zur grenzüberschreitenden Verteidigung von Unternehmensmitarbeitern *K. Sidhu/A. von Saucken*, Grenzüberschreitende Verteidigung von Unternehmensmitarbeitern, NZWiSt 2018, S. 126.

7 Zu dieser Entwicklung, *G. Bachmann*, Interne Ermittlungen – ohne Grenzen?, ZHR 2016, S. 563 (563 f.).

8 *B. Krug/Ch. Skoupil*, Befragungen im Rahmen von internen Untersuchungen – Vorbereitung, Durchführung und Umgang mit den Ergebnissen, NJW 2017, S. 2374 (2376); *L. Greco/Ch. Caracas*, Internal investigations und Selbstbelastungsfreiheit, NStZ 2015, S. 7; *M. Mansdörfer*, Die Aussagepflicht der Mitarbeiter bei wertebasierten unternehmensinternen Ermittlungen, jM 2014, S. 167 (170), *Ch. Knauer*, Interne Ermittlungen (Teil II) – Konkrete Fragen der Durchführung, ZWH 2012, S. 81 (84); *Ch. Knauer/E. Buhlmann*, Interne Ermittlungen, AnwBl 2010, S. 387 (388); speziell zur arbeitsrechtlichen Perspektive u.a. *M. Lützeler/P. Müller-Sartori*, Die Befragung des Arbeitnehmers – Auskunftspflicht oder Zeugnisverweigerungsrecht?, CCZ 2011, S. 19 (19 f.); *A. Mengel/T. Ullrich*, Arbeitsrechtliche Aspekte unternehmensinterner Investigations, NZA 2006, S. 240 (243); *B. Göpfert/F. Merten/C. Siegrist*, Mitarbeiter als „Wissensträger" – Ein Beitrag zur aktuellen Compliance-Diskussion, NJW 2008, S. 1703.

stand – das Ineinandergreifen von unternehmensinterner Sachverhaltsermittlung und staatlicher Strafverfolgung – macht es wohl erforderlich, dass die Untersuchungshandlungen allgemein, vor allem aber die Mitarbeiterbefragungen, bestmöglich nach rechtsstaatlichen Grundsätzen durchgeführt werden. Auch das ist Ausfluss der Fürsorgepflicht des Arbeitgebers.

Unabhängig davon, dass unternehmensinterne Untersuchungen gerade auch deshalb vorgenommen werden, um die Ergebnisse im Sinne der Kooperation den Ermittlungsbehörden vorzulegen, haben das Unternehmen, aber auch die mit der Untersuchung beauftragten Kanzleien ein Interesse an dem Schutz der Vertraulichkeit ihrer Unterlagen. Das gilt natürlich erst recht, wenn sich das Unternehmen gegen einen kooperativen Ansatz entschieden hat, so dass im Umgang mit den Ermittlungsbehörden ein Verteidigungsfall im engeren Sinne[9] vorliegt. Jedenfalls dann, wenn es sich nicht um eine von der Verteidigung durchgeführte Untersuchung handelt und noch kein Ordnungswidrigkeitsverfahren gegen das Unternehmen in der untersuchten Angelegenheit eingeleitet oder die Nebenbeteiligung in einem Ermittlungsverfahren angeordnet wurde (was der Regelfall ist), ist der Konflikt mit den Ermittlungsbehörden vorprogrammiert, wie nicht zuletzt die Entscheidung des Bundesverfassungsgerichts in Sachen Jones Day gezeigt hat.[10]

Dieser vielschichtigen Interessenlage im Verteidigungsfall möchte ich nun *en détail* nachgehen.

B. Das Unternehmen in der „Stunde Null"

Die Entscheidung, ob das Unternehmen zunächst abwartet, das Feld den Ermittlungsbehörden überlässt, um sich ggf. streitig zu verteidigen, oder zu kooperieren und im Extremfall eine interne Ermittlung mit den Behörden abzustimmen und die Ergebnisse diesen zur Verfügung zu stellen, steht jeweils am Anfang.[11]

---

9 Mit den unterschiedlichen Formen der Unternehmensverteidigung befasst sich der in diesem Sammelband ebenfalls erschienene Beitrag von *Trüg*.

10 BVerfG, Beschl. v. 27.06.2018 – 2 BvR 1405/17, 2 BvR 1780/17, NStZ 2019, S. 159 (m. Anm. *Knauer*).

11 Dazu *T. Grützner*, in: C. Momsen/T. Grützner (Hrsg.), Wirtschaftsstrafrecht, 1. Aufl. München 2013, Rn. 67; allgemein zum Verhältnis zu den Ermittlungen staatlicher Behörden *Wessing* (Fn. 1), § 46 Rn. 168 ff.; *K. Moosmayer*, in: T. Rotsch (Hrsg.), Criminal Compliance, 1. Aufl. Baden-Baden 2015, § 34 Rn. 74 ff.; *T. Tei-*

In dieser „*Stunde Null*" ist bereits nach heutiger Rechtslage und Praxis die Entscheidung für den Vorstand schwer zu treffen. Sie hat sich an den §§ 76, 93 AktG und insbesondere der in § 93 Abs. 1 Satz 2 AktG kodifizierten Business Judgement Rule zu orientieren,[12] deren Maßstäbe auch auf den GmbH-Geschäftsführer entsprechende Anwendung finden (§ 43 GmbHG).[13] Der Vorstand muss also in einer Abwägung das Für und Wider bzgl. aller in Rede stehenden Alternativen auf Basis einer angemessenen Informationsgrundlage im Unternehmensinteresse entscheiden. Dies hängt aber alles von einer Frage ab: Umgangssprachlich formuliert – Ist an der Sache etwas dran, oder nicht?

Von Bedeutung ist dabei vor allem, wie die Unternehmensleitung von der unternehmensbezogenen Straftat Kenntnis erlangt. Im besten Fall erhält sie interne Hinweise, sei es durch die hauseigene Revisionsabteilung oder durch einen Mitarbeiter. Solange weder Öffentlichkeit noch Strafverfolgungsbehörden involviert sind, hat das Unternehmen ausreichend Zeit, den Behauptungen des Hinweisgebers nachzugehen und Reaktionen ohne Druck von außen in die Wege zu leiten. An einer solchen hausinternen Aufklärung führt oft auch schon aus gesellschafts- und haftungsrechtlichen Gründen kein Weg vorbei. Die erwähnte Sorgfalts- und Leitungspflicht des Vorstands (§§ 73 Abs. 1, 93 AktG), die Überwachungspflicht des Aufsichtsrates (§ 111 AktG) bzw. die korrespondierenden Pflichten der GmbH-Geschäftsführer verlangen, so die Formulierung des Neubürger-Urteils des LG München[14], dass Verstöße im Unternehmen grundsätzlich aufzuklären, abzustellen und zu ahnden sind.[15]

---

cke, Gute Unternehmenspraxis für Internal Investigations – Praxistipps zur erfolgreichen Umsetzung unter Berücksichtigung des VerSanG-E, CCZ 2019, S. 298 (303 f.).

12 Allgemein zu unternehmerischen Entscheidungen *Ch. Grigoleit/L. Tomasic*, in: Ch. Grigoleit (Hrsg.), Aktiengesetz, 1. Aufl. München 2013, § 93 Rn. 25 ff.; *B. Dauner-Lieb*, in: M. Henssler/L. Strohn (Hrsg.), Gesellschaftsrecht, 3. Aufl. München 2016, § 93 AktG Rn. 17 ff.

13 *Ziemons/Pöschke*, in: BeckOK-GmbHG, 41. Edition, § 43 Rn. 105 mwN.

14 LG München, Urt. v. 10.12.2013 – 5 HK O 1387/10, NZG 2014, S. 345 (347); vgl. hierzu etwa *H. Fleischer*, Aktienrechtliche Compliance-Pflichten im Praxistest: Das Siemens/Neubürger-Urteil des LG München I, NZG 2014, S. 321 (324).

15 Dazu auch *Ch. Knauer*, Interne Ermittlungen (Teil I) – Grundlagen, ZWH 2012, S. 41 (46); *Krug/Skoupil*, Befragungen (Fn. 8), S. 2374; *D. Grimm*, Rechtsanwaltliche Begleitung von Mitarbeiterbefragungen bei unternehmensinternen Ermittlungen und Kostenübernahme, NZA 2019, S. 1534; *A. Lilie-Hutz/S. Ihwas*, Ein Ausblick auf Internal Investigations nach den VW/Jones Day-Entscheidungen, NZWiSt 2018, S. 349 (352); *S. Poppe* in: C. Inderst/B. Bannenberg/S. Poppe (Hrsg.), Compliance, 3. Aufl. Heidelberg 2017, Kapitel 6 Rn. 28; zur Legalitäts-

Die Business Judgement Rule erfordert aber keine interne Ermittlung um jeden Preis und in unbegründetem Ausmaß.[16] Wenn etwa die Sicherheit besteht, dass der in der Vergangenheit liegende Verstoß nicht fortdauert, so kann das Unternehmen das Ermitteln durchaus einmal der Staatsanwaltschaft überlassen.[17] Und selbstredend kann und muss ggf. im Unternehmensinteresse die Untersuchung eng begrenzt werden. Als Verteidiger staunen wir oftmals über das Ausmaß der *„full-blown investigations"*, die der Mandantschaft „verkauft" wurden.

Abzuwägen ist auch die Tatsache, dass Ermittlungsergebnisse nach der Jones-Day-Entscheidung des Bundesverfassungsgerichts[18] keinen Beschlagnahmeschutz genießen. Es sei denn, sie dienen ausschließlich dem Zwecke der Unternehmensverteidigung, wobei dieser Verteidigungsfall nach der Entscheidung bereits eingetreten sein muss, was er nach der überwiegenden Meinung in der Rechtsprechung in unserer Konstellation – Kenntniserlangung durch internen Hinweisgeber – nicht wäre. Das bloße Beauftragen des Verteidigers, um eine potentielle Geldbuße abzuwehren, ist danach kein geschützter Vertrauensraum. Ich halte das für evident falsch, wie die Übertragung auf den Individualbeschuldigten zeigt. Nach der dort strengstmöglichen Sichtweise würde die Beschuldigtenstellung erst mit der förmlichen Einleitung eines Ermittlungsverfahrens oder der ausdrücklichen Vernehmung als Beschuldigter eintreten. Dieser Ansatz mag zwar aus Sicht der Ermittlungsbehörden überzeugen, hätten es doch die Ermittler damit in der Hand, Beschuldigtenschutzrechte zu umgehen. Gerade deshalb ist es aber nicht sachgerecht, den Schutz des Beschuldigten von

---

und Legalitätskontrollpflicht auch *G. Spindler* in: W. Goette/M. Habersack (Hrsg.), MüKo-AktG, 5. Aufl. München 2019, § 93 Rn. 115; *G. Bachmann/T. Kremer*, in: T. Kremer u.a. (Hrsg.), DCGK, 7. Aufl. München 2018, Rn. 819 f.; *A. Hoffmann/A. Schieffer*, Pflichten des Vorstands bei der Ausgestaltung einer ordnungsgemäßen Compliance-Organisation, NZG 2017, S. 401 (402); *M. Kuhlmann*, Interne Untersuchungen – Langer Atem zahlt sich aus, CCZ 2019, S. 310 (311); *Teicke*, Unternehmenspraxis (Fn. 11), S. 298; von einem „faktischen Zwang zur Aufklärungsarbeit" spricht *Wessing* (Fn. 1), § 46 Rn. 21.

16 Zu den Schranken der Legalitätskontrollpflicht und der internen Ermittlungen *Knauer*, Grundlagen (Fn. 15), S. 41 (47); *Bachmann*, Interne Ermittlungen (Fn. 7), S. 567 ff.; *N. Ott/C. Lüneborg*, Internal Investigations in der Praxis – Umfang und Grenzen der Aufklärungspflicht, Mindestaufgriffsschwelle und Verdachtsmanagement, CCZ 2019, S. 71 (72 sowie 79 f.); *U. Hüffer/J. Koch*, AktG, 13. Aufl. München 2018, § 76 Rn. 16; *Wessing* (Fn. 1), § 46 Rn. 16.

17 Speziell zum Absehen von der Sachverhaltsaufklärung bei drohender Verjährung *Teicke*, Unternehmenspraxis (Fn. 11), S. 298 (299).

18 BVerfG, Beschl. v. 27.06.2018 – 2 BvR 1405/17, 2 BvR 1780/17, NStZ 2019, S. 159 (m. Anm. *Knauer*).

einem förmlichen, nach außen tretenden Inkulpationsakt abhängig zu machen. Dem diametral gegenüber steht ein rein materieller Ansatz, wonach bereits objektive Anhaltspunkte gegen den Beschuldigten ausreichen sollen.[19] Durch die Brille des Verteidigers betrachtet ist dies freilich angemessen: Erhalte ich einen Anruf, bei dem mir ein Mann erzählt, er habe gerade seine Frau mit einem Messer zu Boden gestreckt und sie liege nun blutend neben ihm, handelt es sich für mich schon qua meines Berufsethos um einen Verteidigungsfall, unabhängig davon, ob die Tat bereits entdeckt ist oder nicht. Und übertragen auf das Unternehmen wäre dies sicherlich die verteidigungsfreundlichste Auslegung.[20]

Dessen ungeachtet wird im Individualmandat nach ganz herrschender Meinung erst derjenige als Beschuldigter angesehen, gegen den aufgrund eines Anfangsverdachts (§ 152 Abs. 2 StPO) Ermittlungen durchgeführt werden. Dies setzt voraus, dass sich ein behördlicher, auf die betreffende Person gerichteter Verfolgungswille in einer äußerlich wahrnehmbaren Verfolgungsaktivität, die erkennbar darauf abzielt, gegen den Betreffenden strafrechtlich vorzugehen, niederschlägt.[21] Solange die Ermittlungsbehörden also (noch) nichts von dem blutigen Messer meines neuen Mandanten wissen und sie ihren Verfolgungswillen auf ihn noch nicht manifestiert haben, so lange liegt auch kein Verteidigungsfall vor. Auf Basis dieser subjek-

---

19 In diesem Sinne bereits LG Gießen, Beschl. v. 25.06.2012 – 7 Qs 100/12, wistra 2012, S. 409 (410); ebenso auch *S. Thomas/S. Kämpfer*, in: Ch. Knauer/H. Kudlich, H. Schneider (Hrsg.), MüKo-StPO, 1. Aufl. München 2014, § 148 Rn. 5; sowie SK-StPO/*Wohlers*, 5. Aufl. München 2016, § 148, Rn. 5 m.w.N.; *K.-P. Julius*, in: B. Gercke/K.-P. Julius/D. Temming/M. Zöller (Hrsg.), HK-StPO, 5. Aufl. Heidelberg 2012, § 148 Rn. 5; *W. Beulke*, in: W. Beulke/S. Swoboda, StPO, 2. Aufl. Heidelberg 2016, § 148 Rn. 9; a.A. *K. Thum*, Beschlagnahmefreiheit von Verteidigungsunterlagen, HRRS 2012, S. 535 (538 f.).

20 So bereits das LG Braunschweig, das schon die Aufarbeitung des Sachverhalts als ein wesentliches Element zur Vorbereitung einer wirksamen Verteidigung einstufte, LG Braunschweig, Beschl. v. 21.7.2015 – 6 Qs 116/15, NStZ 2016, S. 308 (309); speziell zur Unternehmensverteidigung auch *Dann*, in: R. Esser/M. Rübenstahl/F. Saliger/M. Tsambikakis (Hrsg.), Wirtschaftsstrafrecht, Köln 2017, § 148 StPO Rn. 34; *J. Klengel/Ch. Buchert*, Zur Einstufung der Ergebnisse einer „Internal Investigation" als Verteidigungsunterlagen im Sinne der §§ 97, 148 StPO, NStZ 2016, S. 383 (385).

21 Dazu BGH, Urt. v. 03.7.2007 – 1 StR 3/07, NJW 2007, S. 2706 (2707); BGH, Urt. v. 30.12.2014 – 2 StR 439/13, NStZ 2015, S. 291; zu den unterschiedlichen Ansätzen zusammenfassend etwa *R. Kölbel*, in: Ch. Knauer/H. Kudlich, H. Schneider (Hrsg.), MüKo-StPO, 1. Aufl. München 2016, § 163a Rn. 3; Meyer-Goßner/*Schmitt*, StPO, 61. Aufl. 2018, Einleitung Rn. 76; *Beulke* (Fn. 19), Einleitung Rn. 141 ff.

tiv-objektiven Theorie gilt mit Blick auf das Unternehmen nichts anderes. Erst wenn sich die Einleitung eines Verfahrens gegen die juristische Person „objektiv" abzeichnet, kommt dem Unternehmen danach die beschuldigten-ähnliche Stellung zu.[22] Das ist unbefriedigend.

C. Das Unternehmen am Scheideweg: Kooperation oder Verteidigung

Angenommen, der Hinweis führt zur Investigation und diese erhärtet den Verdacht. Die Frage, ob das Unternehmen auf der Basis seiner Ermittlungen den Sachverhalt anzeigt oder nicht, kann hier im Unternehmensinteresse in Ruhe abgewogen werden. Für die Prognose ist wiederum bedeutsam, was eine Kooperation dem Unternehmen für Vorteile bringen würde und welche Geldbuße nach § 30 OWiG ggf. im Raum steht.

I. Zum Status quo

Dabei spielt nach derzeitiger Lage eine große Rolle, welche Staatsanwaltschaft zuständig wäre. Die deutschen Staatsanwaltschaften agieren im Umgang mit den Unternehmen nämlich regional höchst unterschiedlich.[23] Das betrifft zuvörderst die verfahrensrechtliche Stellung des Unternehmens. Mit einer frühzeitigen Anhörung als Nebenbeteiligte gehen Staatsanwaltschaften bislang zu sparsam um. Dadurch wird verhindert, dass das betroffene Unternehmen im Verfahren zumindest eine beschuldigten-*ähnliche* Stellung einnimmt und damit verbundene Rechte geltend machen kann.[24] Denn mit der Anordnung der Verfahrensbeteiligung entweder als Adressat einer Einziehungsanordnung (§ 73b StGB) oder einer Geldbuße (§ 30 OWiG) erhalten juristische Personen die prozessualen Rechte und die Befugnisse eines Beschuldigten bzw. eines Angeklagten (§ 444 Abs. 2 Satz 2 i.V.m. § 427 Abs. 1 Satz 1 und § 428 Abs. 1 StPO). Damit haben Unternehmen als Nebenbeteiligte nicht nur Anspruch auf rechtliches Gehör (§ 426 StPO), auch die wesentlichen Vorschriften über die Verteidigung

---

22 Dazu mit Blick auf die Jones-Day-Entscheidung des BVerfG, *A. Baur*, Neues zum strafprozessualen Schutz interner Ermittlungen?, NZG 2018, S. 1092 (1095).

23 So auch der Reg-E VerSanG, S. 50.

24 Allgemein zur verfahrensrechtlichen Stellung des Nebenbeteiligten, *J. Scheinfeld/C. Langlitz*, in: Ch. Knauer/H. Kudlich, H. Schneider (Hrsg.), MüKo-StPO, 1. Aufl. 2019, § 444 Rn. 9 f.

(§§ 137 ff. StPO) finden entsprechende Anwendung.[25] Das betrifft zuvörderst das Akteneinsichtsrecht (§ 147 StPO), insbesondere aber auch die ungehinderte Kommunikation mit dem Verteidiger (§ 148 StPO[26]) und das darauf basierende Beschlagnahmeverbot (§ 97 StPO). Immerhin hier hilft die bereits erwähnte Jones-Day-Entscheidung des Bundesverfassungsgerichts ein kleines Stück weit, wenn sie für die beschuldigten-ähnliche Stellung objektive Anhaltspunkte dafür ausreichen lässt, dass das Unternehmen Einziehungs- oder Nebenbeteiligte werden könnte.[27]

Erst recht gelten diese Unterschiede bzgl. der Art und Weise einer Kooperation. Manche Staatsanwaltschaften kommunizieren offen über die internen Ermittlungen und ihre Vorstellungen darüber, lassen zum Teil dem Unternehmen sogar den Vorrang (vor dem Hintergrund des Legalitätsprinzips zweifelhaft).

Und auch die Berücksichtigung von sanktionszumessungsrelevanten Gesichtspunkten, wie die Bewertung von Compliance-Management-Systemen und die Aufklärungshilfe durch die Untersuchung,[28] werden mangels eines gesetzlichen Rahmens aktuell innerhalb der Strafjustiz sehr uneinheitlich gehandhabt. Auf der anderen Seite wenden einige Staatsanwaltschaften § 30 OWiG gar nicht an.

Das alles gilt natürlich auch, wenn das Unternehmen aus der Presse oder im *worst case* durch eine Durchsuchung oder gar Festnahmen von den Vorwürfen strafrechtlich relevanten Fehlverhaltens Unternehmensangehöriger erfährt. Dann ist aber in der Regel Panik angesagt. Das Unternehmen steht hier unter höherem Zeitdruck bzgl. des Umgangs mit der Staatsanwaltschaft, selbst wenn es zunächst an ausreichenden Informationen fehlt und das Ausmaß der tatsächlichen Rechtsverletzung schwer zu überblicken ist. Die Entscheidung für Verteidigung oder Kooperation ist also mit hoher Unsicherheit versehen. Derzeit kann und muss mE aber zunächst auch in diesen Fällen erst einmal ein Sachverhaltsüberblick ermittelt werden, um auf der Basis angemessener Information im Sinne des § 93 AktG entscheiden zu können.

---

25 So auch *Klengel/Buchert* (Fn. 20), S. 383 (385).

26 Speziell zur entsprechenden Anwendung von § 148 StPO, *S. Rütters/A. Schneider*, Die Beschlagnahme anwaltlicher Unterlagen im Unternehmensgewahrsam, GA 2014, S. 160 (168 ff.).

27 BVerfG, Beschl. v. 27.06.2018 – 2 BvR 1405/17, 2 BvR 1780/17, NStZ 2019, S. 159 (163), mit Anm. *Knauer*.

28 Zur Berücksichtigung eines Compliance-Management-Systems bei der Bußgeldbemessung, s. BGH, Urt. v. 09.05.2017 – 1 StR 265/16, NZWiSt 2018, S. 379, dort mit Anm. *Hugger/Pasewaldt* sowie *Adick/Linke*.

II. Der neue Entwurf eines Verbandssanktionengesetzes

Auf den ersten Blick wird in der Zukunft alles besser – der Gesetzesentwurf der Bundesregierung zur Stärkung der Integrität der Wirtschaft vom 16 Juni 2020 enthält als Kernstück ein Verbandssanktionengesetz (nachfolgend: Reg-E VerSanG), das im Kontext der erstmals eigenständigen Regelung der Sanktionierung von Unternehmen den internen Untersuchungen eine Form geben und Rechtsunsicherheiten beseitigen will.[29]

Ich war zunächst angetan von dem Entwurf. Die Vorstellung von der Ausführung und Umsetzung einer Internal Investigation schien dem Idealbild zu entsprechen, welches Strafverteidiger ganz oder teilweise stets eingefordert hatten: Einhaltung des Fairnessprinzips gegenüber den Befragten, Belehrung, Schweigerecht und Stellen eines Anwalts, weitestmögliche Unabhängigkeit und Objektivität der internen Untersuchung. Dies alles auch, um einen Transfer der Beweismittel an die Staatsanwaltschaft im Falle der Kooperation im wohlverstandenen Unternehmensinteresse zu gewährleisten. Auf den zweiten Blick allerdings stellt sich dann aber schnell die Frage, ob der Entwurf uns nicht einerseits des Guten zu viel gibt, weil er die internen Untersuchungen in ein zu enges Korsett zwingt, und andererseits Steine statt Brot, weil er, ganz subkutan, von einem völlig falschen Bild von Verteidigung und von einer unrealistischen praktisch und rechtlich verkürzten Vorstellung der Durchführung von internen Ermittlungen und Verteidigung ausgeht.

Nach dem Entwurf wird die Kooperation mit der Staatsanwaltschaft über eine unternehmensinterne Untersuchung nunmehr nämlich zur Quasi-Obliegenheit für das Unternehmen.[30] Zwar hat das Unternehmen dem Grunde nach weiterhin die Wahlmöglichkeit zwischen „rein" internen Untersuchungen und offener Kooperation mit den Ermittlungsbehörden oder aber einer bestreitenden Verteidigung – die beabsichtigten Regelungen statuieren keine *Pflicht* des Unternehmens, mit den Strafverfolgungsbehörden zusammenzuarbeiten.

Der Regierungsentwurf ist aber weitgehend auf Kooperation durch das Unternehmen angelegt. Dieses Ziel wird nachhaltig – weil mit Zuckerbrot und Peitsche – verfolgt: Zentrale Lenkungsfunktion kommt dabei der vorgesehenen Strafmilderung nach den §§ 17, 18 Reg-E VerSanG zu, mit der

---

29 Gesetzesentwurf der Bundesregierung – Entwurf eines Gesetzes zur Stärkung der Integrität der Wirtschaft, Reg-E VerSanG, S. 1, 50.

30 Hierzu *Knauer*, Der Regierungsentwurf zur Einführung eines Gesetzes zur Sanktionierung von verbandsbezogenen Straftaten – großer Wurf oder bittere Pille?, NStZ 2020, S. 446 (449).

eine fortwährende Aufklärungshilfe des Unternehmens im Sinne der Strafverfolgungsbehörden honoriert werden soll, um die grundsätzlich hohen Sanktionen (im Höchstfall 10 % des Jahresumsatzes bei Großunternehmen) um die Hälfte abzumildern.

Dies setzt aber voraus, dass die in § 17 Abs. 1 Reg-E VerSanG aufgeführten qualitativen Anforderungen an eine interne Untersuchung kumulativ erfüllt sind. Das ist der Fall, wenn

- der Verband einen wesentlichen Beitrag zur Aufklärung der (potenziellen) Verbandsstraftat geleistet hat (§ 17 Abs. 1 Nr. 1 Reg-E VerSanG),
- die zur Aufklärung durchgeführte interne Untersuchung nicht durch die zur Verteidigung des Unternehmens beauftragten Anwälte durchgeführt wird (§ 17 Abs. 1 Nr. 2 Reg-E VerSanG),
- der Verband uneingeschränkt und ununterbrochen mit den Ermittlungsbehörden kooperiert (§ 17 Abs. 1 Nr. 3 Reg-E VerSanG),
- die Erkenntnisse aus der internen Untersuchung in Form eines Abschlussberichtes und der wesentlichen Dokumente den Ermittlungsbehörden vorgelegt werden (§ 17 Abs. 1 Nr. 4 Reg-E VerSanG),
- den von der internen Untersuchung betroffenen Mitarbeitern ein faires Verfahren gewährt wird (§ 17 Abs. 1 Nr. 5 Reg-E VerSanG) und
- die interne Untersuchung auch im Übrigen dem geltenden Recht entspricht (§ 17 Abs. 1 Nr. 6 Reg-E VerSanG).

Das, was auf den ersten Blick der schon lange herbeigesehnte Rechtsrahmen zur Durchführung interner Untersuchungen und zu deren strafrechtlicher Berücksichtigung zu sein scheint, erweist sich deshalb auf den zweiten Blick als ein zu starres Korsett für die Leitungsorgane und berücksichtigt die notwendige multifaktorielle Sicht auf die Verteidigungssituation und die Untersuchung nicht in ausreichendem Maße. Der Unternehmensleitung wird faktisch kaum mehr eine Wahl gelassen, sich gegen eine bedingungslose Kooperation mit der Staatsanwaltschaft zu entscheiden – denn andernfalls kommt das Unternehmen eben nicht in den Genuss der dann zwingenden Sanktionsrahmenverschiebung (§ 18 Reg-E VerSanG). Neben der Reduzierung des Höchstmaßes um die Hälfte bedeutet diese auch, dass keine öffentliche Bekanntmachung der Verurteilung (§ 14 Reg-E VerSanG) erfolgen kann und eine öffentliche Hauptverhandlung entfällt und die herabgesetzte Sanktion lediglich durch Bescheid festgesetzt wird, wenn das Unternehmen dem zustimmt.

Ich kann mir nur wenige Fälle vorstellen, in denen das Unternehmen nicht von dieser Möglichkeit Gebrauch machen wird, schon allein wegen des üblichen öffentlichen Drucks. Nur im Einzelfall wird eine öffentliche Hauptverhandlung deshalb geeignet sein, das negative Bild über das Unternehmen wieder *„gerade zu rücken"*. Letztlich soll damit die teilweise jetzt schon traurige Praxis Gesetz werden.

Die unternehmerische Entscheidung *gegen* einen kooperativen Ansatz wird jedenfalls künftig noch seltener im Unternehmensinteresse liegen. Immerhin ist diese Entscheidung unter Umständen Milliarden schwer, weil die Unternehmensleitung bei der Entscheidung für den Verteidigungsansatz den durch § 18 Reg-E VerSanG vorgesehenen Kooperationsbonus um 50 % für immer verspielt. Bei dennoch erbrachten Aufklärungsbemühungen (also solchen, die nicht in den Anwendungsbereich des § 17 Abs. 1 Reg-E VerSanG fallen) kann das Unternehmen dann nur noch auf eine positive Berücksichtigung im Rahmen der allgemeinen Sanktionszumessung im Ermessen des Gerichts hoffen – so wie es derzeit der Fall ist. Im Regelfall wird deshalb nur eine Entscheidung *pro* Kooperation im Einklang mit den gesellschaftsrechtlichen Sorgfalts- und Leitungspflichten stehen. Demgegenüber wird bereits jetzt vertreten, dass in Zukunft eine harte Konfliktverteidigung wahrscheinlicher werde.[31] Dieser Ansatz beruht auf der nunmehr im Entwurf angelegten strikten Trennung zwischen interner Untersuchung einerseits und Strafverteidigung andererseits:

D. Zum „Trennungskonzept" des neuen Entwurfs

I. Zu Inhalt und ratio des Konzepts

Zentrale Norm für den anwaltlichen Umgang mit den internen Untersuchungen ist § 17 Abs. 1 Nr. 2 Reg-E VerSanG. Dort heißt es:

> *„Das Gericht kann die Verbandssanktionen mildern, wenn [...] der beauftragte Dritte oder die für den beauftragten Dritten bei den verbandsinternen Untersuchungen handelnden Personen* **nicht Verteidiger** *des Verbandes oder eines Beschuldigten, dessen Verbandsstraftat dem Sanktionsverfahren zugrunde liegt, sind."*

Dazu, wie dann die *konkrete Abgrenzung* zwischen unabhängiger, interner Untersuchung und Strafverteidigung aussehen soll, bleiben viele Fragen offen. So heißt es insofern in der Begründung zunächst lediglich:

> *„Von diesen internen Untersuchungen zu unterscheiden ist die Verteidigung des Verbandes, sobald sich dieser mit einer konkreten Beschuldigung kon-*

---

31 So etwa *M. Priewer/L. Ritzenhoff*, Das Verhältnis von interner Untersuchung und (Unternehmens-)Verteidigung, WiJ 4/2019, S. 5 f.

frontiert sieht. Die Verteidigung dient der Rechtswahrung in einem dem Verband von außen aufgezwungenen Verfahren, in dem er die Position eines Beschuldigten innehat. "[32]

Zur ratio der angestrebten funktionalen Trennung ist in dem Entwurf des Weiteren apodiktisch Folgendes zu lesen:[33]

„Die Verbindung von verbandsinternen Untersuchungen und Unternehmensverteidigung schwäche die Glaubwürdigkeit der Ergebnisse verbandsinterner Untersuchungen und kann zu Konflikten mit dem Strafverteidigungsmandat führen. Verbandsinterne Untersuchungen dienen der objektiven Aufklärung des Sachverhalts einschließlich aller belastenden und entlastenden Umstände. Aufgrund der potentiellen Konflikte, die sich aus einer Verbindung von verbandsinterner Untersuchung und Strafverteidigung ergeben, ist die Trennung von verbandsinternen Untersuchungen und Vertretung im Ordnungswidrigkeitenverfahren bereits heute weit verbreitet.

Eine funktionale Trennung von Verteidigung und Untersuchung sichere den Untersuchungsführern eine größere Eigenständigkeit gegenüber der Unternehmensverteidigung. Dies führt zu einer erhöhten Glaubwürdigkeit ihrer Untersuchungsergebnisse und zu einem Vertrauensvorschuss bei den Verfolgungsbehörden. Die Unabhängigkeit des Untersuchungsführers gegenüber der Unternehmensverteidigung kann darüber hinaus auch der erste Schritt zu einer ernsthaften Selbstreinigung des Verbandes und einem nachhaltigen Kulturwandel sein, da nur ein unabhängiger Untersuchungsführer zum Kern der aufzuarbeitenden Straftat vordringen und hierbei auch eventuelle Verstrickungen der Firmenleitung ernsthaft in den Blick nehmen kann."

Letzteres – also die häufige Trennung – stimmt hinsichtlich der schon heute gängigen Praxis. Die Begründung folgt damit einer Auffassung, wonach in Ermangelung eines staatlichen Angriffs interne Ermittlungen nicht als Strafverteidigung aufzufassen und daher eine Sphärentrennung zwischen anwaltlicher Untersuchungstätigkeit und Strafverteidigung unausweichlich sei.[34]

Doch das greift zu kurz. Das Trennungsprinzip und dessen Begründung misstrauen der Anwaltschaft und insbesondere der Verteidigung und ge-

---

32 Reg-E, VerSanG, S. 98.
33 Reg-E VerSanG, S. 99.
34 So etwa *Barton* und *Ignor* im Rahmen des X. StV-Symposiums am 01.02.2019, StV 2019, S. 718 (719).

hen an der heute gelebten Praxis interner Untersuchungen jedenfalls in Teilen vorbei.[35]

Denn in der Tat führen schon heute Unternehmensverteidiger die unternehmensinterne Untersuchung häufig nicht selbst durch, sondern von diesen unabhängige Wirtschaftsprüfer oder Großkanzleien.[36] Dies hat nicht nur Kapazitätsgründe, sondern liegt vor allem daran, dass die Durchführung unternehmensinterner Untersuchungen eben nicht bloß strafrechtliche Gründe hat, sondern gesellschafts- und haftungsrechtliche. Der Entwurfsverfasser erkennt dies zwar[37] und weist zu Recht darauf hin, dass auch andere Jurisdiktionen, etwa jene der USA, eine solche interne Untersuchung zwingend voraussetzen können. Indes greifen seine Folgerungen wesentlich zu kurz.

Es ist zwar nachvollziehbar, dass aus dem Blickwinkel der Justiz Untersuchungsergebnisse objektiv vollständig, verwendbar und verwertbar sein müssen, um eine Sanktionsmilderung zu ermöglichen. Selbstredend hat der Staat an unbrauchbaren Ermittlungsergebnissen kein Interesse. Diese Konzeption einer kooperativen internen Untersuchung entspricht wie gesagt im Übrigen meist schon heute der gängigen Praxis. Allerdings ist es ein Irrtum, zu glauben, die Qualität der Untersuchung werde gerade durch das Trennungsprinzip gesichert.

Denn zum einen kann Zweck der unternehmensinternen Untersuchung regelmäßig nicht allein die Kooperation mit den Strafverfolgungsbehörden sein, und sie darf dies gesellschaftsrechtlich wohl auch nicht. Der Vorstand hat hier eine zahlreiche Faktoren zu berücksichtigende Entscheidung zu treffen. Die Konzeption des § 17 Reg-E ordnet dem Kooperationsziel aber alles unter.

Zum anderen ist der Glaube, Ermittlungsergebnisse würden dann besonders brauchbar für die Justiz, wenn sie unabhängig von der Verteidigung erarbeitet werden, ein Irrglaube. Es ist vollständig anerkannt, dass die Aufklärung des Sachverhalts ureigene Aufgabe des Strafverteidigers ist und eigene Ermittlungen vom Verteidigungskonzept der Strafprozessord-

---

35 Kritisch zu der im Entwurf vorgesehenen Trennung von Untersuchung und Verteidigung Knauer (Fn. 30), NStZ 2020, S. 447 f.; *Priewer/Ritzenhoff*, Verhältnis (Fn. 31), S. 4; *A. Dierlamm*, Der Referentenentwurf eines Gesetzes zur Bekämpfung der Unternehmenskriminalität – ein Missverständnis, StV Editorial 11/2019.

36 So auch *Ott/Lüneborg*, Umfang und Grenzen (Fn. 16), S. 1361 (1365).

37 Reg-E VerSanG, S. 96 f.

nung einerseits vorausgesetzt und andererseits diesem immanent sind.[38] Die Aufklärung des Sachverhalts ist insbesondere bei komplexen Fällen für die Unternehmensverteidigung sogar zwingend, ihre Nichtdurchführung mag in manchen Fällen geradezu ein Kunstfehler sein.[39]

Ganz praktisch sind es gerade die Verteidiger, die aus der Erfahrung und ihren Kenntnissen der StPO wissen, was die Staatsanwaltschaft benötigt und akzeptiert, und was nicht. Es ist erstaunlich, wie etwa ohne die Beratung von Verteidigern agierende Wirtschaftsprüfungsgesellschaften manchmal Beweisergebnisse für den Strafprozess unbrauchbar ermitteln und darstellen.

Indiskutabel ist die Unterstellung, Strafverteidigung würde in einem Gegensatz zur Wahrheit, Unabhängigkeit und Glaubhaftigkeit stehen, weshalb ohne die Trennung stets Konfliktpotential vorliege. Dieses Bild ist weder normativ noch – jedenfalls bei seriöser Unternehmensverteidigung – praktisch richtig.[40]

Normativ sind Verteidiger wie alle Rechtsanwälte unabhängige Organe der Rechtspflege (§ 43a Abs. 1 BRAO). Sie sind gemäß § 43a Abs. 3 BRAO der Wahrheit verpflichtet; die unterstellte Beweisverfälschung wäre nach § 258 StGB als Grenze zulässigen Verteidigerverhaltens strafbar und die Interessenkollision ist sowohl berufsrechtswidrig nach Abs. 4 des § 43 BRAO wie auch als Parteiverrat nach § 356 StGB strafbar.

Der Entwurf unterstellt, Kooperation und Übermittlung eines wahren Sachverhaltes sei nicht eine von mehreren strategischen Verteidigungsoptionen. Das Gegenteil ist der Fall: Schon heute ist eben angesichts der (von der Justizministerin ignorierten) potentiell exorbitanten Bußgeldhöhen nach § 30 OWiG und der reputationellen Risiken einer streitigen Verteidi-

---

38 Dazu allgemein *R. Neuhaus*, in: E. Müller/R. Schlothauer (Hrsg.), MAH Strafverteidigung, 2. Aufl. München 2014 Teil C, § 15 Rn. 1 ff.; ausführlich zur Tatsachenermittlung durch die Strafverteidigung, *W. Spoerr*, Tatsachenermittlung durch Rechtsanwälte und Strafverteidiger: Fakten und rechtlicher Schutz, StV 2019, S. 697; vgl. dazu auch bereits *Knauer/Buhlmann*, Ermittlungen (Fn. 8), S. 387 (389, dort Fn. 21 m.w.N.).

39 *Spoerr*, Tatsachenermittlung (Fn. 38), S. 697; *Priewer/Ritzenhoff*, Verhältnis (Fn. 31), S. 3.

40 Das mit dem Entwurf der Strafverteidigung entgegengebrachte Misstrauen kritisiert etwa auch A. Dierlamm, Der Referentenentwurf eines Gesetzes zur Bekämpfung der Unternehmenskriminalität – ein Missverständnis, StV Editorial Heft 11/2019; *Knauer* (Fn. 30), NStZ 2020, S. 447 f.; *Priewer/Ritzenhoff*, Verhältnis (Fn. 31), S. 4; *M. v. Galen*, Legal Tribune Online v. 21.09.2019 (https://www.lto.de /recht/hintergruende/h/gesetzentwurf-unternehmenssanktionen-kritik-strafverteid iger-interne-ermittlungen/).

gung vollumfängliche Kooperation und ein Zurverfügungstellen von (brauchbaren) internen Ermittlungsergebnissen die häufigste strategische Variante umsichtiger Unternehmensverteidigung – jedenfalls dann, wenn an den im Raum stehenden Vorwürfen *„etwas dran"* ist. Wäre die Denkweise des Regierungsentwurfes richtig, so wäre ein Geständnis im Rahmen der Vertretung eines Individualbeschuldigten keine Verteidigungsoption.

Und andererseits: der Entwurf geht implizit davon aus, dass es den Verteidigungsfall, in dem am Vorwurf der Staatsanwaltschaft nichts dran ist, gar nicht wirklich gibt.

Nur ganz nebenbei: Völlig inkonsistent ist auch, dass zwar die nicht von der Verteidigung unabhängige Untersuchung die Sanktionsrahmenverschiebung kostet, nicht aber die Untersuchung nach § 16 Reg-E VerSanG durch Unternehmensinterne. Wieso die Objektivität und Unabhängigkeit insoweit weniger in Zweifel stehen sollen als bei der Untersuchung durch Verteidiger, erschließt sich nicht. Genauso wenig scheint mir der Entwurf die Situation kleiner Unternehmen zu berücksichtigen.[41] Das Aufzwingen von zwei statt einer Anwaltskanzlei scheint schlicht nicht zumutbar.[42] Dass dafür die zwingende Sanktionsrahmenverschiebung auf dem Spiel steht und nur eine allgemeine Milderung im Ermessen des Gerichts in Frage kommt, erscheint nicht sachgerecht. Kleine Unternehmen beauftragen dann besser gar keinen Anwalt. Aber vielleicht ist das gewollt.

II. Speziell zum Beschlagnahmeschutz

Die funktionelle Trennung zwischen Verteidigung einerseits und Untersuchenden andererseits führt der Entwurf (leider) auch im Hinblick auf die Beschlagnahmefreiheit von Unterlagen konsequent fort – Jones Day wird Gesetz: Bei § 97 Abs. 1 Nr. 3 StPO ist bekanntlich umstritten, ob diese Vorschrift ein Vertrauensverhältnis des Beschuldigten zum Anwalt und damit letztlich ein Verteidigungsverhältnis voraussetzt.[43] Es überrascht wenig,

---

41 Ebenso kritisch im Hinblick auf kleinere Unternehmen, A. *Baur/Ph. Holle*, Entwurf eines Verbandssanktionengesetzes – Eine erste Einordnung, ZRP 2019, S. 186 (188).

42 In diese Richtung auch *Teicke*, Unternehmenspraxis (Fn. 11), S. 298 (301), wonach eine parallel laufende Untersuchung der Verteidigung hoffentlich die Ausnahme bleiben wird.

43 *Krug/Skoupil*, Befragungen (Fn. 8), S. 2374 (2378); *E. Ballo*, Beschlagnahmeschutz im Rahmen von Internal Investigations – Zur Reichweite und Grenze des § 160a StPO, NZWiSt 2013, S. 46 (50); zum Meinungsspektrum etwa *T. Park*, Durchsu-

dass der Entwurf sich für die justizfreundliche Auslegung der 3. Kammer des Zweiten Senats des Bundesverfassungsgerichts in Sachen Jones Day entschieden hat und nunmehr im Gleichlauf zu den Nr. 1 und 2 auch für andere Gegenstände ein Beschlagnahmeverbot nur dann vorsieht, wenn diese dem Vertrauensverhältnis des Beschuldigten und dem Zeugnisverweigerungsberechtigten zuzurechnen sind. Zudem sollen Buchführungsunterlagen durch die ausdrückliche Neuregelung des § 97 Abs. 2 Satz 2 StPO (auch beim Verteidiger) vom Beschlagnahmeschutz ausgenommen werden.[44]

Schließlich sieht der Entwurf vor, § 160a StPO im Absatz 5 dergestalt zu ergänzen, dass die Vorschrift auf eine Vielzahl von strafprozessualen Ermittlungsmaßnahmen keine Anwendung findet – darunter eben auch die Durchsuchung, Sicherstellung und Beschlagnahme etc. Damit dürfte § 160a StPO nach dieser Neuerung faktisch ausgehebelt sein.

Diese Änderungen führen dazu, dass künftig praktisch alle Unterlagen, die im Rahmen der internen Untersuchung hergestellt werden, einem Beschlagnahmeverbot entzogen sind. Diese für Unternehmen jetzt schon unverständliche Haltung der Rechtsprechung wird Gesetz. Nur Verteidigungsunterlagen bleiben beschlagnahmefrei.

III. Das Unternehmen und die Qual der Wahl: (Groß-)Kanzlei oder Strafverteidiger?

Unbeantwortet ist aber nun immer noch die Frage, ob die unabhängig ermittelnde Großkanzlei oder die Verteidigereinheit Mittel der Wahl für den Vorstand bzw. die Geschäftsleitung ist, wenn man den Wortlaut des Regierungsentwurfs einmal zu Grunde legt.

Der Vorstand muss sich ja nach dem Entwurf bereits „zur Stunde Null" für oder gegen eine Kooperation, also eine Verteidigungsuntersuchung

---

chung und Beschlagnahme, 4. Aufl. München 2018, Rn. 573 ff.; *M. Jahn*, Die verfassungskonforme Auslegung des § 97 Abs. 1 Nr. 3 StPO, ZIS 2011, S. 453 m.w.N.; *Ch. Knauer*, Anm. zu BVerfG, Beschl. v. 27.06.2018 – 2 BvR 1405/17, 2 BvR 1780/17, NStZ 2019, S. 159 (164 ff.); *R. Wimmer*, in: W. Leitner/H. Rosenau (Hrsg.): Wirtschafts- und Steuerstrafrecht, 1. Aufl. Baden-Baden 2017, § 152 StPO, Rn. 12 ff. sowie *M. v. Galen/S. Maass*, in: W. Leitner/H. Rosenau (Hrsg.): Wirtschafts- und Steuerstrafrecht, 1. Aufl. Baden-Baden 2017, § 30 OWiG, Rn. 82 ff.; *Wessing* (Fn. 1), § 46 Rn. 56; im arbeitsrechtlichen Kontext *D. Herrmann/F. Zeidler*, Arbeitnehmer und interne Untersuchungen – ein Balanceakt, NZA 2017, S. 1499 (1503).

44 Reg-E VerSanG, S. 37 und 138.

oder eine unabhängige unternehmensinterne Untersuchung (oder beides parallel?!) entscheiden.

Von Relevanz dabei ist, was *„ununterbrochene und eingeschränkte"* Zusammenarbeit mit den Verfolgungsbehörden" im Sinne des § 17 Abs. 1 Nr. 3 Reg-E VerSanG bedeuten soll. In der Entwurfsbegründung heißt es dazu, dass die detaillierten Vorgaben zur Ausgestaltung der Zusammenarbeit im Ermessen der Verfolgungsbehörde stehen.[45] Eine Obliegenheit zur frühzeitigen Offenbarung einer verbandsinternen Untersuchung oder gar von internen Ergebnissen werde durch Nr. 3 nicht begründet. Erst wenn der Verband sich entschließe, mit den Strafverfolgungsbehörden zusammenzuarbeiten, setze die Obliegenheit zur umfassenden Kooperation ein. Trete jedoch die Verfolgungsbehörde im Laufe ihrer Ermittlungen an den Verband heran (z.B. durch eine Durchsuchung), könne die Sanktionsmilderung nur erlangt werden, wenn der Verband unverzüglich mit den Verfolgungsbehörden kooperiere.[46]

Daraus ergibt sich für die beschriebenen Konstellationen: Soweit die potentielle Verbandsstraftat durch interne Erkenntnisse, einen Hinweis, Compliance-Systeme, die Revision etc. an die Unternehmensleitung gelangt, hat der Vorstand auch nach der Entwurfsbegründung Zeit. Das Management hat also die Wahl, ob es durch Unternehmensverteidiger oder eine ermittelnde Kanzlei den Sachverhalt so weit aufklären lässt, bis die unternehmerische Entscheidung über die Frage, ob man proaktiv an die Ermittlungsbehörden herantritt oder den Sachverhalt nicht zur Kenntnis bringt, getroffen werden kann. Relevant scheint mir insoweit nur, dass nach der Entwurfsfassung die Chancen für eine Beschlagnahmefreiheit von Unterlagen, die aus einer solchen *„Erstaufklärung"* stammen, höher sind, wenn dieser Schritt durch eine Verteidigerkanzlei durchgeführt wird.

Schwierig wird es, wenn die Ermittlungsbehörden an den Verband mit einem Verdacht herantreten. Liest man hier den Entwurf streng, so würde die Mandatierung des Verteidigers und dessen Sachverhaltsaufklärung sofort den Kooperationsbonus des § 17 kosten. Die Untersuchung wäre ja dann nicht mehr von der Verteidigung unabhängig. Gleichwohl wäre sie nach § 97 StPO vor dem Zugriff der Ermittlungsbehörden geschützt.

Auch hier gilt aber die Business Judgement Rule des § 93 AktG. Eine dafür erforderliche angemessene Informationsgrundlage hat der Vorstand aber gerade nicht, wenn er von außen, also von der Staatsanwaltschaft, von diesem Verdacht erfährt und er nichts vom Sachverhalt kennt als beispiels-

---

45 Reg-E VerSanG, S. 99.
46 Reg-E VerSanG, S. 100.

weise den Durchsuchungsbeschluss. Auf dieser Basis ist die unternehmerische Entscheidung kaum zu treffen.[47] Wenn die Entwurfsbegründung von unverzüglich spricht, muss in dieses *„ohne schuldhaftes Zögern"* m.E. § 93 AktG hineingelesen werden.

Der Vorstand muss sich also zumindest die Informationsgrundlage verschaffen können, ob der Verdacht der Ermittlungsbehörden realistisch ist, ob das Unternehmen einen kooperativen Ansatz oder einen Verteidigungsansatz wählen will. Dies ist eine wie gesagt unter Umständen milliardenschwere Entscheidung, nimmt sich der Vorstand doch bei der Entscheidung für die Verteidigungslösung den Kooperationsbonus der §§ 17 und 18 Reg-E VerSanG.

Richtig gelesen bedeutet dies, dass ausreichend Zeit für die vorläufige Sachverhaltsaufklärung bleiben muss. Diese hängt ab von der Begründungstiefe und Schwere des Vorwurfs. Intelligenterweise lässt der Vorstand diese Aufklärung durch eine Verteidigerkanzlei durchführen. Tritt später der Verteidigungsfall ein, so wären die dort erarbeiteten Unterlagen jedenfalls nach der derzeitigen Auffassung einiger Landgerichte, z.B. des LG München I,[48] auch im Nachhinein beschlagnahmefrei. So gesehen wäre diese *„Erstsachverhaltsermittlung"* eine Goldgrube für die Verteidigungskanzleien.

Unklar ist nach dem Entwurf übrigens auch, ob das Trennungsprinzip tatsächlich bedeutet, dass die im Kooperationsmodus ermittlungsführende Kanzlei ihre Untersuchungserkenntnisse während des laufenden Verfahrens nicht einmal mit der Verteidigung teilen darf, um die zwingende Sanktionsrahmenverschiebung des § 18 Reg-E VerSanG nicht zu riskieren. Die Entwurfsbegründung könnte man in diesem Sinne verstehen.

Dies würde ein Informationsgefälle für die Verteidigung bedeuten und letztlich ein abstruses Ergebnis sein: Mit der Staatsanwaltschaft würden Zwischenberichte geteilt, mit der Verteidigung nicht. Der Vorstand als Auftraggeber wüsste den Stand der Ermittlungen, dürfte ihn aber nicht teilen.[49] Verteidigung hieße dann, die interne Untersuchung abzuwarten und erst im Anschluss die Verteidigungsarbeit aufzunehmen. Ganz nebenbei: mit welcher Konsequenz? Könnte die Verteidigung dann im Namen des

---

47 Mit unzureichenden Informationen kann eine qualifizierte unternehmerische Entscheidung kaum getroffen werden, dazu auch *O. Sieg/S.-A. Zeidler*, in: Ch. Hauschka/K. Mossmayer/T. Lösler (Hrsg.), Corporate Compliance, 3. Aufl. 2016, § 3 Rn. 30.
48 LG München I, Beschl. v. 11.12.2018 – 6 Qs 16/18, NStZ 2019, S. 172, mit Anm. *Dominok.*
49 *Knauer* (Fn. 30), NStZ 2020, S. 448.

Unternehmens die Ergebnisse der von diesem beauftragten Kanzlei anzweifeln? Würde das den Bonus kosten, weil dies dann keine „umfassende Kooperation" mehr wäre? Die richtige Lesart scheint mir dann doch aus dem Normtext selbst zu folgen: Der beauftragte Dritte, der die Untersuchung durchführt, darf nicht gleichzeitig Verteidiger des Unternehmens sein; nicht mehr und nicht weniger besagt § 17 Abs. 1 Nr. 3. Reg-E VerSanG. Damit ist wechselseitige Kommunikation nicht ausgeschlossen.[50]

E. Der Entwurf und die Grundsätze eines fairen Verfahrens

Ein kleiner Exkurs sei mir noch erlaubt zum Milderungsgrund der Durchführung der verbandsinternen Untersuchung und der Beachtung der Grundsätze eines fairen Verfahrens. Es ist erfreulich, dass der Regierungsentwurf (wie auch der Münchner Entwurf, der sogar ein Verwertungsverbot in § 35 Abs. 2 Satz 4 vorsieht) diese lang gehegte Forderung des fairen Umgangs mit den Mitarbeitern[51] kodifizieren will. Dass sich nun ausgerechnet aus der Verteidigung hiergegen Widerstand regt,[52] ist für mich nicht ganz nachvollziehbar. *Salditt*[53] hat kritisiert, dass diese Strafmilderung bei fairer Behandlung der Mitarbeiter und Anerkennung von deren Schweigerecht mit der Aufklärungspflicht des Unternehmens und dessen Streben nach der materiellen Wahrheit im Rahmen der unabhängigen Untersuchung kollidiere. Dies mag ja sein. Der Entwurfsverfasser hat aber beide Interessenlagen schlicht gegeneinander abgewogen und sich letztlich für den Vorrang der fairen Behandlung der Mitarbeiter entschieden.[54] Dagegen ist nichts zu erinnern: Das Unternehmen verliert ja auch dann seinen Kooperationsbonus nicht, wenn alle Mitarbeiter sich theoretisch dazu

---

50 Vor diesem Hintergrund fordern *Ott/Lüneborg*, Umfang und Grenzen (Fn. 16), S. 1361 (1366), eine Klarstellung durch den Gesetzgeber, wie weit das Verteidigungsmandant gehen darf.

51 Dazu bereits. *Knauer/Buhlmann*, Ermittlungen (Fn. 8), S. 387 (388); *I. Roxin*, Probleme und Strategien der Compliance-Begleitung in Unternehmen, StV 2012, S. 116 (118 f.).

52 *F. Salditt* im Rahmen des X. StV-Symposiums am 01.02.2019, StV 2019, S. 718 (719); *M. v. Galen*, Legal Tribune Online v. 21.09.2019 (https://www.lto.de/recht/hintergruende/h/gesetzentwurf-unternehmenssanktionen-kritik-strafverteidiger-interne-ermittlungen/).

53 *F. Salditt*, im Rahmen des X. StV-Symposiums am 01.02.2019, StV 2019, 718 (719); *ders.*, Verführung zur Fairness?, wistra 2019, S. 305.

54 *Knauer* (Fn. 30), NStZ 2020, S. 448 f.

entscheiden würden, von ihrem Schweigerecht Gebrauch zu machen. Die Kooperation des Unternehmens wird damit von der Kooperationsbereitschaft der betroffenen Mitarbeiter entkoppelt. Auch das ist ein Statement.

F. Fazit und Blick über den Tellerrand: Der Münchner Entwurf

Ach ja – und der Münchener Entwurf[55]? Vieles ist hier sehr viel besser geregelt als im Regierungsentwurf: Der Begriff der internen Untersuchung wird klar normiert, das große Wort „Unabhängigkeit" wird, letztlich recht harmlos, mit der wirtschaftlichen und verwandtschaftlichen Unabhängigkeit der Untersuchungsführer definiert.

Auch hier scheint mir aber der Schwerpunkt zu sehr auf der bloßen Kooperationsuntersuchung zu liegen; diese ist nach § 34 des Entwurfs die einzig ausführlich definierte, die auch nur den zwingenden Bonus bringt. Letztlich hat hier die Staatsanwaltschaft völlig die Zügel in der Hand und der Vorwurf, der oft erhoben wurde, dass interne Untersuchungen zum verlängerten Arm der Staatsanwaltschaft würden, liegt meines Erachtens jedenfalls nahe.

Meine hier vor allem behandelte Frage, nämlich, auf welcher Basis der Vorstand sich dafür entscheiden soll, zu verteidigen oder kooperativ zu investigieren, und in welchem Verhältnis Verteidigung und interne Untersuchung stehen, bleibt aber auch im Münchener Entwurf offen. Erfreulich ist, dass der Münchner Entwurf anders als der Entwurf der Bundesregierung ein Beschlagnahmeverbot für Untersuchungsergebnisse bejaht (§ 38 des Entwurfs), egal von welcher Art das Mandat ist. Insofern bleibt die Untersuchung doch ein wenig freiwillig und selbstbestimmt.

Zuletzt: Zur internationalen Seite habe ich mich jetzt schlicht nicht verhalten. Die US-Investigation macht alles komplizierter – jede zum deutschen Strafprozess getroffene Entscheidung muss bzgl. ihrer Auswirkungen auf die USA gespiegelt werden und umgekehrt. Rücknahme von Beschwerden und freiwillige Herausgaben werden als Verzicht auf das *legal privilege (waiver)* gesehen.[56] Die vom Entwurf jetzt vorgesehene Doppelung der Anwalts-Kapazitäten wird also nochmal mindestens gedoppelt. Aus Sicht des Unternehmens eine Katastrophe. Einige Anwälte freut's.

---

55 Vgl. hierzu „Münchner Entwurf eines Verbandssanktionengesetzes" v. 05.09.2019 (erarbeitet durch *F. Saliger/M. Tsambikakis/O. Mückenberger/H.-P. Huber*).

56 Dazu *Rieder/Menne*, Internal Investigations (Fn. 6), S. 203 (206 f.); *Priewer/Ritzenhoff*, Verhältnis (Fn. 31), S. 6.

Verteidigung und Vertretung von Unternehmen in Strafverfahren – Bemerkungen eines Praktikers

Dr. Heiner Hugger, LL.M.

Inhalt

Zu diesem Thema möchte ich keine Ausführungen zu deutschem und aus-
ländischem Unternehmensstrafprozessrecht *de lege lata* und *ferenda* oder
zu Rechtsprechung dazu beitragen, sondern Bemerkungen eines Praktikers
zu Entwicklungen der letzten Jahre.

A. *Steuerung der Verteidigung und Vertretung von Unternehmen in Strafverfahren*

Es wurde in den bisherigen Diskussionen während dieser Veranstaltung
die Frage angesprochen, wie „ein Unternehmen funktioniert", insbesondere wenn Verteidigung und Vertretung von Unternehmen in Strafverfahren
gesteuert werden sollen. Es war auch von den „im Strafrecht unerfahrenen
Unternehmen" die Rede. Es wurde aber auch sehr eindrucksvoll an einem
Beispiel beschrieben, wie spezialisiert und erfahren Strafrechtsabteilungen
in Unternehmen heutzutage aufgestellt sein und arbeiten können.

Nach meinem Eindruck haben immer mehr Unternehmen solche Strafrechtsabteilungen.[1] Im Zuge der allgemeinen Konzentration und Globali-

---

1 Häufig sind solche Abteilungen allerdings nicht ausschließlich für Strafverfahren
und Ordnungswidrigkeitenverfahren zuständig, sondern auch für Untersuchungs-
verfahren von Aufsichtsbehörden. Eine ganzheitliche Verteidigungsstrategie und
-arbeit in Bezug auf die Strafjustiz und die Aufsichtsbehörden ist in regulierten In-
dustrien zunehmend wichtig.

sierung sind Strafrechtsabteilungen gerade in multinationalen Konzernen aber typischerweise zentral in einer Obergesellschaft eingerichtet, und nicht in jedem oder mehreren konzernangehörigen Unternehmen. Eine Folge kann sein, dass diese Strafrechtsabteilungen Mitarbeiter haben, die in der Unternehmensverteidigung sehr kundig und erfahren sind, gerade auch in Bezug auf grenzüberschreitende Verfahren. Eine andere Folge kann aber auch sein, dass diese Strafrechtsabteilungen nicht sehr vertraut mit dem im Einzelfall von einem Strafverfahren konkret betroffenen Konzernunternehmen und mit dessen Geschäftsleitung sind. Manchmal kann zudem der Eindruck entstehen, dass bei den Mitarbeitern einer solchen Konzernstrafrechtsabteilung im Ausland nicht ohne weiteres ein Verständnis für die spezifischen Rechte, Pflichten und Rechtsrisiken, die üblichen Erwartungen und Vorgehensweisen der Behörden und Gerichte sowie die besonderen Reputationsrisiken in der betreffenden Jurisdiktion entwickelt wird und vermittelt werden kann.

B. Bestimmung und Abgrenzung der Unternehmensinteressen

Welches Organ für die Bestimmung und Durchsetzung der Unternehmensinteressen zuständig ist, insbesondere bei der Unternehmensverteidigung und -vertretung in Strafverfahren, richtet sich nach dem anwendbaren Gesellschaftsrecht. In der Regel wird dafür das Geschäftsleitungsorgan des Unternehmens zuständig sein und wird ein etwaiges Aufsichtsorgan auch insoweit lediglich für die Beaufsichtigung zuständig sein.[2] Die konkrete Umsetzung und Steuerung der Unternehmensverteidigung und -vertretung in Strafverfahren wird allerdings meist delegiert, immer öfter an eine spezialisierte Strafrechtsabteilung.

Bei der Bestimmung der Unternehmensinteressen sind sie von Interessen anderer abzugrenzen. Zunächst sind sie von den eigenen persönlichen Interessen der Mitglieder des zuständigen und entscheidenden Gesellschaftsorgans oder sonstiger Führungspersonen abzugrenzen. Das kann im Einzelfall schwierig sein, zum Beispiel wenn Organmitglieder selbst von strafrechtlichen Vorwürfen betroffen sind und ihre Entscheidungen dadurch beeinflusst werden können oder wenn nicht betroffene Organmit-

---

2 Vgl. etwa zur Zuständigkeitsverteilung zwischen dem Vorstand und dem Aufsichtsrat in der deutschen Aktiengesellschaft im Allgemeinen und bei unternehmensinternen Untersuchungen im Besonderen *H. Hugger*, Unternehmensinterne Untersuchungen – Erfahrungen und Standards der Praxis, ZHR 179 (2015), S. 214 (216 ff.).

glieder ohne angemessene Prüfung und Abwägung der Sachlage und Handlungsoptionen auf Verteidigungsmöglichkeiten verzichten wollen, um für sich selbst ein Risiko aufsichtsrechtlicher oder sonstiger Belastungen zu reduzieren. Die Unternehmensinteressen sind aber ebenso von den Interessen sonstiger *stakeholder* abzugrenzen, vor allem von den Interessen der Arbeitnehmer und deren Vertreter oder Organisationen, von Interessen der internen und externen Öffentlichkeitsarbeiter sowie von den Interessen der öffentlichen Meinung(smacher) und Politik(er) und von deren Erwartungen an ein Unternehmen als *good corporate citizen*. Nicht zuletzt sind die Unternehmensinteressen aber auch von den Interessen eines Gesellschafters oder einer dem Unternehmen in sonstiger Weise rechtlich verbundenen Person abzugrenzen, also insbesondere in Konzernen von Interessen von Mutter- und Schwestergesellschaften. Dabei kann ein Spannungsverhältnis insbesondere dann entstehen, wenn die Höhe von Unternehmenssanktionen am Umsatz oder in sonstiger Weise an der Leistungsfähigkeit des Konzerns, und nicht des betroffenen Unternehmens, bemessen wird.[3]

C. Unternehmen in Hauptverhandlungen

In den bisherigen Diskussionen während dieser Veranstaltung wurde die Einschätzung geäußert, dass „Unternehmen in Hauptverhandlungen auch in Zukunft grundsätzlich nicht beteiligt sein werden". Ich bin für die deutsche Praxis nicht ganz so zuversichtlich. Und das liegt nicht an dem geplanten Verbandssanktionengesetz. Vielmehr zeigt sich in der Praxis, dass bereits das geltende deutsche Einziehungsrecht insbesondere auf Grund des Wegfalls der so genannten Verfallssperre[4] zu einer Einziehungsbeteiligung von Unternehmen auch in der Hauptverhandlung führen kann.[5]

---

3 Vgl. dazu im geltenden und künftigen deutschen Recht § 120 Abs. 23 WpHG, § 56 Abs. 4 GwG, § 81 Abs. 4 und 4a GWB, Art. 83 Abs. 4, 5 und 6 DSGVO sowie § 9 Abs. 2 Verbandssanktionengesetz in dem Entwurf des Bundesjustizministeriums vom 16.06.2020, der abrufbar ist unter https://www.bmjv.de/SharedDocs/Gesetzge bungsverfahren/Dokumente/RegE_Staerkung_Integritaet_Wirtschaft.pdf;jsessioni d=599511C78FA4BB9B0C7FB5C5A92522CF.2_cid334?__blob=publicationFile&v= 2 (Stand: 22.07.2020).

4 § 73 Absatz 1 Satz 2 StGB a.F.

5 Gerichte sollten aber die materiell umfassende Pflicht zur Einziehung (§§ 73, 73b StGB) nicht überbetonen und nicht verkennen, wie schwierig und aufwendig das Verfahren betreffend eine Einziehung im Einzelfall sein kann, sondern angemessen von der Möglichkeit Gebrauch machen, von einer Einziehung abzusehen (vgl.

Für anwaltliche Vertreter eines Unternehmens ist es eine besondere Herausforderung, ihr Vorgehen in der Hauptverhandlung mit dem betroffenen Unternehmen nach Maßgabe des Unternehmensinteresses abzustimmen. Anders als bei Strafverteidigern mit Individualmandanten wird bei anwaltlichen Unternehmensvertretern der Unternehmensmandant meist in der Hauptverhandlung nicht anwesend sein, und zwar auch nicht repräsentiert von seinen gesetzlichen Vertretern.[6] Dann steht er nicht zur Verfügung, um den dynamischen Verlauf der Hauptverhandlung zeitgleich selbst wahrzunehmen und das weitere Vorgehen schnell abzustimmen. Die Praxis wird die Lösungsansätze für diese spezifische Herausforderung weiterentwickeln.

---

§ 421 Abs. 1 Nr. 3 StPO und *M. Köhler* in: L. Meyer-Goßner/B. Schmitt, Strafprozessordnung, 62. Aufl., München 2019, § 421 Rn. 1).

6 Wenn das Gericht nicht im Einzelfall das Erscheinen des vertretungsberechtigten Organs oder einzelner Organmitglieder anordnet (vgl. § 427 Abs. 2 StPO und *Köhler* (Fn. 5), § 427 Rn. 3), wird es solche Unternehmensvertreter in der Regel nicht in den Gerichtssaal drängen.

Vertretung des Verbandes im (Verbandsverantwortlichkeits- und Individualstraf-)Verfahren – Österreichische und rechtsvergleichende Überlegungen[1]

Assist.-Prof. Dr. Stefan Schumann, Linz / RA, München

Inhalt

---

1 Teile des Vortrags liegen auch dem weiterführenden Beitrag *S. Schumann*, Grundprobleme des Verfahrens gegen Verbände im Lichte der Anwendung der Bestimmungen über das Strafverfahren (§§ 13-17 VbVG), in: R. Soyer (Hrsg.), Handbuch Unternehmensstrafrecht, Wien 2020 (im Erscheinen), Kap. 7, zugrunde.

A. Verband und Verfahren – Strukturentscheidungen des öVbVG

I. Vorbemerkung: Empirie vs. Dogmatik

Das Verfahrensrecht zur Feststellung der Verantwortlichkeit eines Verbandes für Straftaten ist im österreichischen Schrifttum – man ist versucht zu sagen: seltsamer Weise – seit dessen Inkrafttreten[2] weitgehend unbeachtet geblieben; eine Diskussion nimmt erst allmählich Fahrt auf.[3] Gleiches gilt für die Judikatur. Bei inzwischen etwa 1.500 erledigten Verfahren gegen

---

2 Zu österreichischen Stellungnahmen zur Ausgestaltung eines Verfahrensrechts in der Entstehungsphase des VbVG vgl. insbesondere *E. Köck*, Prozessuale Aspekte der Strafbarkeit von Verbänden, JBl 2003, S. 496; *dies.*, Zur Regierungsvorlage eines Verbandsverantwortlichkeitsgesetzes, JBl 2005, S. 477; daneben etwa auch die kurzen verfahrenrechtlichen Anmerkungen bei *F. Zeder*, Ein Strafrecht juristischer Personen: Grundzüge einer Regelung in Österreich, ÖJZ 2001, S. 630, sowie *A. Venier*, Eine Alternative zu einem Strafverfahren gegen juristische Personen, ÖJZ 2002, S. 718; ferner die prozessualen Themen gewidmeten Beiträge in *M. Hilf/ W. Pateter/P. Schick/R. Soyer* (Hrsg.), Unternehmensverteidigung und Prävention, Wien 2007.

3 Siehe aus der jüngeren Zeit die verfahrensrechtlichen Anmerkungen etwa bei *S. Schumann/T. Knierim*, Wettbewerb im Unternehmensstrafrecht: Individual- vs. Verbandsverteidigung, NZWiSt 2016, S. 194; *R. Soyer/S. Schumann*, Die „Frankfurter Thesen" zum Unternehmensstrafrecht unter Einbeziehung der Erfahrungen in Österreich, wistra 2018, S. 321; *S. Öner*, Die praktische Anwendung des Verbandsverantwortlichkeitsgesetzes (VbVG) – Anwendungszahlen und prozessuale Besonderheiten im Verfahren gegen Verbände, JSt 2019, S. 501; *R. Riffel*, Einige Aspekte der praktischen Anwendung des österreichischen Verbandsverantwortlichkeitsgesetzes (öVbVG), öAnwBl 2020, S. 123.

Verbände seit 2006[4] befassen sich auch nur eine Handvoll Urteile des österreichischen Obersten Gerichtshofes (OGH) bisher mit verfahrensrechtlichen Fragestellungen zum sogenannten Verbandsverantwortlichkeitsgesetz (VbVG),[5] genauer gesagt, dem österreichischen „Bundesgesetz über die Verantwortlichkeit von Verbänden für Straftaten"[6] (nicht: „über die strafrechtliche Verantwortlichkeit von Verbänden").[7]

Nicht wenige verfahrensrechtliche Fragen sind daher noch offen, gesetzlich nicht oder jedenfalls nicht eindeutig geregelt, wissenschaftlich kaum diskutiert und höchstgerichtlich nicht judiziert.

Zu diesen Fragen zählt die Vertretung (im engeren, eigentlichen Wortsinn) des Verbandes im Verfahren – seine personelle Repräsentanz im Verfahren, mit dem sich dieser Beitrag befasst. Die Untersuchung in diesem Beitrag fächert das Problem mit Blick auf das Verhältnis von außerstrafrechtlichem Organisationsrecht und strafverfahrensrechtlichem Sanktionenrecht auf und geht den aufgeworfenen Fragen dann primär aus Sicht des österreichischen Verbandsverantwortlichkeitsrechts nach. Dabei werden aber auch die Lösungen bzw. aktuelle Regelungsvorschläge anderer Rechtsordnungen – namentlich Deutschlands und der Schweiz – vergleichend herangezogen, so dass die Überlegungen über die Grenzen der österreichischen Rechtsordnung hinaus Denkanstoß sein mögen.

II. Zwei Verfahren – ein strafprozessuales Forum

Die Formulierung des gestellten Themas, der „Vertretung im Verfahren", bedarf der Auslegung und Präzisierung, zunächst schon im Hinblick auf das „Verfahren". Es geht potenziell um Repräsentanz in zwei Verfahren, die nach österreichischem Recht schon im Ermittlungs- (in der Folge auch

---

4 Angaben basierend auf *öBMVRDJ*, Sicherheitsbericht 2018, S. 30; *öBMVRDJ*, Sicherheitsbericht 2017, S. 31; *W. Fuchs/H. Kreissl/A. Pilgram/W. Stangl*, Generalpräventive Wirksamkeit, Praxis und Anwendungsprobleme des Verbandsverantwortlichkeitsgesetzes (Projektbericht), Institut für Rechts- und Kriminalsoziologie, Wien 2011, S. 32.

5 Für einen Überblick siehe *C. Czerny/J. Oberlaber*, Zum richtigen Umgang mit dem VbVG, ÖJZ 2019, S. 305.

6 öBGBl. I Nr. 151/2005 i.d.F. BGBl. I Nr. 26/2016.

7 Zur grammatikalischen und terminologischen Vorsicht des österreichischen Gesetzgebers bei der Abfassung des öVbVG siehe schon *Schumann/Knierim*, Verteidigung (Fn. 3), S. 194.

im Haupt-)verfahren im Regelfall[8] (aber nicht zwingend immer[9]) gemeinsam zu führen sind: Die Verbandsvertretung zum einen im Verbandsverantwortlichkeitsverfahren, das auf die Feststellung der Verantwortlichkeit von Verbänden für Straftaten abzielt, zum anderen in einem Individualstrafverfahren, das wegen der Anknüpfungstat geführt wird und dessen getroffene Feststellungen in Bezug auf individuelle Verantwortlichkeit Rechtskraftwirkung auch für und gegen den Verband entfalten kann.[10]

1. Anknüpfungstat und Verbandsverantwortlichkeit – Materielle Komplementarität und (straf-)prozessuale Konnexität

Damit ist implizit schon gesagt, dass sich der österreichische Gesetzgeber, ähnlich der Lösung im deutschen OWiG-Recht,[11] anders als im Grundsatz das Schweizer Recht,[12] materiellrechtlich für ein Modell (potentiell[13]) komplementärer statt (weitgehend) exklusiver Verbandsverantwortlichkeit entschieden hat.[14] Die durch einen Mitarbeiter oder Entscheidungsträger gesetzte, mit Strafe bedrohte (= tatbestandsmäßige und rechtswidrige[15]) Handlung mit Verbandsbezug ist notwendige, wenn auch noch nicht hinreichende bzw. alleinige Bedingung und Bezugspunkt des Verbandsverantwortlichkeitsvorwurfs. Diese materiellrechtliche Anknüpfung des Verbandsverantwortlichkeitsvorwurfs hat regelmäßig auch die Beeinflussung des gegen den Verband geführten Verfahrens durch das Individualstrafverfahren zur Folge. Dem lässt sich sachgerecht nur dadurch Rechnung tra-

---

8 § 15 Abs. 1 erster Satz öVbVG.
9 § 15 Abs. 2 öVbVG.
10 Näher dazu unten B.V.
11 §§ 9, 30, 130 dOWiG.
12 § 102 Abs. 1 chStGB, siehe aber Abs. 2 leg cit.
13 Nach § 3 Abs. 3 Z. 1 öVbVG muss die durch einen *Mitarbeiter* gesetzte Anknüpfungstat lediglich tatbildlich und rechtswidrig verwirklicht sein, sodass auch bei mangelnder Schuld und damit mangelnder Strafbarkeit des Mitarbeiters eine Verbandsverantwortlichkeit in Betracht kommt. Dazu muss die Tat nicht nur den entsprechenden Verbandsbezug, § 3 Abs. 1 öVbVG, aufweisen, sondern auch durch eine Sorgfaltspflichtverletzung auf Entscheidungsträgerebene ermöglicht oder doch wesentlich erleichtert worden sein, § 3 Abs. 3 Z. 2 öVbVG. Diese Sorgfaltspflichtverletzung auf Entscheidungsträgerebene wiederum kann, aber muss nicht selbst ein strafbares Individualverhalten sein.
14 § 3 Abs. 4 öVbVG.
15 *H. Hinterhofer/B. Oshidari*, System des österreichischen Strafverfahrens, Wien 2017, S. 5 f. (Kap. 1 Rn. 8 ff.) unter Verweis auf öOGH 15 Os 10/98 und öOGH 13 Os 63/05 x.

gen, dass beide nach den grundsätzlich gleichen – strafverfahrensrechtlichen – Regelungen stattfinden.[16] Konsequenterweise gelten für Verfahren gegen einen Verband, die aufgrund des Verdachts, der Verband könnte für eine Straftat eines Mitarbeiters oder Entscheidungsträgers verantwortlich sein, eingeleitet wurden,[17] die allgemeinen strafverfahrensrechtlichen Regeln, insbesondere die StPO, und zwar unabhängig davon, ob das Verfahren gemeinsam mit dem Individualstrafverfahren geführt wird oder nicht.[18] Die allgemeinen strafverfahrensrechtlichen Regelungen kommen nur dann bzw. insoweit nicht zur Anwendung, als, erstens, eine Regelung ihrem Sinn nach ausschließlich auf natürliche Personen anwendbar ist oder, zweitens, sich aus den Bestimmungen des öVbVG als leges specialis etwas anderes ergibt.[19]

2. Ein strafprozessuales Forum, zwei Verfahren – Konsequenzen und Fragen

Obwohl die Verbandsverantwortlichkeit komplementär und in engem Konnex zur strafrechtlichen Individualhaftung konstituiert ist, besteht prozessual betrachtet gleichwohl keine subjektive Konnexität durch Identität der Beschuldigten, denn Verband und Individualbeschuldigte sind unterschiedliche Sanktionsadressaten. Auch ist der Verband materiellrechtlich nicht Beteiligungstäter der Anknüpfungstat und es liegt damit, streng genommen, keine objektive Konnexität vor. Dennoch besteht aufgrund der materiellrechtlichen Verknüpfung zwischen Verbandsverantwortlichkeit und Individualtat naturgemäß auch ein besonders enger prozessualer Zusammenhang. Das österreichische VbVG trägt dem durch Anordnung grundsätzlich gemeinsamer Verfahrensführung von Individualstraf- und Verbandsverantwortlichkeitsverfahren Rechnung.[20]

Es besteht aber unter bestimmten Voraussetzungen, etwa zur Beschleunigung im Individualstrafverfahren mit Ziel der Haftvermeidung, oder aufgrund von Hindernissen für ein Individualstrafverfahren, z. B. wegen des Doppelbestrafungsverbots bei bereits erfolgter Verurteilung im EU[21]-

---

16 Zum Ganzen *Schumann*, Handbuch (Fn. 1), Kap. 7 Rn. 6.
17 Zur Verfahrenseinleitung § 13 Abs. 1 erster Satz öVbVG.
18 § 14 Abs. 1 öVbVG.
19 § 14 Abs. 1 öVbVG.
20 § 15 Abs. 1 erster Satz öVbVG. Zum Ganzen *Schumann*, Handbuch (Fn. 1), Kap. 7 Rn. 52 ff.
21 Art. 50 EU-GRC.

bzw. Schengen[22]-Ausland,[23] die Möglichkeit ausnahmsweise getrennter[24] Verfahrensführung.[25] Diese Möglichkeit zwingt aber wegen des inneren materiellen Zusammenhangs beider Verantwortlichkeitszuweisungen dazu, die Vertretung und die Rechte des Verbandes nicht nur im Verbandsverantwortlichkeitsverfahren, sondern auch in einem allfällig getrennt geführten Individualstrafverfahren im Blick zu halten.[26]

III. Verband als ‚Beschuldigter'– Verfahrensrechte

Mit einem Grundsatzurteil vom 02. Dezember 2016 hat der österreichische Verfassungsgerichtshof (VfGH) nicht nur der Diskussion um das „societas delinquere non potest" mitsamt der Folgefrage, ob ein Unternehmen für Straftaten verantwortlich gemacht werden kann, zumindest für die Rechtspraxis den Boden entzogen. Ebenso bedeutsam ist die Bestätigung der strafprozessualen Verfahrensrechte des Verbandes (wörtlich, aber in strukturierter Darstellung unter Auslassung der Verweise) unter Heranziehung der *Engel*-Kriterien des EGMR[27] durch den Verfassungsgerichtshof:

„Angesichts

- der Einordnung des VbVG in das Justizstrafrecht,
- des sowohl präventiven als auch repressiven Charakters der Sanktion [...] und
- der möglichen Höhe der Geldbuße [...]
- sind mit Blick auf die Judikatur des Europäischen Gerichtshofes für Menschenrechte [...]

---

22 Art. 54 ff. SDÜ.
23 Vgl. für weitere Fälle *E. Steininger*, Verbandsverantwortlichkeitsgesetz. Kommentar, 2. Aufl., Wien 2020, § 15 Rn. 17 f.
24 Möglich, aber mit Blick auf die hier geführte Diskussion der Vertretung des Verbandes im Individualstrafverfahren nicht relevant, ist auch eine ausnahmsweise selbstständige bzw. alleinige Verfahrensführung gegen den Verband bei Strafverfolgungshindernissen, etwa Tod des Individualtäters, Verurteilung bereits im Schengen-Ausland, oder etwa bei Verhandlungsunfähigkeit.
25 § 15 Abs. 2 öVbVG.
26 Näher dazu unten B.V.
27 EGMR 08.06.1976, 5100/71, 5101/71, 5102/71, 5354/72, 5370/72, *Engel ua/Niederlande*.

- jene Grundsätze des Art 6 EMRK, die Verfahrensgarantien betreffen (Fairnessgebot), auch auf Verbände anzuwenden."[28]

Damit legt der öVfGH ein prozessuales Verständnis der Verfahrensrechte zu Grunde, das allein an der Stellung des Verbandes als ‚Beschuldigter' in einem im Sinne des Art. 6 EMRK strafrechtlichen Verfahren anknüpft. Auffassungen, nach denen die strafverfahrensrechtlichen Beschuldigtenrechte vorrangig Ausdruck der Menschenwürde[29] und damit ihrem Wesen nach nur eingeschränkt auf Verbände anwendbar seien,[30] scheint so zumindest für das geltende österreichische Verbandsverantwortlichkeitsrecht ein Riegel vorgeschoben.

Zu einem vergleichbaren Ergebnis, auch unter Verweis auf die öVfGH-Entscheidung, kam der österreichische Verwaltungsgerichtshof in einem Verfahren betreffend die verwaltungsstrafrechtliche Verantwortlichkeit einer juristischen Person wegen Verstoßes gegen das Bankwesengesetz: „Ist die juristische Person Beschuldigte im Verwaltungsstrafverfahren (§ 32 VStG), hat sie alle mit dieser Parteistellung verbundenen Rechte. So etwa ist dem Beschuldigten rechtliches Gehör einzuräumen (§ 40 VStG), er muss an ihn gestellte Fragen nicht beantworten (§ 33 Abs. 2 VStG)."[31] „Durch diese der juristischen Person zukommende prozedurale Rechtsstellung wird den an das Recht auf ein faires Verfahren gestellten Anforderungen entsprochen, weshalb die von Art. 47 GRC geforderten Verfahrensgarantien in einem Verfahren nach dem VStG auch für die juristische Person gewährleistet sind [...]."[32]

Dessen ungeachtet sind die Detailausprägungen der Gewährleistungen des Art. 6 der Menschenrechtskonvention, der in der innerstaatlichen Normenhierarchie des österreichischen Rechts Verfassungsrang zukommt, Gegenstand eines steten Diskurses nicht nur mit dem EGMR (und über

---

28 öVfGH G497/2015 ua.

29 Den grundrechtlichen Schutz vor Zwang zur Selbstbelastung nicht auf juristische Personen übertragbar sah dBVerfGE 95, 220, das aber nicht zu Art. 6 EMRK, sondern zur Frage einer über Art. 19 Abs. 3 GG (Reichweite der Anwendbarkeit von Grundrechten des Grundgesetzes auf juristische Personen) vermittelte Anwendbarkeit von Art. 2 Abs. 1 (allgemeine Handlungsfreiheit) i.V.m. Art. 1 Abs. 1 (Menschenwürde) dGG Stellung zu nehmen hatte.

30 Vgl. die Überlegungen des *dBundeskartellamts*, Zwischenbericht des Bundeskartellamts zum Expertenkreis Kartellsanktionenrecht. Reformimpulse für das Kartellbußgeldverfahren vom 12.1.2015, S. 7 f. (10), die sich zwar mit einer Reform des Kartellverfahrensrechts beschäftigen, aber auch eine mögliche Vorreiterrolle für strafprozessuale Umfangsverfahren andeuteten (ebd. S. 16).

31 öVwGH, 29.03.2019, Ro 2018/02/0023, Tz. 22.

32 öVwGH, 29.03.2019, Ro 2018/02/0023, Tz. 24.

Art. 52 Abs. 3 EU-Grundrechtecharta zumindest mittelbar mit dem EuGH), sondern auch zwischen dem österreichischen Obersten Gerichtshof als Höchstgericht in Strafsachen und dem Verfassungsgerichtshof,[33] aber auch dem Verwaltungsgerichtshof als Höchstgericht in Verwaltungsstrafsachen. Dass es zudem gerade die Schnittstellenproblematik von Mitwirkungspflichten in Verwaltungsverfahren und verbotenem Zwang zur Selbstbelastung ist, die immer wieder Anlass zur Diskussion bietet, kann hier nicht weiter verfolgt werden.[34] Der öVfGH hatte keinen Anlass, in seiner Entscheidung aus dem Dezember 2016 auch zu dieser Frage Stellung zu nehmen.

B. Verband und Vertretung

I. Vertretungsbegriffe und Abgrenzungen

1. Vertretungsbedürfnis – Verband als normatives Konstrukt

Wenn man sich der Frage der „Vertretung" des rechtlichen Konstrukts Verband im Verfahren nähert, eines Konstrukts, dass nicht nur materiellrechtlich für haftungsbegründendes Handeln oder Unterlassen, sondern auch für prozessuales Agieren der Verkörperung durch menschliche Akteure bedarf, so ist auch der Begriff „Vertretung" auslegungs- bzw. abgrenzungsbedürftig.

2. Organisationsrechtliche und strafverfahrensrechtliche Vertretungsbegriffe

Ausgangspunkt bilden die, weitgefasst, organisationsrechtlichen[35] bzw., enger, zumeist gesellschaftsrechtlichen Regelungen des Außenvertretungs-

---

33 Ausführlich *S. Schumann*, Ein Spiel über Bande: Zum Diskurs der Höchstgerichte über den Grundrechtsschutz in Strafsachen. Zugleich eine Anmerkung zur jüngsten Entwicklung in der Sache OGH, 23.01.2017, 13 Os 49/16d, und EuGH GA Saugmandsgaard Øe, 05.06.2018, Rs. C-234/17, ÖJZ 2018, S. 850.

34 Vgl. zur Schweizer Judikatur etwa BGE 140 II 384.

35 Nicht nur gesellschaftsrechtlich: Denn das österreichischen VbVG adressiert nicht nur wirtschaftlich tätige Verbände, sondern schließt etwa – enger als § 102 Abs. 4 lit. b des Schweizer StGB – Gebietskörperschaften nur dann aus, wenn diese hoheitlich tätig geworden sind.

rechts des Verbandes. Daran schließt sich die Frage nach deren Anwendbarkeit und Konsequenzen für die Verbandsvertretung im Strafverfahren oder aber nach etwaig abweichenden Sonderregelungen an. Innerhalb des Strafverfahrensrechts kommen wiederum zwei Untergliederungen des Vertretungsbegriffs in Betracht: Erstens, die Vertretung des Verbandes im Sinne *personeller Repräsentanz* im Verfahren zur „Wahrnehmung der dem Beschuldigten *entsprechenden* Rolle" – so die umsichtige Formulierung in den Materialien zum VbVG.[36] Zum anderen die Vertretung im Sinne *rechtlichen Beistandes* durch einen Verteidiger, die über eine bloße Stellvertretung oder Repräsentanz hinausgeht,[37] vielmehr dem Verteidiger eine vom Verband zu differenzierende Rolle im Verfahren zuweist, die aber mit dem Verband die gemeinsame Sphäre der Verteidigung bildet. Einer Sphäre, die auch durch die Regeln zur Verbandsvertretung im Willen (verfahrensgestaltende Prozesshandlungen) und Wissen(-serklärungen des Beschuldigten) eines Schutzes vor unlauterem Eingriff bedarf. Schutz etwa vor einer willkürlichen Trennung von Individualstraf- und Verbandsverantwortlichkeitsverfahren, die mittels verzögerter Verfahrenseinleitung gegen den Verband das Ziel verfolgen könnte, das Aussageverweigerungsrecht des Verbandes zu unterlaufen.[38]

---

36 Erläuternde Bemerkungen zur Regierungsvorlage (EBRV), 994 der Beilagen XXII. Gesetzgebungsperiode, S. 33.
37 Näher *R. Soyer/S. Schumann*, in: H. Fuchs/E. Ratz (Hrsg.), Wiener Kommentar zur Strafprozeßordnung, § 57 Rn. 16.
38 Zum Recht des Verbandes auf Beschuldigung und den Kriterien des Anfangsverdachts (§ 13 Abs. 1 öVbVG) ausführlich *Schumann*, Handbuch (Fn. 1), Kap. 7 Rn. 29 ff.

Abb. 1: Vertretungsbegriffe. © Schumann, Vortrag, 15.11.2019. 5. Unternehmensstrafrechtliche Tage, Zürich.

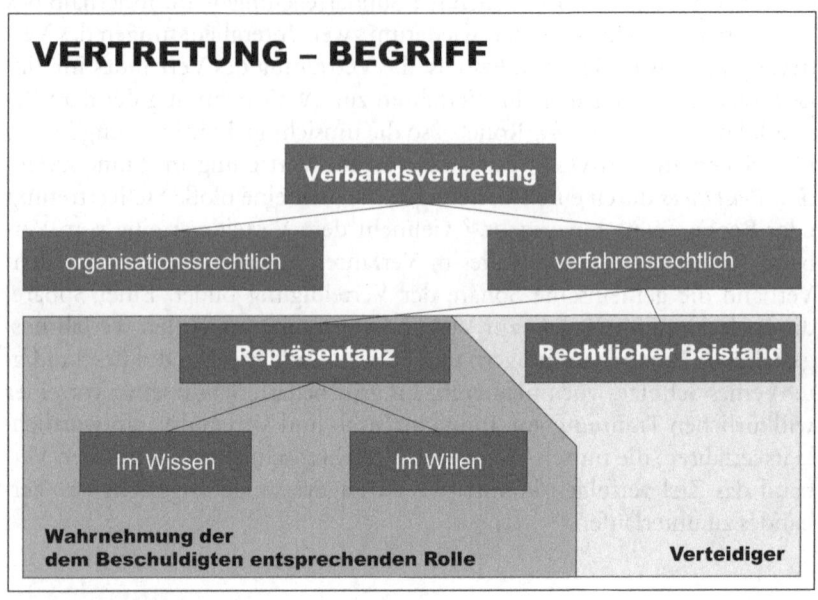

II. Willensvertretung des Verbandes im Strafverfahren

1. Gesellschaftsrechtliche Regelfälle der Aktivvertretung

Betrachtet man die Wahrnehmung der dem Beschuldigten entsprechenden Rolle, so läge es intuitiv nahe, die organisationsrechtlichen Außenvertretungsregeln auch im Strafverfahren zur Anwendung zu bringen. Mit Rücksicht auf die im organisationsgesetzlichen Rahmen autonome Selbstorganisationsentscheidung des Verbandes scheint dies gar zwingend zu sein.

Wirft man allerdings einen Blick in jene österreichischen gesellschaftsrechtlichen Regelungen, die die meisten Adressaten des öVbVG abdecken, so zeigt sich, dass zwar bei der Offenen Gesellschaft der gesetzliche Regelfall die aktive Einzelvertretungsbefugnis ist.[39] Bei der GmbH,[40] der AG[41] und der österreichischen Privatstiftung[42] geht das Gesetz jedoch vom Grundsatz der aktiven Gesamtvertretung aus. Danach gilt: ‚Alle gemeinsam!‘, soweit nicht abweichende Regelungen im Gesellschaftsstatut getroffen werden.

2. Anerkennung im Strafverfahrensrecht?

a) Fokussierung des Strafverfahrensrechts auf Einheit von Körper und Geist (Wissen und Willen)

Demgegenüber steht aber das Strafverfahrensrecht, das konzipiert ist für das Individualstrafverfahren. Es fokussiert auf die eine natürliche Person des Beschuldigten als Einheit von Körper und Geist, letzterer seine Ausprägung findend in Wissen und Willen. Gegebenenfalls – im besten Falle – mit anwaltlichen Beistand, der aber grundsätzlich[43] gerade nicht als Personifikation des Beschuldigten agiert, obgleich auch er die Rechte des Beschuldigten wahrnehmen kann und dabei für diesen spricht.[44] Das Gesetz

---

39 § 125 Abs. 1 öUGB: „Zur Vertretung der Gesellschaft ist jeder Gesellschafter befugt (Einzelvertretung), wenn er nicht durch den Gesellschaftsvertrag davon ausgeschlossen ist." Umfasst ist auch die gerichtliche Vertretung, § 126 Abs. 1 öUGB.

40 § 18 Abs. 1 i.V.m. Abs. 2 erster Satz öGmbHG, wobei letzterer bestimmt: „Zu *Willenserklärungen*, insbesondere zur Zeichnung der Geschäftsführer für die Gesellschaft bedarf es der Mitwirkung sämtlicher Geschäftsführer, wenn im Gesellschaftsvertrage nicht etwas anderes bestimmt ist" und damit die Frage einer Differenzierung zwischen Willenserklärungen, Wissenserklärungen und schlichten Realakten im Prozess aufwirft. Dazu näher unten B. III. Siehe auch § 17 Abs. 3 öPSG (Fn. 31).

41 § 71 Abs. 2 erster Satz öAktG.

42 § 17 Abs. 3 öPSG: „Wenn die Stiftungserklärung nichts anderes bestimmt, so sind sämtliche Mitglieder des Stiftungsvorstands nur gemeinschaftlich zur Abgabe von Willenserklärungen und zur Zeichnung für die Privatstiftung befugt. Der Stiftungsvorstand kann einzelne Mitglieder des Stiftungsvorstands zur Vornahme bestimmter Geschäfte oder bestimmter Arten von Geschäften ermächtigen. Ist eine Willenserklärung der Privatstiftung gegenüber abzugeben, so genügt die Abgabe gegenüber einem Mitglied des Stiftungsvorstands."

43 Vgl. aber die ausnahmsweise mögliche personelle Repräsentanz des Individualbeschuldigten durch den Verteidiger im bezirksgerichtlichen Hauptverfahren nach § 455 Abs. 2, 3 öStPO.

44 Zur Reichweite der Willensbindung des Verteidigers an den Beschuldigtenwillen näher *Soyer/Schumann*, WK-StPO (Fn. 37), § 57 Rn. 17.

adressiert diese Unterscheidung von Beschuldigtem und Verteidiger klar, wenn es etwa Kollisionsregeln für einander widersprüchliche Erklärungen beider trifft und der Beschuldigtenerklärung dabei den Vorrang einräumt.[45]

Wie offen für gesellschaftsrechtliche Regelungen einer Gesamtvertretung kann das Strafverfahrensrecht sein? Ist es vorstellbar, dass ein Verband – gerade in der Hauptverhandlung – im Falle der Gesamtvertretung nur konsensual durch mehrere Organmandatare gemeinsam wirksam vertreten werden kann?

Abb. 2: Außerprozessuale Vertretungsregeln im Verfahrensrecht. © Schumann, Vortrag, 15.11.2019. 5. Unternehmensstrafrechtliche Tage, Zürich.

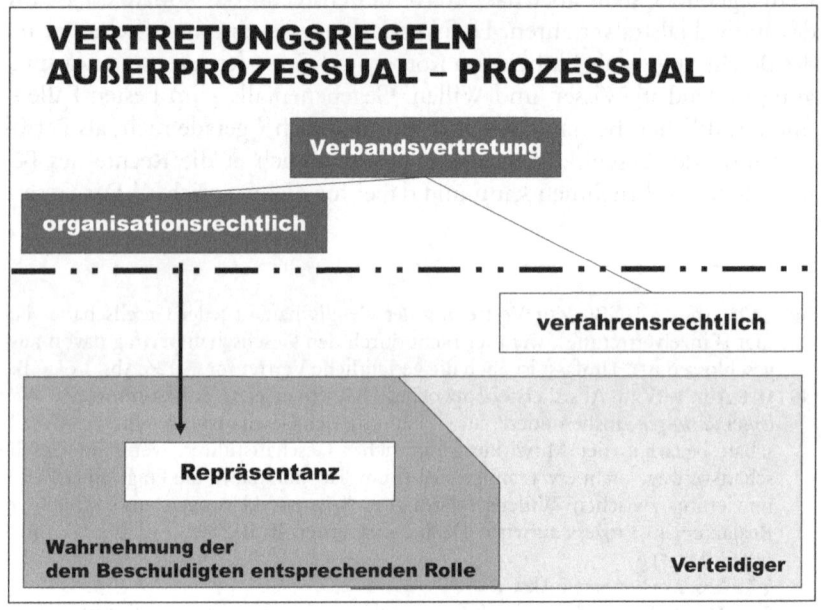

---

45 § 57 Abs. 2 zweiter Satz, 2. Halbsatz öStPO: „Der Beschuldigte kann aber immer selbst Erklärungen abgeben; im Fall einander widersprechender Erklärungen gilt seine." Näher *Soyer/Schumann*, WK-StPO (Fn. 37), § 57 Rn. 35 ff.

b) Zuweisung von Risikosphären im
   Verbandsverantwortlichkeitsverfahren

aa) Fehlerquellen im Innenverhältnis des Verbandes – interne
    Willensbildung und externe Umsetzung

Schon die Unterscheidung zwischen interner Willensbildung (Geschäfts-
führungsbefugnis) und dem Erfordernis deren externer Umsetzung (Ver-
tretungsbedürfnis und -befugnis) birgt erhebliches faktisches Konfliktpotential. Wer die Risiken zu tragen hat, die sich aus dieser Quelle potentiel-
ler Fehler ergeben – also etwa ein Auseinanderfallen von verbandsinterner
Willensbildung und Handeln nach außen –, ob diese Risiken dem Verband zuzuweisen oder aber den anderen Verfahrensbeteiligten aufzubür-
den sind, scheint mir nach Risikosphären zu beurteilen zu sein. Dabei ist
ein Agieren eines Vertretungsberechtigten des Verbandes im Verfahren abweichend von der internen Willensbildung grundsätzlich das Risiko des
Verbandes.
  Anderes mag man allenfalls diskutieren können, wenn dieses Auseinanderfallen für das Gericht evident ist. Im Außenverhältnis für das Gericht
erkennbar die Befugnis missbrauchende Vertretungshandlungen sind insbesondere dann vorstellbar, wenn der Verbandsvertreter zugleich Indivi-
dualbeschuldigter ist und eigene Interessen im Konflikt zu jenen des Verbandes verfolgt. Ob im potentiell konfliktträchtigen Falle einer Individualbeschuldigung des Entscheidungsträgers dieser überhaupt den Verband im
Verfahren vertreten kann, wird daher in ähnlichen Regelungsmodellen
(AT, D) von den Gesetzgebern unterschiedlich beantwortet.[46] Aber selbst
im Fall evidenten Missbrauchs der Vertretungsmacht gilt es zu bedenken,
wie weitgehend bzw. ob überhaupt dem Gericht auf solchem Wege eine
Kontrolle der Interna der Verteidigungssphäre ermöglicht werden sollte.
Eine Kontrollmöglichkeit für das Gericht, mit der der Ausgang einer internen Entscheidung über die Art der Wahrnehmung einer prozessgestalten-
den Mitwirkungsmöglichkeit des beschuldigten (‚belangten‘)[47] Verbandes
überprüft werden kann, erscheint mit dem Schutz der Verteidigungssphäre kaum vereinbar. Dann aber verbliebe nur die Kontrolle des tatsächlichen Bestehens der wahrgenommenen Außenvertretungsbefugnis des Verbandes.

---

46 Siehe dazu sogleich unter dd.
47 § 13 Abs. 1 zweiter Satz öVbVG.

bb) Fehlerquellen im Außenverhältnis – Vertretungsanforderungen
gegenüber Verfahrensbeteiligten

Die Entscheidung für die Anerkennung gesellschaftsrechtlicher Gesamt-
vertretungserfordernisse im Strafverfahrensrecht birgt weitergehendes erhebliches Fehlerpotential, nämlich für die Unwirksamkeit von Willenserklärungen als Prozesshandlungen. Wie ist es um die Wirksamkeit prozessualer Handlungen eines einzelnen Verbandsvertreters bei tatsächlich gesellschaftsrechtlich bestehendem Erfordernis einer Gesamtvertretung bestellt? Einen Rechtsschein, auf den sich das Verfahrensrecht bzw. die Strafverfolgungsbehörden berufen könnten und der die Risikotragung klar in
die Sphäre des Verbandes ordnen würde, kann man nicht ohne weiteres
annehmen, wenn anderes, insbesondere die Gesamtvertretung, entweder
der gesetzliche Regelfall ist oder sich, trotz gesetzlichem Regelfall der Einzelvertretung, im konkreten Fall aus der Publizität des Firmenbuches ergibt. Im Strafverfahren, in dem der Amtswegigkeits- bzw. Amtsermitt-
lungsgrundsatz gilt, und die Strafverfolgungsbehörden berufen sind zur
Aufklärung aller Tatsachen, „die für die Beurteilung der Tat und des Beschuldigten von Bedeutung sind",[48] betrifft die aktuelle Vertretungsbefug-
nis des Verbandes zwar nicht den aufzuklärenden historischen Lebenssach-
verhalt, jedoch die Person, genauer die personelle Repräsentanz, des belangten Verbandes. Sie ist zumindest für die Beurteilung der Mitwirkung
des Verbandes an der Aufklärung der Tat von Bedeutung, die vielfältig für
den Fortgang bzw. den Ausgang des Verfahrens, von Opportunitätseinstel-
lung,[49] diversioneller Erledigung[50] bis hin zur Strafzumessung,[51] erheblich
ist. Eine Amtsermittlungspflicht der Strafverfolgungsbehörden zur Vertre-
tungslage jedenfalls durch Nutzung des Firmenbuches lässt sich daher annehmen.

Bei der Abgrenzung von Risikosphären der Fehlertragung ist grundlegend zunächst zu fragen, warum sich der Gesetzgeber im Organisationsrecht bestimmter Verbandsformen, gerade der für die wirtschaftliche Betätigung bedeutsamen Kapitalgesellschaften, für die Anordnung einer Gesamtvertretung als gesetzliches Regelmodell entschieden hat. Deren Sinn
im Rahmen der aktiven Vertretung ist es nämlich, die Gesellschaft vor ge-
fährlichen und übereilten Maßnahmen sowie vor Unzulänglichkeit und

---

48 § 3 Abs. 1 öStPO.
49 § 18 öVbVG.
50 § 19 öVbVG.
51 § 5 Abs. 3 Z. 3 öVbVG.

Unehrlichkeit einzelner Organmitglieder zu schützen.[52] Jedes Organmitglied unterliegt der Kontrolle der anderen; die Verantwortung soll von allen Organmitgliedern gemeinsam getragen werden.[53] Die Gesamtvertretung schützt also im Kern die Verbandsautonomie vor einer Aushebelung durch einzelne Organmandatare. Daher wird auch in der österreichischen gesellschaftsrechtlichen Literatur davon ausgegangen, dass der Verband mangels abweichender gesellschaftsvertraglicher Regelungen der Aktivvertretung für die Abgabe von Willenserklärungen auch in Notsituationen, bei Gefahr im Verzug[54] bzw. bei Verhinderung eines zur Gesamtvertretung erforderlichen Organmandatars, nicht durch den oder die übrigen Organmandatare alleine vertreten werden kann.[55]

cc) Praktikabilität durch Einschränkung gesellschaftsrechtlicher
    Vertretungsregeln? – Das Schweizer Modell

Der Schweizer Gesetzgeber[56] hat eine eigenständig strafverfahrensrechtliche Vertretungsregelung getroffen und bestimmt, dass „ [i]n einem Strafverfahren gegen ein Unternehmen[…] dieses von einer einzigen Person vertreten [wird], die uneingeschränkt zur Vertretung des Unternehmens in zivilrechtlichen Angelegenheiten befugt ist."[57] Dabei obliegt die Auswahl dem Unternehmen selbst, so dass dieses im gesetzlich vorgegebenen strafprozessualen Rahmen zwingender Einzelvertretung selbst eine unternehmensautonome Entscheidung treffen kann. Dies ist ein Lösungsansatz, der eine klare personale Repräsentanz des Unternehmens ähnlich der klaren Identität eines namentlich bekannten Individualtäters gesetzlich zu fingieren sucht.

Für das Strafverfahren zu konstatieren bleibt dabei, dass Fragen der unternehmensinternen Meinungsbildung und Probleme mit deren Durchset-

---

52 So die eingängige Analyse der Funktion einer Gesamtvertretung durch *G. Spindler*, in: W. Götte/M. Habersack (Hrsg.), Münchener Kommentar zum Aktiengesetz, Bd. II, 5. Auflage, München 2019, § 78 AktG Rn. 27.

53 *Spindler*, in: MüKo-AktG (Fn. 52), § 78 AktG Rn. 27.

54 öOGH, 21.09.1953, 4 Ob 184/53; 29.02.1965, 4 Ob 17/65; RIS-Justiz RS0060040 (Judikatur-basierter Rechtssatz, publiziert im Rechtsinformationssystem des öBundeskanzleramtes).

55 *M. Enzinger*, in: M. Straube/T. Ratka/R. Rauter (Hrsg.), Wiener Kommentar zum GmbHG, Stand 1.11.2018, § 18 Rn. 17 m.w.N.

56 Ausführlich dazu *M. Engler*, Die Vertretung des beschuldigten Unternehmens, Zürich 2008 (Dissertation Universität Freiburg).

57 § 112 Abs. 1 chStPO.

zung nach außen in die Sphäre des Verbandes verwiesen werden und das Funktionieren des Strafverfahrens nicht beeinträchtigen sollen. Zudem wird einer potentiell unangemessenen Verfahrensverzögerung bei der Wahrnehmung des verbliebenen Autonomiespielraums durch den Verband strikt vorgebeugt: „Bestellt das Unternehmen nicht innert angemessener Frist eine solche Vertretung, so bestimmt die Verfahrensleitung, wer von den zur zivilrechtlichen Vertretung befugten Personen das Unternehmen im Strafverfahren vertritt."[58] Um der Praktikabilität des Verfahrens willen und zur Verfahrensfehlerprävention wird, so lässt sich also konstatieren, der in der Gesamtvertretung liegende Schutz der Verbandsautonomie vor einer Aushebelung durch einzelne Organmandatare eingeschränkt.

dd) Anerkennung gesellschaftsrechtlicher Regelungen ein Selbstverständnis und praktikabel? – Österreich, Deutschland

Der österreichische Gesetzgeber hingegen hat sich zur vollumfänglichen Anerkennung der organisationsrechtlichen Regeln bekannt und daher auf eine eigenständige verfahrensrechtliche Regelung der Repräsentanz des Verbandes als nicht erforderlich verzichtet: „Der Entwurf [des nunmehrigen öVbVG] geht davon aus, dass die – nach Gesetz oder Satzung – zur Vertretung nach außen berufenen Organe auch zur Vertretung des Verbandes in einem gegen diesen geführten Strafverfahren berufen sind; einer gesonderten Bestimmung bedarf es daher nicht."[59]

Auch im deutschen Verbandsgeldbußenrecht wird dies ganz selbstverständlich so gehandhabt.[60] Der im Juni 2020 vorgelegte nunmehrige Regierungsentwurf eines „Gesetz[es] zur Sanktionierung von verbandsbezogenen Straftaten (Verbandssanktionengesetz – VerSanG)" will dies, unter Ausschluss der einer ‚Verbandstat‘ (gemeint ist die Anknüpfungstat[61]) beschuldigten Personen, so beibehalten.[62] Dabei wird im Begründungsentwurf zutreffend festgehalten, das Gericht könne dadurch zwar „zu einer vertieften Auseinandersetzung mit den für den jeweiligen Verband geltenden Organisationsnormen gezwungen sein (wenn etwa infolge von Gesell-

---

58 § 112 Abs. 2 chStPO.
59 EBRV (Fn. 36) 994 BlgNr. XXII. GP, S. 33.
60 Näher *K. Rogall*, in: W. Mitsch (Hrsg.), Karlsruher Kommentar zum Gesetz über Ordnungswidrigkeiten, 5. Aufl., München 2018, § 30 OWiG Rn. 198 ff. m.w.N.
61 § 2 Abs. 1 Z. 3 dVerSanG-E.
62 § 28 Abs. 1 und 2 dVerSanG-E.

schafterstreitigkeiten Unsicherheit besteht, durch wen der Verband vertreten wird). Andernfalls würden sich jedoch Diskrepanzen zwischen der Willensbildung und -äußerung des Verbandes im Verfahren und im übrigen Recht ergeben. Ein Gleichlauf muss deshalb gewährleistet sein, insbesondere auch mit der Vertretung des Verbandes im Zivilprozess (vgl. auch die Regelung in § 374 Absatz 3 StPO[63])."[64] Letztgenannte Norm betrifft die Privatklage im deutschen Strafverfahrensrecht.

Ergänzend soll nach dem Regelungsvorschlag des Regierungsentwurfs eines VerSanG ausdrücklich die Geltung jener zivilprozessualen Regelung angeordnet werden, nach der das Verschulden des gesetzlichen Vertreters dem Verschulden der Partei gleichsteht.[65] Eine Klärung der zuvor diskutierten Problematik von Mängeln in der Vertretungsmacht bedeutet dies indes nicht, setzt doch die Zurechnung gerade ordnungsgemäße Vertretungsmacht voraus. Die Beurteilung der Vertretungsmacht betrifft also eine der Zurechnung eines Vertreterfehlers vorgelagerte Stufe. Davon geht ersichtlich auch das (vom Entwurfsverfasser des dVerSanG-E) angesprochenen Zivilverfahrensrecht aus: In der zivilprozessualen Kommentarliteratur findet sich nämlich die Klarstellung, das Gericht im Zivilverfahren habe Prozesshandlungen eines ersichtlich unbefugten Vertreters zurückzuweisen.[66]

Während das (allzu?) pragmatische Schweizer Modell einer eigenständig strafverfahrensrechtlichen Regelung der Verbandsvertretung Schwierigkeiten bei der Beurteilung der Vertretungsmacht für den Verband vermeidet, trägt die Anerkennung der organisationsrechtlichen Vertretungsmodelle auch für das Verbandsverfahrensrecht im österreichischen und deutschen Recht der autonomen Selbstorganisationsentscheidung des einzelnen Verbandes stärker Rechnung. Zugleich achtet sie die gesetzgebischen Motive der organisationsrechtlichen Vertretungsmodelle und stärkt so das Prinzip der Einheit der Rechtsordnung (im Sinne eines Optimierungsgebots, nicht als Dogma).

Im öVbVG werden trotz des Bekenntnisses zur Anwendung der organisationsrechtlichen Normen auch im Verbandsverantwortlichkeitsverfahren zwei explizite Verfahrensregelungen getroffen. Dies betrifft zum einen die Regelung allein der *passiven Vertretung*, der Empfangsvertretung des

---

63 Betreffend die Privatklagevertretung durch den gesetzlichen Vertreter des Verletzten im Privatklageverfahren nach der dStPO.

64 dVerSanG-E, S. 60.

65 § 28 Abs. 3 dVerSanG-E i.V.m. § 51 Abs. 2 dZPO.

66 *W. F. Lindacher*, in: W. Krüger/T. Rauscher (Hrsg.), Münchener Kommentar zur ZPO, 5. Auflage, München 2016, § 52 ZPO Rn. 34.

Verbandes für zentrale Verfahrensakte, in § 16 Abs. 1 öVbVG.[67] Diese angeordnete passive Einzelvertretung steht im Einklang mit den verschiedenen gesellschaftsrechtlichen Regelungen, die nämlich ungeachtet eines Erfordernisses aktiver Gesamtvertretung für den passiven Empfang von Willenserklärungen zwingend Einzelvertretung vorsieht. Die explizite Regelung im öVbVG lässt sich daher insbesondere mit Blick auf die Bedeutung der Zustellung für den Lauf prozessualer Fristen erklären. Daneben gewährt sie den Strafverfolgungsbehörden auch demonstrative Rechtssicherheit bei der Erfüllung prozessualer Informationspflichten gegenüber dem belangten Verband als Prozesssubjekt.

ee) Verbandsinterner Interessenskonflikt und notwendige Verteidigung – Der Verteidiger als Kollisionskurator

Spannender ist die mit § 16 Abs 2 öVbVG getroffene explizite Ausnahmeregelung zur *aktiven Vertretung*, genauer gesagt, zu deren Ausschluss. Für den Fall, dass sämtliche Mitglieder des zur Vertretung nach außen befugten Organs im Verdacht stehen, die Straftat begangen zu haben, ordnet die Vorschrift die zwingende gerichtliche Beigebung eines Verteidigers von Amts wegen – als Kollisionskurator – an. Dieser soll – so ausdrücklich: ‚auch‘, er ist also nicht nur Kollisionskurator, sondern zugleich Amtsverteidiger – die notwendigen Schritte zur Bewirkung der ordnungsgemäßen Vertretung durch Einschaltung der Aufsichtsorgane, Verbandseigentümer oder Mitglieder setzen. Hier geht es um die *Herstellung* einer Vertretung im Willen; auch der Verteidiger als Kollisionskurator wird also nicht personeller Repräsentant des Verbandes, sondern bleibt allein rechtlicher Beistand. Er hat lediglich den erweiterten Auftrag, die Absicherung der zukünftigen Prozesshandlungsfähigkeit des Verbandes zu gewährleisten. Die Bestellung endet mit dem Einschreiten eines Vertreters oder eines Wahlverteidigers.

Der Vorgang einer amtswegigen Herstellung notwendiger Verteidigung ist in Österreich zweigeteilt und umfasst die gerichtliche Beigebungsanordnung sowie deren Umsetzung mittels Bestellung eines Verteidigers durch

---

67 Die hier angeordnete Zustellung dieser zentralen Verfahrensakte an den belangten respektive beschuldigten Verband selbst ist lex specialis und „verbandsverantwortungs-verfahrensrechtliches" Äquivalent einer entsprechenden Regelung im Individualstrafverfahren, § 83 Abs 4 StPO.

die zuständige regionale Rechtsanwaltskammer.[68] Die Erfahrungen mit notwendiger Verteidigung und Verfahrenshilfe in Individualstrafverfahren zeigen, dass dieser Prozess zumeist mehrere Tage in Anspruch nimmt. Nicht explizit angeordnet ist, ob *bis* zu einer solchen tatsächlichen Bestellung eines Verteidigers als Kollisionskurators die in Interessenskollision befindlichen Organmandatare Prozesshandlungen für den Verband setzen können. Dem Telos der Regelung nach liegt ein solcher Ausschluss aber zumindest ab gerichtlicher Beigebungsanordnung, mit der der Konfliktfall festgestellt wird, bis zu einer expliziten Entscheidung des Verbandes nahe.

Nicht ausgeschlossen bleibt nach dem öVbVG, dass sich der Verband aktiv für die Vertretung durch einen zugleich individualbeschuldigten Vertreter entscheidet. Die potentiell drohenden Interessenskonflikte hat der österreichische Gesetzgeber dem Anschein nach hinter einer weitestmöglichen Anerkennung der Verbandsautonomie zurückgestellt.[69] Dies ist nicht unkritisch und wird in anderen Regelungen, wie in der Schweiz,[70] bzw. Entwürfen, etwa im deutschen VerSanG-E, wie erwähnt, anders entschieden.

III. Wissensvertretung im Strafverfahren: Beschuldigtenvernehmung des Verbandes

1. Personelle Verkörperung des Verbandes durch Zuweisung der Beschuldigtenrechte

Geht es um die Vertretung des Verbandes im Wissen, so bestimmt § 17 Abs. 1 erster Satz öVbVG: „Die Entscheidungsträger des Verbandes sowie jene Mitarbeiter, die im Verdacht stehen, die Straftat begangen zu haben, oder wegen der Straftat bereits verurteilt sind, sind als Beschuldigte zu laden und zu vernehmen." Die Regelung betrifft unmittelbar das Verfahren nach dem öVbVG. Mittelbar, nämlich über die gesetzliche Zuweisung[71] der Beschuldigtenrechte zum Verband auch im Individualstrafverfahren

---

68 Vgl. §§ 61 f. öStPO; ausführlich dazu *Soyer/Schumann*, WK-StPO (Fn. 37) § 61 Rn. 1 ff., § 62 Rn. 1 ff. Über § 14 Abs. 1 öVbVG kommt § 62 öStPO auch im Verbandsverantwortlichkeitsverfahren zur Anwendung.

69 Siehe dazu schon *E. Hoven/R. Wimmer/T. Schwarz/S. Schumann*, Der nordrheinwestfälische Entwurf eines Verbandsstrafgesetzes – Kritische Anmerkungen aus Wissenschaft und Praxis, Teil 2, NZWiSt 2014, S. 201 (203 f.).

70 § 112 Abs. 3 chStPO.

71 § 15 Abs. 1 zweiter Satz öVbVG.

wegen der Anknüpfungstat, gleich ob gemeinsam oder getrennt geführt, hat sie Bedeutung auch für dieses.[72]

a) Unvollständige Anknüpfung an der materiellen Konstituierung des Verbandsvorwurfs – das österreichische Mischmodell

aa) Gesetzesmaterialien – die Anknüpfungstat im Fokus

Funktional spricht vieles dafür, die Vorschrift als eine Regelung zur Vernehmung des Verbandes zu verstehen. Denn erstens findet sich diese Vorschrift im dritten Abschnitt des öVbVG, der mit „Verfahren gegen Verbände" betitelt ist. Zweitens ordnet § 17 Abs. 2 erster Satz öVbVG an, dem Entscheidungsträger oder Mitarbeiter müsse vor Beginn der Vernehmung mitgeteilt werden, „welche Straftat dem Verband zur Last gelegt wird." Drittens schließlich handelt es sich im Kern, aber nicht in letzter Konsequenz, dazu gleich mehr, um eine personelle Zuweisung der Beschuldigtenrechte, die an dem Verbandsverantwortlichkeitsvorwurf des § 3 öVbVG anknüpft.

In einer ersten Entwurfsfassung war zunächst vorgesehen, nur diejenigen Entscheidungsträger und Mitarbeiter als Beschuldigte zu vernehmen, die der Anknüpfungstat verdächtig oder wegen dieser bereits verurteilt sind.[73] Damit wäre aber weder der Verbandsverantwortlichkeitsvorwurf vollständig erfasst gewesen, noch der verbandsbezogenen Willenskomponente des nemo tenetur-Rechts Rechnung getragen worden.[74] Eine vollständige Erfassung des Verbandsverantwortlichkeitsvorwurfs hätte schon deshalb nicht bestanden, weil bei der im Falle einer Mitarbeiteranknüpfungstat erforderlichen Sorgfaltspflichtverletzung auf Entscheidungsträgerebene erst durch diese Sorgfaltspflichtverletzung der Vorwurf der Verantwortlichkeit des Verbandes hinreichend begründet wird. Eine solche Sorgfaltspflichtverletzung muss aber nicht zwingend selbst individualstrafrechtliche Verantwortlichkeit begründen können. Sie wäre dann mangels Individualbeschuldigung der Entscheidungsträger nicht durch ein Schweigerecht dieser Entscheidungsträger für den Verband erfasst gewesen. Deut-

---

72 Näher dazu unten B. IV.

73 § 16 Abs. 1 erster Satz VbVG-ME: „Entscheidungsträger und Mitarbeiter, die im Verdacht stehen, die Straftat begangen zu haben, oder wegen der Straftat bereits verurteilt sind, sind als Beschuldigte zu laden und zu vernehmen. Vgl. dazu Ministerialentwurf 177/ME GP. XXII, S. 30.

74 Dazu sogleich unter B.III.1.b.

lich wird dies etwa bei einer (für den Verbandsvorwurf nach § 3 Abs. 3 Z. 2 öVbVG hinreichenden) objektiven Fahrlässigkeit auf Entscheidungsträger-ebene, die eine Vorsatztat eines Mitarbeiters ermöglicht hat, bei der das Tathandeln aber nur bei Vorsatz strafbar ist, dem Entscheidungsträger also kein individualstrafrechtlicher Vorwurf zu machen ist. In solcher (nur bei-spielhaft angeführten) Konstellation wäre mit Blick auf den Sorgfaltswid-rigkeitsvorwurf das nemo tenetur-Recht des Verbandes nicht abgesichert.

bb) Entscheidungsträger in materiellrechtlicher, nicht organisationsrechtlicher Anknüpfung

Während der Entwurfsbegutachtung wurde die vorgeschlagene Regelung als zu eng kritisiert und in der Folge der Anwendungsbereich auf *alle* Ent-scheidungsträger sowie die der Anknüpfungstat verdächtigen oder wegen dieser bereits verurteilten Mitarbeiter erstreckt. Dies ließe sich einerseits als ein Gleichziehen der Beschuldigtenvernehmung mit der Struktur der An-knüpfungstat, und damit als Beseitigung der zuvor angesprochenen Lü-cken in der Parallelität zur materiellen Konstituierung der Verbandsver-antwortlichkeit verstehen. Vollständig gelungen ist dies indes nicht, dazu sogleich.

Der in der Regelung verwendete Begriff des Entscheidungsträgers ist ident mit jenem, der in der materiellrechtlichen Konstruktion der Ver-bandsverantwortlichkeit zugrunde gelegt wird und in § 2 Abs. 1 öVbVG le-galdefiniert ist. Er umfasst nicht nur die organisationsrechtlich zur Ge-schäftsführung bzw. zur Außenvertretung des Verbandes befugten Perso-nen. Insbesondere mit der Einbeziehung derjenigen Personen, die ohne formale Geschäftsführungs-, Vertretungs- oder Kontrollbefugnis „sonst maßgeblichen Einfluss auf die Geschäftsführung des Verbandes" ausüben, macht das Gesetz deutlich, dass es über die Organmandatare des Verban-des hinausgeht, die im vorhergehenden, die Willensrepräsentanz des Ver-bandes im Verfahren betreffenden Abschnitt dieses Beitrags im Fokus der Überlegungen standen.

b) Einbeziehung aller Entscheidungsträger – (dennoch) eine Anknüpfung (auch oder ausschließlich) an der Verbandsrepräsentanz

aa) Österreichisches Mischmodell und Frage des Anknüpfungszeitpunkts

Andererseits aber könnte die Zuweisung der Beschuldigtenrechte an alle Entscheidungsträger, die jedenfalls *auch* die organschaftlichen Vertreter des Verbandes vollständig einbezieht,[75] zugleich als Anerkennung einer Willenskomponente des Agierens in der Beschuldigtenvernehmung des Verbandes zu verstehen sein. Dabei fällt auf, dass beide Anknüpfungsebenen, also die Konstruktion der Verbandsverantwortlichkeit einerseits, die Verbandsrepräsentation im Willen andererseits, unterschiedliche zeitliche Bezugspunkte haben: den Tatzeitpunkt für die Anknüpfungstat, den Vernehmungszeitpunkt für die Verbandsrepräsentanz durch die Entscheidungsträger. Ohne dies bislang näher zu diskutieren, scheint die einhellige Meinung in Österreich in Anknüpfung an die Rolle der Entscheidungsträger als Verbandsrepräsentanten jedenfalls für diese vom Vernehmungszeitpunkt auszugehen.[76]

bb) Eindeutige Anknüpfung an die Willensrepräsentanz des Unternehmens, und nur begrenzt mittelbarer Schutz vor belastendem Wissen der Anknüpfungshandelnden – das Schweizer Modell

Eindeutig in solchem Sinne hat der Schweizer Gesetzgeber entschieden, der zwar die aktuelle Unternehmensvertretung auf eine Person als Repräsentanten beschränkt,[77] der aber zugleich geregelt hat, dass als „Auskunftsperson" mit dem Beschuldigten insoweit entsprechenden Rechten[78] einzuvernehmen ist, wer „in einem gegen ein Unternehmen gerichteten Strafverfahren als Vertreterin oder Vertreter des Unternehmens bezeichnet worden ist oder bezeichnet werden könnte, sowie ihre oder seine Mitarbeiterinnen und Mitarbeiter."[79] Die (zumindest potentiell) vertretungsberechtigten Entscheidungsträger sind also nicht zur Selbstbelastung des Unternehmens gezwungen.

---

75 Siehe § 2 Abs. 1 Z. 1 öVbVG.
76 *Steininger*, VbVG. Kommentar (Fn. 23), § 17 Rn. 5; *Öner*, Anwendung (Fn. 3), S. 505 ff.
77 Siehe oben B.II.2.b.cc.
78 §§ 180 f. chStPO.
79 § 178 lit. g chStPO.

Der Schweizer Gesetzgeber hat sich insoweit klar an der Willensrepräsentanz des Unternehmens statt der Wissenszurechnung zum Verband orientiert. Zwar haben auch *Mitarbeiter* des Unternehmens, die in einem gemeinsam oder getrennt geführten Verfahren selbst wegen der Anknüpfungstat beschuldigt sind, die Stellung als Auskunftsperson mit Aussageverweigerungsrecht. Anders als im österreichischen Recht geht diese Stellung jedoch mit der eigenen Beschuldigtenstellung des Mitarbeiters unter. Es verbleibt im Übrigen nur das allgemeine Zeugnisverweigerungsrecht wegen Selbstbelastungsgefahr.[80] Damit aber wird deutlich, dass anders als im österreichischen Recht hier nicht der Gefahr zwangsweiser Selbstbelastung des Unternehmens aufgrund des Näheverhältnisses des Individualtäters zum Unternehmen vorgekehrt, sondern lediglich der persönliche Schutz der betroffenen Mitarbeiter gewährleistet werden soll.

Im Lichte des grundsätzlichen exklusiven Modells der Verbandshaftung des schweizerischen Rechts[81] liegt die Anknüpfung lediglich an aktuelle und potentielle Verbandsrepräsentanten (und deren Mitarbeiter) nahe. Schließlich geht dieses Modell gerade davon aus, dass eine individuelle Verantwortlichkeit nicht nachzuweisen ist. Ungeachtet dessen stellt sich hier, wie im österreichischen Recht,[82] die Frage nach Zwang zur Selbst(?)belastung des Unternehmens etwa durch frühere, aber zwischenzeitlich ausgeschiedene Entscheidungsträger, die an mangelhafter Organisation des Unternehmens teilhatten, ohne selbst individualstrafrechtlich belangt werden zu können. Anderes gilt natürlich, wenn diese Personen im Verfahrenszeitpunkt noch potentielle Repräsentanten des Unternehmens sind.

c) Reichweite des komplementären Schutzes der Täter der Anknüpfungstat im österreichischen Recht

Die im österreichischen Verbandsverantwortlichkeitsverfahren als Beschuldigte zu vernehmende Person ist neben der Belehrung über den Verbandsvorwurf[83] „auch darauf aufmerksam zu machen, dass [ihre] Aussage [ihrer] Verteidigung und jener des belangten Verbandes dienen, aber auch als Beweis gegen [sie] und gegen den Verband Verwendung finden könne." Bei

---

80 § 169 Abs. 1 lit. c chStPO.
81 § 102 Abs. 1 chStGB.
82 Siehe zuvor B.III.1.b.aa.
83 Siehe oben B.III.1.a.

näherer Betrachtung handelt es sich nur um die Ergänzung der im Interesse des repräsentierten Verbandes zwingenden Belehrung um jene, die die Person selbst darüber informieren soll, dass sie auch sich selbst nicht belasten muss (nemo tenetur se ipsum accusare).

2. Zum „Wie" der Beschuldigtenvernehmung des Verbandes

Mehrere Fragestellungen drängen sich zum „Wie" der Beschuldigtenvernehmung auf, die hier nur angerissen werden können: Ob ein oder mehrere Organmandatare für den Verband zu vernehmen sind, im letzteren Fall, ob getrennt oder zwingend gemeinsam, bleibt durch den Gesetzeswortlaut der österreichischen Regelung ungeklärt.

Abhängig ist dies zunächst von der rechtlichen Einordnung der Vernehmung und der dort abgegebenen Erklärungen. Der Inhalt einer möglichen Aussage ist vordergründig eine Wissenserklärung. Ob gesellschaftsrechtliche Vertretungsregelungen auf Wissenserklärungen anzuwenden sind, ist strittig.[84] Die Vernehmung beinhaltet aber auch, wie bereits angesprochen, Willensentscheidungen für den Verband – nämlich zuallererst die Entscheidung über das Schweigerecht. Daher wird zur parallelen Problematik im deutschen Recht gefordert, dem Verband müsse zunächst die Gelegenheit gegeben werden, eine Willensbildung im Hinblick auf das Aussagebeziehungsweise Mitwirkungsverhalten zu vollziehen.[85] Im Hinblick auf die weiteren Konsequenzen besteht keine Einigkeit. Bei organisationsrechtlicher Gesamtvertretung wird jedenfalls für das Ermittlungsverfahren gefordert, der Verband sollte grundsätzlich (also im Regelfall, jedoch nicht zwingend immer) durch gemeinschaftliche Vernehmung seiner Organmandatare vernommen werden.[86] Je nach Sachlage erscheint dies nur schwer praktikabel. Andere gehen wohl vom Regelfall getrennter oder

---

84 Ob die Bestimmung auf Wissenserklärungen anwendbar ist, ist fraglich; dafür: OGH SZ 71/140, ecolex 2002, S. 436, kritisch: *H. G. Koppensteiner/F. Rüffler*, GmbHG, 3. Aufl., Wien 2007, § 18 Rz 3.

85 *N. Queck*, Die Geltung des nemo-tenetur-Grundsatzes, Berlin 2005, S. 241 f.; *F. Osterloh*, Strafrechtsdogmatische und strafprozessuale Probleme bei der Einführung und Umsetzung einer Verbandsstrafbarkeit. Untersuchung des Entwurfs eines Gesetzes zur Einführung der strafrechtlichen Verantwortlichkeit von Unternehmen und sonstigen Verbänden, Frankfurt a.M. 2016, S. 225.

86 *Osterloh*, Verbandsstrafbarkeit (Fn. 85) S. 229.

auch nur der Vernehmung Einzelner[87] aus dem Kreis der in § 17 Abs. 1 öVbVG Genannten aus.[88]

Ohnedies sind im gemeinsam gegen den Verband und gegen den/die Individualbeschuldigten geführten Verfahren letztere selbst anzuhören. Ihnen kommt damit, wenn sie Entscheidungsträger sind, unter Umständen auch bei der Beschuldigtenvernehmung eine verfahrensrechtliche Doppelrolle zu, die vielfältige Implikationen für den rechtlichen Rahmen ihrer Vernehmung im Einzelnen mit sich bringt, auch dazu sogleich mehr.

IV. Sonderfall der Verbandsrepräsentanz durch den Verteidiger – Der Verteidiger als rechtlicher Beistand und Machthaber

Das Verfahrensrecht des öVbVG ermöglicht es dem Verband, seinem Verteidiger eine Doppelrolle nicht nur als rechtlicher Beistand, sondern auch als personeller Repräsentant zuzuweisen.

1. Der Verbandsverteidiger als Machthaber im öVbVG-Verfahren

Im Konnex zur Regelung der Beschuldigtenvernehmung verweist das öVbVG nämlich auf die Anwendbarkeit der im allgemeinen Strafverfahrensrecht vorgesehenen Möglichkeit, nach der sich der Angeklagte,[89] wenn er nicht persönlich erscheinen will, bei der Hauptverhandlung durch einen Verteidiger als Machthaber vertreten lassen kann. Dem Verteidiger kommt dann die Stellung des Angeklagten zu.[90] Während allerdings die Anwendbarkeit der Regelung im Individualstrafverfahrensrecht auf das bezirksgerichtliche Hauptverfahren beschränkt ist, gilt sie über die generelle Inbezugnahme durch das öVbVG in allen Verbandsverantwortlichkeitsverfahren, also nicht nur im bezirksgerichtlichen Hauptverfahren.[91] Zwingend ist die Nutzung der Möglichkeit selbstverständlich nicht, sie stärkt allerdings die Fähigkeit des belangten Verbandes, mit einer Stimme zu sprechen. Bedenkt man, dass die in Bezug nehmende Regelung des öVbVG für

---

87 A.A. *Hinterhofer/Oshidari*, Strafverfahren (Fn. 15), S. 192 (Kap. 6 Rn. 5).
88 Dies implizit wohl zugrunde legend *Öner*, Anwendung (Fn. 3), S. 505 ff., für das österreichische Verbandsverantwortlichkeitsverfahren.
89 Soweit er nicht verhaftet ist, § 455 Abs. 2 erster Satz öStPO.
90 § 455 Abs. 3 öStPO.
91 Vgl. *M. Hilf/F. Zeder*, in: F. Höpfel/E. Ratz (Hrsg.), Wiener Kommentar zum Strafgesetzbuch, 2. Aufl., Wien, § 17 VbVG Rn. 6.

das gesamte Verfahren einschließlich des Ermittlungsverfahrens gilt, so spricht einiges dafür, den Rückgriff auf das Instrument der Machthaberschaft auch im Ermittlungsverfahren zu ermöglichen.[92] Methodisch setzt dies eine teleologische Reduktion des Wortlauts der in Bezug genommenen Vorschrift des allgemeinen Strafverfahrensrechts voraus, weil diese ihrem Wortlaut nach („bei der Verhandlung") auf das Hauptverfahren ausgerichtet ist.

Abb. 3: Verteidiger als Rechtsbeistand und personeller Repräsentant des Verbandes. © Schumann, Vortrag, 15.11.2019. 5. Unternehmensstrafrechtliche Tage, Zürich.

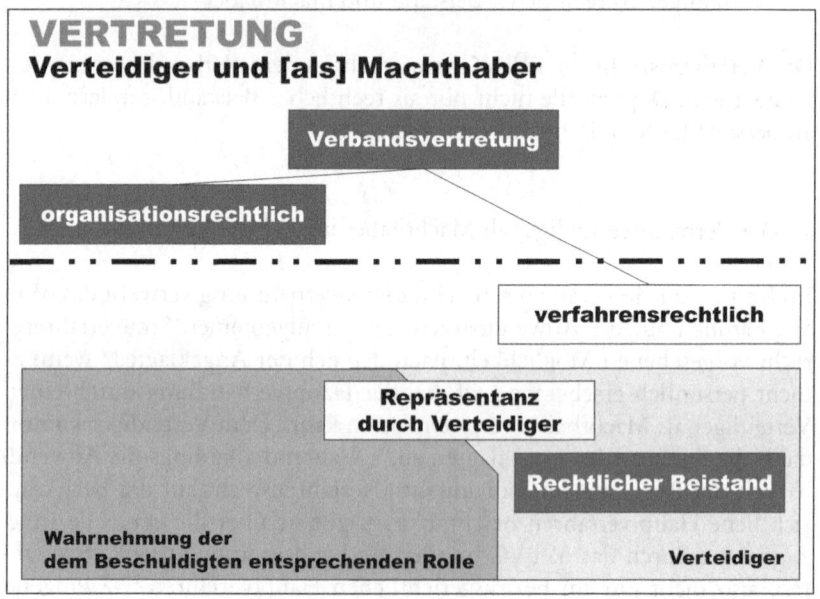

Im Übrigen hält das allgemeine Strafverfahrensrecht ein Mittel bereit, das dem belangten Verband beim Streben nach eindeutiger Positionierung im Ermittlungsverfahren auch jenseits der Vertretung durch einen Machthaber zur Verfügung steht. Nach einer Entscheidung des OLG Wien aus dem

---

92 Dafür, allerdings ohne nähere Begründung, *Öner*, Anwendung (Fn. 3), S. 501 (507). Wohl auch in diesem Sinne, *E.-E. Fabrizy*, Strafgesetzbuch und ausgewählte Nebengesetze. Kurzkommentar, 13. Aufl., Wien 2018, § 17 VbVG Rn. 2 („immer anwendbar").

Jahre 2017 hat der Beschuldigte nämlich aus Gründen der Waffengleichheit und des rechtlichen Gehörs das Recht (auch über seinen Verteidiger), schriftliche Stellungnahmen nicht nur ergänzend zu einer Beschuldigtenvernehmung, sondern unabhängig von dieser – mithin auch an deren Stelle – abzugeben.[93] Der Vertretung des Verbandes mit einer Stimme ist dies sicher zweckdienlich.

Nicht nur im Detail sind zum Verständnis der Regelung dieser Machthaberschaft bislang noch viele Fragen offen oder noch gar nicht aufgeworfen worden. Teils wird scheinbar ganz selbstverständlich vertreten, es seien die natürlichen Personen, die im Verfahren gegen den Verband iSd § 17 Abs 1 VbVG als Beschuldigte vernommen werden, die sich durch einen Machthaber vertreten lassen können.[94] Geht man mit der hier vertretenen Auffassung zur funktionellen Einordnung des § 17 VbVG als einer Regelung der Vernehmung des Verbandes aus, ließe sich aber fragen, ob nicht dem Verband diese Entscheidung obliegt, er also *seinen* Verteidiger als Machthaber anstelle *aller* in § 17 Abs. 1 erster Satz öVbVG angesprochenen Personen – der Entscheidungsträger und der der Individualtat verdächtigen oder wegen dieser verurteilten Mitarbeiter – benennen kann. Fragen der Verknüpfung von Verbandserklärungen im Verfahren und interner Willensbildung des Verbandes würden so jedenfalls noch klarer in die Risikosphäre der Verteidigung verlagert.

2. Abgrenzungen zum und Rückkopplungen im (wegen der Anknüpfungstat geführten) Individualstrafverfahren

Zugleich ergeben sich mit der erweiternden Inbezugnahme der Machthaberschaftsregelung für den Verband Rückkopplungen zum Individualstrafverfahren wegen der Anknüpfungstat. Würde man die Möglichkeit der Vertretung funktionell entgegen der hier vertretenen Auffassung der einzelnen natürlichen Person zuweisen, so müsste man sich konsequenterweise fragen lassen, ob dies dann auch für die Vernehmung derjenigen Personen gelten solle, die in einem gemeinsam mit dem Verbandsstrafverfahren geführten Individualstrafverfahren als Beschuldigte zu vernehmen sind. Dann aber würde so im Umweg über das VbVG der Anwendungsbereich

---

93 OLG Wien, 21 Bs58/17h, berichtet von *N. Wess/V. McAllister*, Zur Zulässigkeit der Abgabe von schriftlichen Stellungnahmen durch den Beschuldigten im Ermittlungsverfahren, ZWF 2017, S. 150.
94 *Öner*, Anwendung (Fn. 3), S. 507.

der Machthaberschaft über das bezirksgerichtliche Hauptverfahren hinaus auf alle gerichtlichen Foren ausgedehnt. Es darf bezweifelt werden, dass der Gesetzgeber einen solchen Eingriff in das Individualstrafverfahrensrecht intendiert hat. Soweit die Personen, die in § 17 Abs. 1 öVbVG als (teils Wissens-, teils Willens-)Repräsentanten des Verbandes zu vernehmen sind, zugleich Individualbeschuldigte der Anknüpfungstat sind, gelten für sie im Rahmen dieses Verfahrens die dortigen Regeln; eine persönliche Machthabervertretung des Individualbeschuldigten ist für diese im Rahmen der Individualvernehmung auf das bezirksgerichtliche Hauptverfahren beschränkt.

Im Rahmen der hier vertretenen Zuweisung der Entscheidungsbefugnis über die Machthabervertretung an den Verband ist hingegen klar, dass diese nicht für die Vernehmung der zugleich Individualbeschuldigten in dem (im Regelfall gemeinsam mit dem Verbandsverantwortlichkeitsverfahren geführten) Individualstrafverfahren gilt. Entscheidet sich aber der Verband für die Machthabervertretung und werden Individualbeschuldigte in dieser ihrer eigenen Rolle vernommen, so agieren sie gerade nicht als Verbandsrepräsentanten. Vielfältige Kohärenz- wie Konfliktkonstellationen auf Seiten der Beschuldigten einschließlich des belangten Verbandes sind vorstellbar. Soweit ein Interessengleichklang besteht, können die Individualbeschuldigten gleich dem Verbandsverteidiger aussagen. Sie können aber auch schlicht von ihrem Aussageverweigerungsrecht Gebrauch machen oder, im Konfliktfall, im eigenen Interesse und entgegen den Verbandsinteressen aussagen.

Vielfältige weitere Fragen stellen sich, denen an anderer Stelle nachgegangen werden soll.[95] Nicht zuletzt ist streitig, ob trotz Machthaberrepräsentation ein persönliches Erscheinen im Verbandsverantwortlichkeitsverfahren angeordnet werden kann[96] oder nicht.[97]

V. (K)ein Sonderfall? – Verbandsvertretung im getrennt geführten Individualstrafverfahren

Gerade auch bei ausnahmsweise getrennt geführten Verfahren ist an Verbandsvertretung zu denken. Dem Verband kommen nach österreichischer

---

95 Eine Monographie zum Thema ist in Vorbereitung.
96 In diesem Sinne EBRV (Fn. 61), S. 34, sowie unter Verweis auf diese *Hilf/Zeder*, WK StGB (Fn. 91), § 17 VbVG Rn. 6.
97 *Fabrizy*, StGB (Fn. 92), § 17 VbVG Rn. 2; *Steininger*, VbVG. Kommentar (Fn. 23), § 17 Rn. 17.

Rechtslage[98] auch in einem getrennt geführten Individualstrafverfahren, das wegen einer Anknüpfungstat geführt wird, die Rechte eines Beschuldigten zu (ohne dies formal im konkreten Verfahren zu sein). Ist er also zu diesem Zeitpunkt bereits beschuldigt, so muss er zwingend bereits hier seine Verteidigung aktiv im Verfahren betreiben, etwa durch Stellung sachdienlicher Beweisanträge und Ergreifung möglicher Rechtsbehelfe und -mittel. „Konnte der belangte Verband im Verfahren gegen den Beschuldigten zu den Vorwürfen, für die er verantwortlich erklärt werden könnte, Stellung nehmen und konnte er den Schuldspruch seines Entscheidungsträgers auf gleiche Weise wie dieser bekämpfen, erstreckt sich die Bindungswirkung auch auf ihn", so formuliert das Evidenzbüro des öOGH in einem Rechtssatz auf Basis eines entsprechenden Judikats zum öVbVG.[99] Die Feststellung der Individualstraftat kann dann im Verbandsverantwortlichkeitsverfahren nicht mehr bekämpft werden. Damit kommt – die Beschuldigung und damit verbundene Möglichkeit des Verbandes schon zum Zeitpunkt des Individualstrafverfahrens vorausgesetzt[100] – die Bindungswirkung des getrennt geführten Individualstrafverfahrens für den belangten Verband jener von gemeinsam geführten Verfahren gleich. Auch in diesen ist zunächst das Urteil über den Tatvorwurf gegen den Individualbeschuldigten zu sprechen, bevor das Urteil über den Verband gefällt werden kann.[101]

Verbandsvertretung muss also schon im getrennt geführten Individualstrafverfahren ansetzen und wirft weitere Fragen auf.

Jedenfalls aber ist damit klar, dass die Verbandsvertretung auch im getrennt geführten Individualstrafverfahren nach österreichischem Recht weder ein Sonderfall ist, noch aus Sicht des Verbandes ein Sonderfall sein darf.

---

98 Siehe § 15 Abs. 1 zweiter Satz öVbVG, der dies unabhängig von gemeinsamer oder getrennter Verfahrensführung anordnet.

99 RIS Justiz RS 0112232 (Beisatz), beruhend auf öOGH 13 OS 64/17m: „Da dem belangten Verband im Verfahren gegen Hans S***** die Rechte des Beschuldigten zukamen (§ 15 Abs 1 zweiter Satz VbVG), ihm daher bereits bei dieser Gelegenheit die Möglichkeit offenstand, zu den Vorwürfen, für die er verantwortlich erklärt werden könnte, Stellung zu nehmen und er den Schuldspruch seines Entscheidungsträgers auf gleiche Weise wie dieser bekämpfen konnte, erstreckt sich die Bindungswirkung auch auf ihn."

100 § 13 Abs. 1 erster Satz i.V.m. § 15 Abs. 1 zweiter Satz öVbVG.

101 § 22 öVbVG.

C. Verband – Verfahren – Vertretung: Schlussbemerkung

1. Warum, so könnte man nach all dem Gesagten und mit Blick auf die einleitenden Feststellungen fragen, sind so viele Fragen der Verbandsvertretung im Verfahren noch nicht aufgearbeitet? Aus praktischer Sicht wohl primär deshalb, weil etwa 85% der gegen einen Verband eingeleiteten Verfahren, auch aufgrund der Struktur und Zielsetzung des VbVG – ausgerichtet stärker auf Prävention, auf Verbesserung der Verbandscompliance –, nicht das Stadium der Hauptverhandlung erreichen.[102] Nicht zuletzt kommen hier die vielfältigen Einstellungsmöglichkeiten auch im Gegenzug zu verstärkten Compliancemaßnahmen zum Tragen.[103]

2. Die personelle Repräsentanz des Verbands als Beschuldigten stellt das Strafverfahrensrecht vor neue Herausforderungen. Dies gilt für den Umgang mit und die Anerkennung von organisationsrechtlichen Vertretungsregeln im Strafverfahrensrecht ebenso wie für die Wechselwirkungen zwischen der Verbandsvertretung und der Rolle des Verbandes, seiner Repräsentanten und der Individualbeschuldigten im Verbandsverantwortlichkeits- und im Individualstrafverfahren.

3. Auch für den anwaltlichen Beistand des Verbandes ergeben sich erhöhte Sorgfaltsanforderungen mit Blick auf Abstimmungserfordernisse interner Beschlussfassung und Außenvertretung des Verbandes. Dies gilt umso mehr bei einer Wahrnehmung von Machthaberschaft des Verbandsverteidigers in Doppelrolle als rechtlicher Beistand und personeller Repräsentant des Verbandes.

---

102 Ausführlich dazu *Soyer/Schumann*, Erfahrungen (Fn. 3), S. 301 ff. m.w.N.
103 Siehe dazu auch *S. Schumann/R. Soyer*, The role of corporate criminal compliance for the protection of public financial interests, in: A. Farkas/G. Dannecker/J. Jacsó (Hrsg.), Criminal Law Aspects of the Protection of the Financial Interests of the European Union – with particular emphasis on the national legislation on tax fraud, corruption, money laundering and criminal compliance with reference to cybercrime, Budapest, 2019, S. 401 ff.

Die Europäische Union als Motor zur Verbesserung des Whistleblower-Schutzes

Thomas Schröder

Inhalt

A. Einleitung

Wie bewertet die Rechtsordnung das Verhalten von Personen, die in ihrer Organisation oder aus ihr heraus über (angeblich) rechtswidrige oder sonst fragwürdige Handlungen informieren? In diese seit etwa 25 Jahren auch in Deutschland intensiv geführte (rechts-)politische Diskussion ist seit dem Jahr 2016 erhebliche Bewegung gekommen, dank zweier Gesetzgebungsakte der Europäischen Union. Während die Richtlinie zum Schutz von Geschäftsgeheimnissen[1] eine unionsweite Mindestharmonisierung des Schutzes von Geschäftsgeheimnissen – und als Teilaspekt die Typisierung sachgerechter Ausnahmen hiervon – bezweckt, steht die rechtliche Position des Hinweisgebers im Mittelpunkt der drei Jahre später verabschiedeten Whistleblowing-Richtlinie[2]. Während die Geschäftsgeheimnisschutz-Richtlinie in Deutschland – wenn auch verspätet – durch das Geschäftsgeheimnisschutzgesetz[3] umgesetzt wurde, besteht hierfür hinsichtlich der Whistleblowing-Richtlinie noch bis zum 17. Dezember 2021 Zeit. Ein Gesetzentwurf liegt noch nicht vor.

Von den umfangreichen Regulierungsfragen, welche die europäischen Vorgaben aufwerfen, soll in diesem Beitrag ein wesentliches strafrechtliches Problem des Whistleblowings herausgegriffen werden: In welchem Umfang und auf welche Weise bedroht das Strafrecht de lege lata Hinweisgeber für ihre Offenbarungen von Geschäftsgeheimnissen mit Sanktionen und welche der denkbaren Lösungen bei der anstehenden Umsetzung der Whistleblowing-Richtlinie könnte die angemessenste sein? Für eine Stellungnahme zur zukünftigen Ausgestaltung der strafrechtlichen Freiheitsverteilung für Whistleblowing sollen für eine Einordnung des Phänomens zunächst die Interessen und Rechtspositionen der involvierten Personengruppen sowie die sich hieraus ergebenden Regulierungspräferenzen dargelegt werden (B.). Anschließend soll zunächst knapp auf die statische deutsche Rechtslage bis zum Jahr 2016 eingegangen werden (C.), um sodann die bisherige Europäisierung des Hinweisgeberschutzes bei einer

---

1 Richtlinie (EU) 2016/943 des Europäischen Parlaments und des Rates vom 8. Juni 2016 über den Schutz vertraulichen Know-hows und vertraulicher Geschäftsinformationen (Geschäftsgeheimnisse) vor rechtswidrigem Erwerb sowie rechtswidriger Nutzung und Offenlegung (Abl. L 157/1).

2 Richtlinie (EU) 2019/1937 des Europäischen Parlaments und des Rates vom 23. Oktober 2019 zum Schutz von Personen, die Verstöße gegen das Unionsrecht melden (ABl. L 305/17), in Kraft getreten am 16.12.2019.

3 Gesetz zum Schutz von Geschäftsgeheimnissen (GeschGehG) vom 18. April 2019 (BGBl. I S. 466), in Kraft getreten am 26.04.2019.

Verletzung von Geschäftsgeheimnissen zu diskutieren (D.). Hiervon ausgehend werden zum Abschluss in Thesenform die Perspektiven des Gesetzgebers erörtert, wie sich die Umsetzung der Whistleblowing-Richtlinie auf die materiell-strafrechtliche Exposition des Hinweisgebers bei der Verletzung von Geschäftsgeheimnissen zukünftig auswirken sollte (dazu E.).

B. *Kollisionslagen bei Whistleblowing*

Mehrere Faktoren könnten dazu beigetragen haben, dass die Diskussion darüber, wie Recht und Gesellschaft das Whistleblowing und die Hinweisgeber angemessen würdigen sollten, in diesem Jahrhundert stark zugenommen hat, mit der Folge, dass die Konfliktlinien deutlicher zu Tage treten. Vor allem haben seit ca. 50 Jahren berühmte Fälle des Whistleblowing nicht nur immer neue gravierende Missstände in staatlichen und privaten Institutionen und Verbänden aufgedeckt, sondern in der Folge die Aufmerksamkeit auch darauf gelenkt, wie die Rolle derjenigen zu bewerten ist, die für die Aufdeckung der Interna verantwortlich sind. Diese unter tatsächlicher oder vermeintlicher Verletzung von Vertraulichkeitspflichten zustande gekommenen Offenlegungen wurden ihrerseits begünstigt durch eine großzügig bemessene Pressefreiheit in den jeweiligen Ordnungsrahmen, die – auch legislatorisch geförderte – zunehmende Anspruchshaltung der Öffentlichkeit im Hinblick darauf, Einblicke in Entscheidungsprozesse staatlicher Stellen zu erhalten, zivilgesellschaftliche Transparenz-Initiativen sowie, in jüngster Zeit, die zunehmend leichtere Möglichkeit, große Mengen an Daten zu transportieren und sie z. B. auf Online-Plattformen für jedermann bereitzustellen oder an Finanzbehörden zu veräußern.

Zwar soll dieser Beitrag im Wesentlichen die jüngsten Entwicklungen des Hinweisgeberrechts im Hinblick auf Geschäftsgeheimnisse erörtern, doch kann anhand der nachstehend skizzierten historischen Beispiele in Erinnerung gebracht werden, in welche Vielfalt an Konstellationen historischer Fälle des Whistleblowing auch die die Offenbarung von Geschäftsgeheimnissen eingebettet ist. Ohnehin kann der öffentliche Sektor angesichts der Reichweite der Whistleblowing-Richtlinie, die beide Sektoren umfasst, nicht gänzlich außer Betracht gelassen werden.

I. Berühmte Whistleblower – eine Auswahl

Aus allen Bereichen des gesellschaftlichen Lebens, in denen Organisationen auf die Verschwiegenheit ihrer Mitglieder vertrauen, sind auf spektakuläre Weise Informationen an die Öffentlichkeit gelangt. Von den zahlreichen bekannt gewordenen Fällen seien einige musterhafte Beispiele in anti-chronologischer Reihenfolge herausgegriffen:

- Ende des Jahres 2019 informierte der im chinesischen Wuhan tätige Klinikarzt Li Wenliang über einen Instant-Messaging-Dienst einige seiner Kollegen, dass Patienten von einem neuartigen Coronavirus betroffen seien und riet seinen Kollegen zu Vorsichtsmaßnahmen. Nachdem sich diese Kommunikation auch außerhalb des ursprünglichen Verteilerkreises weit verbreitet hatte, wurde Li von den lokalen Behörden gemaßregelt und musste sich dazu verpflichten, keine weiteren „Fehlinformationen" zu verbreiten. Am 7. Februar 2020 erlag Li den Folgen der Viruserkrankung COVID-19. Im März 2020 kam eine chinesische Untersuchungskommission zu dem Ergebnis, dass Li kein Fehlverhalten vorzuwerfen sei.[4]

- Im Sommer und Herbst des Jahres 2019 nutzten US-amerikanische Geheimdienstmitarbeiter die offiziellen Meldewege des „Intelligence Community Whistleblower Protection Act", um auf ein Telefonat hinzuweisen, in dem der Präsident der Vereinigten Staaten Donald Trump die bereits von der Legislative freigegebenen Hilfszahlungen an die Ukraine gegenüber deren Präsidenten davon abhängig gemacht haben soll, dass die Ukraine offiziell bestätigt, strafrechtliche Korruptionsermittlungen gegen den Sohn eines politischen Kontrahenten des Präsidenten zu führen. Die Vorwürfe zogen ein Amtsenthebungsverfahren gegen Donald Trump nach sich.[5]

- Der im vom Bundesverkehrsministerium mit der Eintreibung der Lkw-Maut beauftragten Unternehmen Toll Collect in der Buchhaltung tätige Dipl.-Kfm. Joachim Wedler hat Führungskräfte des Unternehmens im Verdacht, gegenüber dem Bund Abrechnungsbetrug begangen zu haben. Bald nach seinen internen Hinweisen wird ihm im Jahr 2012 fristlos gekündigt. Vier Jahre später veranlasst Joachim Wedler

---

4 The Guardian Online vom 30.03.2020, abrufbar unter https://www.theguardian.co m/world/2020/mar/20/chinese-inquiry-exonerates-coronavirus-whistleblower-docto r-li-wenliang (diese und alle nachfolgenden URL zuletzt abgerufen am 03.04.2020).
5 BBC Online vom 05.02.2020, abrufbar unter https://www.bbc.com/news/world-us-canada-49800181.

eine Strafanzeige bei der Staatsanwaltschaft Berlin wegen Betrugs, die das Ermittlungsverfahren im Jahr 2018 – nach Intervention des vermeintlich geschädigten Bundesverkehrsministeriums zugunsten der Beschuldigten – mangels hinreichender Beweisbarkeit der Tatvorwürfe einstellt. Im Anschluss gibt Wedler die ihm verfügbaren Unterlagen an die Presse weiter, die breit über den Fall berichtet.[6]

- Der ehemalige CIA-Mitarbeiter Edward Snowden hatte als IT-Spezialist Zugriff auf streng geheime Unterlagen des größten US-amerikanischen Auslandsgeheimdienstes „National Security Agency" (NSA). Im Juni 2013 veröffentlichten verschiedene Zeitungen einen Teil der Informationen und Dokumente, die Snowden bei der NSA kopiert und entgegen der Geheimhaltungsregeln an die Presse weitergegeben hatte. Auf diese Weise erfuhr die Öffentlichkeit über die Praktiken der NSA zur Überwachung der weltweiten Internetkommunikation sowie zur Ausspähung auch der den USA freundlich gesonnenen Regierungen. Gegen Snowden, der seit dem Jahr 2013 Asyl in Russland erhält, ermitteln US-amerikanische Strafverfolgungsbehörden wegen Diebstahls von Regierungseigentum, Geheimnisverrats und Spionage.[7]

- Als Renato Dardozzi, Kanzler der Päpstlichen Akademie der Wissenschaften, damit beauftragt war, mögliche Verbindungen der Vatikanbank IOR zur italienischen Mafia zu untersuchen, schaffte er zahlreiche Dokumente hierzu außer Landes und bestimmte, dass sie nach seinem Tod (er starb im Jahr 2003) veröffentlicht werden sollten. Auf Grundlage dieser Unterlagen publizierte der Journalist Gianluigi Nuzzi im Jahr 2009 das Buch „Vaticano S.p.A.", in dem der Vatikanbank verschiedene Geldwäsche- und sonstige Verdunkelungspraktiken vorgeworfen werden.[8]

- Die vom australischen Programmierer und politischen Aktivisten Julian Assange im Jahr 2006 eingerichtete Online-Enthüllungsplattform „WikiLeaks" veröffentlichte ab dem Jahr 2010 umfangreiche Informationen zu militärischen Kampagnen der USA im Irak und in Afghanistan – unter anderem zu Kampfhubschrauberangriffen auf Bagdad im

---

6 *J. Edelhoff/G. Hamann/K. Polke-Majewski/F.Rohrbeck/C. Salewski*, Ein Kartell gegen die Steuerzahler, ZEIT Online vom 08./12.08.2018, abrufbar unter https://www.zeit.de/2018/33/toll-collect-lkw-maut-staat/komplettansicht.

7 *L. Harding*, Edward Snowden. Geschichte einer Weltaffäre, London/Berlin 2014, passim.

8 Übersetzungen in deutscher Sprache erschienen in den Jahren 2010 (Salzburg) und 2011 (München) unter dem Titel „Vatikan AG. Ein Geheimarchiv enthüllt die Wahrheit über die Finanz- und Politskandale der Kirche."

Juli 2007. Diese Datensätze hatte die in den US-amerikanischen Streitkräften tätige Geheimdienstanalystin Chelsea Manning WikiLeaks unter Verletzung der Geheimhaltungsvorschriften zur Verfügung gestellt. Manning wurde u. a. wegen Diebstahls und Spionage zu 35 Jahren Freiheitsstrafe verurteilt, US-Präsident Barack Obama beschränkte diese Sanktion im Begnadigungswege auf knapp sieben Jahre Freiheitsstrafe.[9] Assange erhielt über sieben Jahre hinweg Asyl in der ecuadorianischen Botschaft in London und verbüßt seit Entzug dieses Asylrechts wegen der Verletzung von Kautionsauflagen seit Mai 2019 eine knapp einjährige Freiheitsstrafe in Großbritannien; zudem haben die USA seine Auslieferung wegen Spionagevorwürfen beantragt.[10]

- Der Lkw-Fahrer Miroslaw Strecker erstattete im Jahr 2007 Strafanzeige, nachdem er beobachtet hatte, wie in der bayerischen „Wertfleisch GmbH" von ihm angelieferte und für den menschlichen Verzehr nicht mehr geeignete Schlachtabfälle mittels Umetikettierung zu Lebensmitteln deklariert wurden. Insgesamt wurden auf diese Weise ca. 150 Tonnen Fleischabfälle als Döner Kebab wieder in den Handel gebracht. Das Landgericht Augsburg verurteilte den Geschäftsführer der Fleischwarenfabrik wegen Betruges sowie wegen Verstößen gegen das Lebensmittelrecht zu einer Freiheitsstrafe.[11]

- Insbesondere das Bundesland Nordrhein-Westfalen erwarb ab dem Jahr 2006 Datensätze mit Informationen zu deutschen Bankkunden in Liechtenstein und der Schweiz („Steuersünder-CDs"). Nach dem Recht dieser Länder handelte es sich bei der Weitergabe der Daten u. a. um strafbare Verletzungen des Bankgeheimnisses. Die Auswertung der Daten sowie die infolge der bekannt gewordenen Ankäufe zunehmenden Selbstanzeigen führten zu Ermittlungen gegen Privatpersonen und Verbände sowie zu hohen Steuernachzahlungen.[12] Weitere Datenweitergaben aus Unternehmen der Finanzbranche mit Bezug zu Steuer- und

---

9 *A. Falter*, US v. PFC Bradley Manning. Das Verfahren gegen Bradley Manning, in: D. Deiseroth/A. Falter (Hrsg.), Whistleblower in der Sicherheitspolitik, Berlin 2014, S. 183 ff.

10 *I. Magra*, Julian Assange Sentenced to 50 Weeks and Still Faces U.S. Charges, The New York Times Online vom 01.05.2019, abrufbar unter https://www.nytimes.co m/2019/05/01/world/europe/julian-assange-sentence-uk.html.

11 *J. Prosinger*, Das Dilemma des Whistleblowers, Der Tagesspiegel Online vom 25.08.2013, abrufbar unter https://www.tagesspiegel.de/politik/zwischen-helden-u nd-verraetertum-das-dilemma-des-whistleblowers/8686118-all.html.

12 Dazu *I. Kaiser*, Zulässigkeit des Ankaufs deliktisch erlangter Steuerdaten, NStZ 2011, S. 383 ff.

Geldwäschedelikten wurden unter dem Namen „Offshore Leaks" (2013) und „Panama Papers" (2016) bekannt.

- Im Jahr 2005 kündigte der landeseigene Berliner Krankenhausbetreiber Vivantes GmbH der Altenpflegerin Brigitte Heinisch fristlos, weil sie – nachdem interne Hinweise erfolglos geblieben waren – Strafanzeige erstattet hatte, um auf tatsächlich bestehende erhebliche Mängel in der Pflege hinzuweisen. Nachdem Rechtsmittel vor den Arbeitsgerichten und eine (Urteils-)Verfassungsbeschwerde vor dem BVerfG erfolglos blieben, legte Heinisch beim EGMR eine – im Jahr 2011 erfolgreiche[13] – Beschwerde mit der Begründung ein, sie sei in ihrem in Art. 10 EMRK garantierten Recht auf Freiheit der Meinungsäußerung verletzt worden.
- Als Inspektor für Atomsicherheit arbeitete der russische Marineoffizier Alexander Nikitin mit der norwegischen Umweltschutzorganisation Bellona zusammen und ermöglichte es Bellona durch die von ihm preisgegebenen Informationen, im Jahr 1996 einen Bericht über die Gefahren zu veröffentlichen, die von den verrottenden nuklear angetriebenen Einheiten der Nordmeerflotte ausgehen. Trotz mehrerer vom russischen Inlandsgeheimdienst FSB angestrebter Strafverfahren wurde Nikitin letztlich vom Vorwurf des Landesverrats freigesprochen.[14]
- Die bis zur ihrer auf die Verletzung von Vertraulichkeitsvereinbarungen gestützte fristlose Kündigung für den Kreis Segeberg tätige Veterinärmedizinerin Margrit Herbst berichtete im Jahr 1994 in einem Fernsehinterview darüber, dass in den letzten Jahren über 20 Rinder trotz eines von ihr festgestellten BSE-Verdachts gegen ihren Willen zur Schlachtung freigegeben worden seien. Die Kündigungsschutzklagen von Herbst blieben erfolglos.[15]
- Der stellvertretende Direktor des FBI Mark Felt (lange Zeit nur unter dem Pseudonym „Deep Throat" bekannt) traf sich ab dem Jahr 1972 mehrfach mit Journalisten der Washington Post, um die Reporter mit dienstlich erlangten Ermittlungserkenntnissen bei der Aufdeckung der „Watergate-Affäre" zu unterstützen, was im Jahr 1974 zum Rücktritt des US-Präsidenten Richard Nixon führte. Die Identität des Whistleblo-

---

13 EGMR NJW 2011, S. 3501 (3501 f.).

14 *V. Gorokhov/C. Scherz*, Der (Nicht-)Umgang mit Technikfolgen in Russland, in: M. Maring (Hrsg.), Fallstudien zur Ethik in Wissenschaft, Wirtschaft, Technik und Gesellschaft, Karlsruhe 2011, S. 167 (173).

15 *D. Deiseroth*, Zum Umgang mit BSE-Verdacht – der Fall der Tierärztin Dr. Margrit Herbst, in: Maring (Hrsg.), Fallstudien (Fn. 14), S. 296 ff.

wers wurde erst allgemein bekannt, als Felt sie selbst im Jahr 2005 offenbarte.[16]

• Im Jahr 1971 spielte Daniel Ellsberg, ein Mitarbeiter des US-Verteidigungsministeriums, der Presse die sogenannten „Pentagon-Papiere" zu, aus denen hervorging, dass verschiedene US-Regierungen entgegen der öffentlichen Verlautbarungen schon seit langer Zeit im Bürgerkrieg zwischen Südvietnam und Nordvietnam beteiligt waren und dessen Eskalation vorangetrieben hatten.[17] Ellsberg wurde u. a. wegen Straftaten gemäß dem „Espionage Act 1917" angeklagt, doch wurde die Anklage fallengelassen, nachdem das Gericht von den gegen Ellsberg gerichteten illegalen Maßnahmen der US-Regierung und der Strafverfolgungsbehörden (namentlich Einbruch bei Ellsbergs Psychiater, genehmigungslose Telefonüberwachungen) erfuhr und deshalb einen rechtsförmigen Strafprozess gegen Ellsberg für ausgeschlossen hielt.[18]

Dieser kurze zeitgeschichtliche Abriss verdeutlicht, dass rechtliche Konflikte, in die Whistleblower involviert sind, zwar den privaten wie den öffentlichen Sektor betreffen können, die überwiegende Anzahl der hier genannten spektakulären Geschehnisse allerdings Veröffentlichungen zu Regierungs- oder Verwaltungshandeln betraf. Ein näherer Blick auf den privaten Sektor ist ungeachtet dessen unter anderem deshalb von besonderem Reiz, weil von der Verletzung von Geschäftsgeheimnissen die Interessen zahlreicher Stakeholder innerhalb und außerhalb des betroffenen Unternehmens involviert sind und es deshalb wohl unterstellt werden kann, dass die Diskussion um die Reform des Whistleblowings von einer Vielfalt an Stellung- und Einflussnahmen geprägt sein wird, in der rechtspolitische Argumente einerseits und durch das Recht bestätigte Positionen andererseits bewusst und unbewusst ineinander verschränkt werden.

---

16 *T. Weiner*, Ein Mann gegen die Welt. Aufstieg und Fall des Richard Nixon, Frankfurt a. M. 2016, S. 332 ff. Kritik sowohl an Felts Entscheidung, statt seiner Dienstvorgesetzten zwei Journalisten der Washington Post ins Vertrauen zu ziehen als auch hinsichtlich seines pekuniären Motivs, seine Anonymität im Jahr 2005 aufzugeben, äußert *W.-F. Buckley Jr.*, Foul Felt, National Review 57 (2005), Heft 12 vom 04.07.2005, S. 50.

17 *D. Rudenstine*, The Day the Presses stopped. A History of the Pentagon Papers Case, Berkeley/Los Angeles/London: University of California Press 1996, S. 33 ff., 48 ff.

18 New York Times vom 11.5.1973, S. 1; *C. Meister*, No News without Secrets. Politische Leaks in den Vereinigten Staaten von 1950–1976, Marburg 2016, S. 236 f. m. w. N.

II. Zu den kollidierenden Interessenlagen

Im Streit um die Legalität und Legitimität von Whistleblowing treffen die unterschiedlichen Akteure aufeinander, die ihre jeweiligen Interessen in die rechtspolitische Diskussion um die Neuordnung des Rechts in Bezug auf Hinweisgeber einbringen oder jedenfalls einzubringen suchen.[19] Diesen Interessen können aus der Sicht des Rechts objektive, eventuell auch subjektive Rechtspositionen entsprechen. Es können sich allerdings auch stärkere gegenläufigere Rechtspositionen anderer Akteure ergeben. Schließlich sind manche Anliegen, mitunter sogar Kernanliegen eines Kontrahenten, nur schwach oder gar nicht schützenswert.

Im Kern der Auseinandersetzung stehen sich regelmäßig zunächst die Interessen der von der Offenlegung betroffenen Organisation einerseits und die des Hinweisgebers andererseits gegenüber. Der Hinweisgeber kann mit seiner Meldung gegenüber Behörden oder seinen Wissensweitergaben gegenüber der breiten Öffentlichkeit darauf abzielen, eine erhebliche Gefahr für die Gesundheit von Verbrauchern oder eines anderen Rechtsguts abzuwenden. Es kann ihm aber auch daran gelegen sein, mit seinen Hinweisen Geld zu verdienen oder sich durch die Weitergabe unbestätigter reputationsschädigender Behauptungen für eine (vermeintliche) schlechte Behandlung an seinem Arbeitgeber zu rächen. Nicht selten werden diese oder ähnliche Motive zusammentreffen.[20] Umgekehrt werden viele Unternehmen zwar, so eine weitere hier zur Diskussion gestellte These, interne Hinweise im Sinne einer angemessenen Fehler- und Compliance-Kultur durchaus befürworten, jedoch mehrheitlich die Kommunikationsherrschaft über etwaig nach außen gelangende Informationen nicht aus der Hand geben wollen.

Die Gründe dafür, einer unbeschränkten Berechtigung des Arbeitnehmers zum externen Whistleblowing skeptisch gegenüberzustehen, sind so vielschichtig wie die denkbaren Konstellationen selbst. In der einen Fallgestaltung mag das Unternehmen danach streben, tadelfreie Mitarbeiter vor

---

19 Dazu *S. Kreis*, Whistleblowing als Beitrag zur Rechtsdurchsetzung, Tübingen 2017, S. 21 ff.; *F. Meyer*, Whistleblowing – Zwischen Selbstregulierung und effektiver Rechtsdurchsetzung, HRRS 2018, S. 322 (324); *T. Rotsch/M. Wagner*, Whistleblowing, in: T. Rotsch (Hrsg.), Criminal Compliance, Baden-Baden 2015, § 34 Rn. 13 ff.

20 Zu Motivlagen bei Hinweisgebern, insbesondere im Hinblick auf die Denunziationsforschung *R. Hefendehl*, Alle lieben Whistleblowing, in: D. Sternberg-Lieben/ M. Böse (Hrsg.), Festschrift für Knut Amelung zum 70. Geburtstag, Berlin 2009, S. 619 (631 ff.).

vagen oder sogar falschen Anschuldigungen in der Presse zu schützen und Beweise gegen kriminelle Mitarbeiter zu sichern. In der anderen Fallgestaltung könnte die Verbandsführung Stillschweigen einfordern, um ein illegales Geschäftsmodell weiterbetreiben zu können und eine *omerta* für diese Zwecke zum Teil der Unternehmenskultur werden zu lassen.

Neben diesen beiden evidenten Interessengruppen (Arbeitgeber und hinweisgebender Arbeitnehmer) wird die Auseinandersetzung um den rechtlich sachgerechten Umgang mit Whistleblowern von vielen weiteren Diskutanten beeinflusst. Bereits die einheitlichen Interessen „des Unternehmens" an einer (Nicht-)Publizität von Missständen zu identifizieren dürfte nicht einfach zu bewerkstelligen sein, sind doch die Interessen des Mehrheitseigentümers mitunter andere als die des Vorstandes oder des Minderheitseigentümers.[21] Auch die von Hinweisgebern zu Recht eines Fehlverhaltens bezichtigten Mitarbeiter eines Unternehmens werden ein Interesse daran haben, dass, wenn schon nicht das „Ob" der Offenlegung verhindert werden kann, so doch wenigstens das „Wie" und das „Gegenüber-Wem" regelgeleitet erfolgt. Das ist erst recht für diejenigen Unternehmensangehörigen nachvollziehbar, denen zu Unrecht Fehlverhalten angelastet wird.

Naheliegenderweise sind durch korporative Rechtsverstöße geschädigte Wettbewerber sowie für eine generell weitgehende Transparenz bzw. Offenlegung gesellschaftlich relevanter Vorgänge werbende NGOs wiederum eher daran interessiert, dass jedenfalls nicht vollkommen unsubstantiierte Vorwürfe sanktionslos publik gemacht werden können, während betriebliche Datenschutzbeauftragte und Landesbeauftragte für Datenschutz eher für eine ausgewogene Regulierungsstrategie eintreten werden. Pressevertreter und Verbraucher werden regelmäßig erhebliches Interesse daran haben, die für Kaufentscheidungen relevanten Informationen über korporatives Fehlverhalten berichten bzw. erhalten zu können. Allerdings wird sich das Informationsbedürfnis so mancher Verbraucher nicht auf Behauptungen erstrecken, die von Insidern dank der durch das Internet eröffneten Kommunikationskanäle ungefiltert und ungeprüft an die Öffentlichkeit getragen werden und dabei insbesondere nicht durch die für professionelle Berichterstatter etablierten Grundsätze der Verdachtsberichterstattung[22] vorstrukturiert sind.

---

21 Dazu *H. Hugger*, Verteidigung und Vertretung von Unternehmen in Strafverfahren – Bemerkungen eines Praktikers, S. 69 (in diesem Buch).

22 Dazu BVerfGE 99, 185 (197 ff.); BGHZ 143, 199 (202 ff.); *O. Schlüter*, Verdachtsberichterstattung. Zwischen Unschuldsvermutung und Informationsinteresse, Mün-

III. Kollidierende Rechtspositionen

Die hier nur beispielhaft skizzierten denkbaren Interessenschwerpunkte der am Diskurs um die rechtliche Regulierung des Whistleblowing beteiligten Gruppierungen innerhalb und außerhalb von Unternehmen überlappen sich teilweise mit rechtlich geschützten – und zum Teil einklagbaren – juristischen Berechtigungen, also objektiven und – teilweise korrespondierenden – subjektiven Rechten. Innerhalb seines Gestaltungsspielraums kann der Gesetzgeber dabei die von Verfassungs wegen geschützten Positionen der einzelnen Akteure graduell stärker oder schwächer betonen, ohne durch seine Neuregelung des Hinweisgeberschutzes gegen höherrangiges Recht, insbesondere europäisches (Verfassungs-)Recht oder nationale Grundrechte zu verstoßen.[23] Den wichtigsten Maßstab für die anstehende Umsetzung der Whistleblowing-Richtlinie bildet daher dieser europäische Rechtsetzungsakt selbst, wenn auch das BVerfG sich für kompetent ansieht, das Umsetzungsgesetz und seine Auslegung bei unionsrechtlich nicht vollständig determiniertem innerstaatlichen (Umsetzungs-)Recht primär am Maßstab der Grundrechte des Grundgesetzes[24] oder – in Bereichen der Vollharmonisierung – die Auslegung am Maßstab der Chartagrundrechte[25] zu überprüfen. Die Fülle der nachstehend lediglich skizzierten, also ohne Anspruch auf Vollständigkeit[26] benannten Rechtspositionen einzelner Akteure belegen jedenfalls, dass die Regulierung des Hinweisgeberschutzes und seine Gewichtung zu berechtigten Geheimhaltungsinteressen vollständig an den intrikaten Problemstellungen des Grundrechtsschutzes im europäischen Mehrebenensystem[27] teilnimmt.

---

chen 2011, S. 7 ff., 27 ff., 49 ff.; *G. Müller*, Probleme der Gerichtsberichterstattung, NJW 2007, S. 1617 (1617 f.).

23 Zur Einschätzungsprärogative speziell des Strafgesetzgebers BVerfGE 92, 277 (326); 50, 205 (215); zur Kritik *J. Bülte*, Vorgesetztenverantwortlichkeit im Strafrecht, Baden-Baden 2015, S. 911, *J. Kaspar*, Verhältnismäßigkeit und Grundrechtsschutz im Präventionsstrafrecht, Baden-Baden 2014, S. 432; *C. Roxin*, Strafrecht, Allgemeiner Teil, Band I, 4. Aufl., München 2006, § 2 Rn. 86 ff.

24 BVerfG NJW 2020, S. 300 (301 ff.) („Recht auf Vergessen I").

25 BVerfG NJW 2020, S. 314 (318 ff.) („Recht auf Vergessen II").

26 Vertiefend *A. Klaas*, Unternehmensinterne Verstöße und „Whistleblowing": Zum Grundrechtsschutz der Beteiligten und den Anforderungen an eine einfachgesetzliche Regelung, CCZ 2019, S. 163 ff.; *Meyer*, Whistleblowing (Fn. 19), S. 325.

27 Zum unionsrechtlichen Grundrechtsschutz im Wirtschaftsstrafrecht siehe *G. Dannecker*, in: K. Ambos/S. Bock (Hrsg.), Aktuelle und grundsätzliche Fragen des Wirtschaftsstrafrechts / Questions actuelles et fondamentales du droit pénal des affaires, Berlin 2019, S. 115.

Für die verfassungsrechtliche Einordnung der Diskussion um die angemessene Freiheitsverteilung zwischen an der Bewahrung von Geschäftsgeheimnissen interessierten Akteuren einerseits und Hinweisgebern andererseits mittels Strafrecht sei noch angemerkt, dass es sich hierbei auch um einen (rechtlichen) Konflikt zwischen Bürgern handelt, der zunächst nach den Regeln des einfachen Rechts aufzulösen ist. Insbesondere für zivilrechtliche Auseinandersetzungen zwischen Arbeitgeber und -nehmer wirken die grundrechtlichen Gehalte der Rechtspositionen mittelbar aufgrund der Ausstrahlungswirkung der Grundrechte gegenüber den Gerichten.[28] Diese Wirkweise der Grundrechte im Zivilrecht bedeutet indes nicht, dass ihre Anforderungen deshalb in jedem Fall weniger anspruchsvoll sind als die unmittelbar staatsgerichtete Schutzwirkung. Je nach Umständen, insbesondere wenn private Unternehmen in eine staatsähnlich dominante Position rücken, kann die Grundrechtsbindung Privater einer Grundrechtsbindung des Staates im Ergebnis vielmehr nahe- oder auch gleichkommen.[29]

1. Durch europäische und nationale Grundrechte für den Einzelnen vermittelte Rechtspositionen

Für den Whistleblower streitet das Grundrecht auf Meinungsfreiheit. Dabei fallen Tatsachenbehauptungen nicht von vornherein aus dem Schutzbereich des Art. 5 Abs. 1 S. 1 GG heraus, weil und soweit sie Voraussetzung der Bildung von Meinungen sind.[30] Auch Art. 11 Abs. 1 GRCh umfasst den Schutz von Tatsachenbehauptungen.[31] Staatliche Einschränkungen, Hinweise zu geben, können zudem die Berufsausübungsfreiheit (Art. 12 GG; 15, 30, 31 Abs. 1 GRCh) berühren. Schon seit langer Zeit hält es das Bundesverfassungsgericht zudem nicht für mit der allgemeinen Handlungsfreiheit (Art. 2 Abs. 1 GG) i.V.m. dem Rechtsstaatprinzip vereinbar, wenn der Einzelne mit Repressalien rechnen muss, sofern er einen ver-

---

28 BVerfGE 7, 198 ff. („Lüth"); 18, 85 (92); 84, 192 (195); *H. Dreier*, in: ders. (Hrsg.), Grundgesetz-Kommentar, Bd. 1, 3. Aufl., Heidelberg, Tübingen 2013, Vorbemerkungen vor Artikel 1 GG Rn. 96 ff. m. w. N.

29 BVerfGE 128, 226 (249 f.); BVerfG NJW 2020, S. 300 (307) („Recht auf Vergessen I").

30 BVerfGE 54, 208 (219); 85, 1 (15).

31 *S. Augsberg*, in: H. von der Groeben /J. Schwarze/A. Hatje (Hrsg.), Europäisches Unionsrecht, Bd. 1, 7. Aufl., Baden-Baden 2015, Art. 11 GRCh Rn. 6; *H. D. Jarass*, Charta der Grundrechte der EU, 3. Aufl., München 2016, Art. 11 Rn. 10 ff.

meintlichen Missstand bei den zuständigen Behörden zur Anzeige bringt und dabei nicht wissentlich oder leichtfertig Unwahrheiten mitteilt.[32] Diese Linie trägt auch der EGMR mit, zumal sich in dem vom Gericht im Jahr 2011 gegen die Bundesrepublik Deutschland ergangenen Urteil im Fall „Heinisch"[33] die aufgrund einer Strafanzeige gegen den eigenen Arbeitgeber fristlos gekündigte Altenpflegerin zunächst mehrfach darum bemüht hatte, die beobachteten Missstände durch interne Hinweise abzustellen. Ferner schützt das Grundrecht auf informationelle Selbstbestimmung (Art. 2 Abs. 1 GG i.V.m. Art. 1 Abs. 1 GG; Artt. 7 f. GRCh) den Hinweisgeber davor, dass die ihn betreffenden personenbezogenen Daten durch verarbeitende Stellen unbeschränkt gespeichert und verbreitet werden.

Umgekehrt ergibt sich auch für durch Hinweisgeber beschuldigte Individuen eine grundrechtliche Schutzpflichtenproblematik im Hinblick auf ihr Persönlichkeitsrecht, vor allem ihre verfassungsrechtlich verbürgten Datenschutzrechte, denn auch sie werden die staatlichen Gewalten nicht gegen in aller Öffentlichkeit vorgetragene – insbesondere haltlose – Anschuldigungen schutzlos stellen dürfen.

Der von Informationsweitergaben betroffene Verband wiederum kann in seinen Grundrechten auf unternehmerische Freiheit (Artt. 12, 2 GG; Artt. 15 f. GRCh) und gegebenenfalls auf sein Recht am eingerichteten und ausgeübten Gewerbebetrieb (Art. 14 GG; Art. 17 GRCh) unzulässig beschnitten sein, sollte nur ein unzureichender gesetzlicher und gerichtlicher Schutz gegen die Verletzung von Geheimhaltungspflichten bestehen. Darüber hinaus erscheint es zumindest plausibel, dass manche Interpreten dem Grundgesetz entnehmen, auch als juristische Person verfassten Verbänden stünde ein – wenn auch im Vergleich zu Individualpersonen schwächeres – allgemeines Persönlichkeitsrecht und, als Teilbereich hiervon, das Grundrecht auf informationelle Selbstbestimmung zu (Artt. 2 Abs. 1 GG i.V.m. 1 Abs. 1, 19 Abs. 3 GG).[34] Im Hinblick auf ihr „geschäftliches Privatleben" sollen juristische Personen zudem dem Schutzbereich

---

32 BVerfGE 74, 257 (261 ff.); BVerfG NJW 2001, S. 3474 (3475 f.); zur noch konkretisierungsbedürftigen „verfassungsrechtlichen Dignität" dieses Rechts *Meyer*, Whistleblowing (Fn. 19), S. 325.

33 EGMR NJW 2011, S. 3501 (3501 f.).

34 Existenz und Reichweite eines über den Schutzbereich der Art. 12, 14 GG hinausgehenden „Unternehmenspersönlichkeitsrechts" sind noch umstritten, zur Diskussion BVerfG NJW 2010, S. 3501 (3501 f.); BGH NJW 2008, S. 2110 (2112); OVG Lüneburg NJW 2009, S. 2697 (2697 f.); *U. Di Fabio*, in: T. Maunz/G. Dürig (Begr.), Grundgesetz. Kommentar, Stand: 89. EL, Oktober 2019, München, Art. 2 Abs. 1 Rn. 224 f.; *A. Koreng*, Das „Unternehmenspersönlichkeitsrecht" als Element des gewerblichen Reputationsschutzes, GRUR 2010, S. 1065.

des Art. 7 GRCh („Achtung des Privat- und Familienlebens") unterfallen.[35] Diese Grundrechte könnten etwa dann empfindlich beschnitten sein, wenn das einfache Recht keine hinreichende Handhabe für Unternehmen bereit hält, gegen eine mit der Weitergabe von Betriebs- und Geschäftsgeheimnissen verbundene Reputationsschädigung vorzugehen, soweit die behaupteten Tatsachen im Wesentlichen erkennbar unzutreffend sind.

Die Hinweisgeberfrage kann auch die grundgesetzlich verbürgten Rechte (zu denken ist insbesondere an den Schutz des eingerichteten und ausgeübten Gewerbebetriebs, Artt. 12, 14 GG, 18 GRCh) der unmittelbar von korporativen Rechtsverstößen betroffenen Dritten berühren, da Rechtssicherheit für Whistleblower sowohl präventive Effekte zeitigen könnte als auch dazu beitragen dürfte, Rechtsverstöße öffentlich bekannt zu machen sowie durch die nach außen getragenen Informationen und Unterlagen Beweiserleichterungen für Schadensersatzklagen herbeizuführen.

Schließlich gebieten es die Informations- und Pressefreiheit (Art. 5 Abs. 1 GG, Art. 11 GRCh, Art. 10 EMRK) als wesentliche Pfeiler einer „wahrhaft demokratischen Gesellschaft"[36], dass über gravierende Missstände auch dann berichtet werden darf, wenn entsprechende Verdachtsmomente (noch) nicht rechtskräftig bestätigt sind.[37] Dürften Medien potentiell rufschädigende Vorwürfe nur dann verbreiten, wenn deren Richtigkeit zum Zeitpunkt der Veröffentlichung außer Zweifel ist, könnten sie ihre verfassungsrechtlich gewährleisteten Aufgaben bei der öffentlichen Meinungsbildung nicht erfüllen.[38] Dabei ist durch das BVerfG anerkannt, dass die illegale Erlangung von belastenden Informationen durch Dritte deren Publikation nicht rechtswidrig macht, wenn es um eine die Öffentlichkeit wesentlich berührende Frage geht und die Rechtswidrigkeit eindeutig von untergeordneter Bedeutung gegenüber der Aufdeckung der Frage von öffentlichem Interesse ist.[39] Allerdings knüpft der Bundesgerichtshof das presserechtliche Privileg zur „Verdachtsberichterstattung" daran, dass die Medienvertreter besondere Sorgfaltspflichten beachten, die sowohl Prü-

---

35 EuGH, C-450/06 – Varec, Slg. 2008, I-581 Rn. 48; *N. Bernsdorff*, in: J. Meyer/ S. Hölscheidt (Hrsg.), Charta der Grundrechte der Europäischen Union, 5. Aufl., Baden-Baden 2019, Art. 7 Rn. 22; *Jarass* (Fn. 31), Art. 7 Rn. 17.

36 EGMR EuGRZ 1979, S. 386 („Sunday Times"); *C. Grabenwarter*, in: Maunz/Dürig, GG (Fn. 34), Art. 5 Abs. 1, Abs. 2 Rn. 985.

37 *A. Molle*, Die Verdachtsberichterstattung, ZUM 2010, S. 331; aus Sicht des Strafverteidigers *O. Hohmann*, Verdachtsberichterstattung und Strafverteidigung – Anwaltsstrategien im Umgang mit den Medien, NJW 2009, S. 881.

38 BVerfGE 97, 125 (149); BGH NJW 2000, S. 1036 (1037).

39 BVerfGE 66, 116 (139).

fungen zum Wahrheitsgehalt der erlangten Tatsachenbehauptungen, die Abwägung der widerstreitenden Interessen sowie die Formulierungen im Rahmen der Verdachtsberichterstattung (möglichst Vermeidung oder jedenfalls Abschwächung von Vorurteilungen) betreffen.[40]

2. Whistleblowing und überindividuelles Recht

Das Interesse an einem sachgerecht ausbalancierten System sowohl des Geheimnis- als auch des Hinweisgeberschutzes ergibt sich natürlich nicht allein aus dem Bedürfnis, individuelle Rechtspositionen zu einem angemessenen Ausgleich zu bringen. Vielmehr werden durch den legislativen Kompromiss zum Hinweisgeberrecht auch Institutionen ausgeformt und austariert. Namentlich dürfte es sowohl im Interesse des Wettbewerbs sein, dass seine Teilnehmer Know-how und sonstige Interna effektiv vor der Konkurrenz schützen können,[41] als auch, dass die Lauterkeit des Wettbewerbs nicht dadurch beeinträchtigt wird, dass sich Marktteilnehmer qua Rechtsbruch Vorteile auf Kosten ihrer Konkurrenz verschaffen und dabei durch die Rechtsordnung vor einer Offenlegung dieses Geschäftsgebarens abgeschirmt werden. Der Schutz des Hinweisgebers dient damit auch dem fairen Wettbewerb. Zudem ist die effektive und gegen staatliche wie private Sanktionen geschützte Möglichkeit, Hinweise zu geben, zugleich Bestandteil staatlicher Regulierung, also ein Instrument zur Durchsetzung des Rechts.[42] Auch der europäische Gesetzgeber sieht in der Whistleblowing-Richtlinie in allererster Linie kein gesetzliches Werkzeug zur Durchsetzung subjektiver Rechte des Hinweisgebers, sondern ein Mittel, um das „public enforcement" und damit die Sanktionsgeltung von Normen bei Verstößen gegen europäisches Recht zu effektivieren.[43]

---

40 BGH NJW 2000, S. 1036 (1036 f.); BGH GRUR 2015, S. 96 (98); BGH GRUR 2016, S. 532 (533 ff.).

41 Insbesondere zu § 17 UWG a.F. wurde daher auch verbreitet die Auffassung vertreten, der Straftatbestand des Geheimnisverrats schütze nicht (nur) das Vermögen des Berechtigten, sondern den Wettbewerb als Institution; *H.-W. Többens*, Die Straftaten nach dem Gesetz gegen den unlauteren Wettbewerb (§§ 16–19 UWG), WRP 2005, S. 552.

42 *Kreis*, Whistleblowing (Fn. 19), S. 3 ff., 85 ff., 223, 225 ff., *Meyer*, Whistleblowing (Fn. 19), S. 324 f.; *R. Kölbel, /N. Herold*, Whistleblowing, MschrKrim 2010, S. 424 (429): Whistleblowing als „Element einer strafrechtlichen Public-Private-Partnership".

43 Whistleblowing-Richtlinie (Fn. 2), Art. 1 („Ziel dieser Richtlinie ist eine bessere Durchsetzung des Unionsrechts und der Unionspolitik [...]") sowie die Erwä-

3. Vermeidung einer Vermischung von rechtlichen und politischen
   Positionen

Anspruchsvoller erscheint es gerade in der rechtspolitisch engagiert geführten Diskussion um die Reform des Hinweisgeberrechts dagegen, stets
sorgfältig nachzuvollziehen, in welchem Umfang politische Forderungen
zugleich und tatsächlich rechtebasiert sind. In der wünschenswerten, bereits einsetzenden fundierten Debatte zur Umsetzung der Whistleblowing-
Richtlinie sollte vermieden werden, bewusst oder unbewusst eigene Poli-
tikvorstellungen in die rechtswissenschaftliche Diskussion unter Berufung
auf zwingende Rechtsgründe einzuschleusen und damit das ohnehin unvermeidbare Wirken des Vorverständnisses beim Rechtsgestalter (Gesetzgeber und Richter) mittels Hinweises auf nur scheinbare verfassungsrechtliche Präjudizien zu verschleiern.[44] Die Gesetzgebungsdiskussion sollte in
diesem Zusammenhang nicht nur die Selbstverständlichkeit gewährleisten, dass die widerstreitenden Interessen rechtlich angemessen gegeneinander abgewogen werden. Vielmehr sollte die Debatte von einer hinreichenden „Ambiguitätstoleranz" geprägt sein, um zu vermeiden, dass die Lösung des Whistleblower-Problems darin erblickt wird, ein bestimmtes Vor-
verständnis über den Hinweisgeber an sich, also ein bestimmtes „Narrativ
über das Whistleblowing"[45], gegen andere Vorverständnisse durchzusetzen.

Insoweit mag sich gerade in Deutschland schon seit einiger Zeit ein Paradigmenwechsel abzeichnen. Eine einseitige Diffamierung von Hinweisgebern als Verräter dürfte nicht (mehr) der Mehrheitsmeinung entsprechen. Wie wirkungsmächtig eine solche Einschätzung lange Zeit in der
Bundesrepublik gewesen sein könnte, zeigt sich an der wohl noch intrika-
teren Frage des Rechts zum Widerstand. So sprachen sich in einer reprä-
sentativen Umfrage aus dem Jahr 1956 nur 18 Prozent der Befragten dafür
aus, Straßen nach Protagonisten des Umsturzversuchs vom 20. Juli 1944

---

gungsgründe 1 und 2. Die Durchsetzung subjektiver Rechte auf dem Gebiet des
Whistleblowing kommt zwar ebenfalls zur Sprache (vgl. insbesondere Erwägungsgrund 34), steht indes erkennbar nicht im Vordergrund des Rechtssetzungs-
aktes (siehe dazu noch unter D. II.).

44 *J.-F. Lindner*, Rechtswissenschaft als Metaphysik, Tübingen 2017, S. 106, 130 ff.,
   166.
45 Zu der Bedeutung von Narrationen und Rahmungen für das Recht und das Gesetzgebungsverfahren *S. Baer*, Rechtssoziologie, 3. Aufl., Baden-Baden 2017, § 6
   Rn. 71; *G. Dannecker*, Narrativität im Recht und ihr Beitrag zur Begründung
   rechtlicher Entscheidungen, in: C. Wiesinger/S. Ahrnke (Hrsg.), Erzählen. Ingrid
   Schoberth zum 60. Geburtstag, Göttingen 2019, S. 53.

zu benennen. Auch für die 1970ger und 1980ger Jahren ermittelten Demoskopen eine überwiegend ablehnende Haltung zur versuchten Tötung Hitlers durch Claus Schenk Graf von Stauffenberg. Dieser nach wie vor zuweilen mit dem Pejorativ „Verschwörung" verknüpfte Versuch, das NS-Regime zu beseitigen, wurde erst in einer Umfrage aus dem Jahr 2004 von einer Mehrzahl der Befragten positiv bewertet.[46] Im Zuge der Aufhebung des § 17 UWG a. F. und Lozierung der Strafvorschriften über den unerlaubten Umgang mit Geschäftsgeheimnissen im neu geschaffenen § 23 GeschGehG zum 26.4.2019 hat der Gesetzgeber die seit dem Jahr 1896 in der amtlichen Überschrift durchgängig vorgesehene Charakterisierung der Tathandlungen als „Verrat von Geschäfts- und Betriebsgeheimnissen" aufgegeben und – wohl in Anlehnung an § 203 StGB – die neue, weniger abwertende Überschrift „Verletzung von Geschäftsgeheimnissen" gewählt.

Umgekehrt wird das kommende Recht für einen hinreichend ausgewogenen Ausgleich der widerstreitenden Interessen insbesondere von Hinweisgebern einerseits und von ihren Offenlegungen betroffenen Organisationen und Individuen andererseits darauf verzichten müssen, eine generalisierende Hagiographie über Whistleblower festzuschreiben. Die in aktuellen Publikationen zuweilen anzutreffende Einschätzung, Hinweisgeber seien „die fünfte Macht" und „im Dienst der Wahrheit"[47] tätig, berücksichtigte als etwaiges Dogma von Whistleblowing-Gesetzgebung nicht hinreichend, dass die Legitimität, Geheimnisse offenzulegen, erheblich vom gewählten Informationskanal, dem Umfang der preisgegebenen personenbezogenen Daten, dem bei objektivierter ex ante-Betrachtung bestehenden Verdachtsgrad sowie von Qualität und Quantität des offengelegten Fehlverhaltens abhängen kann. Diese je nach Einzelfall für die Legitimität des Whistleblower-Handelns entscheidenden Umstände sollten unabhängig davon die ihnen gebührende Aufmerksamkeit des Gesetzgebers und der Gerichte erhalten, dass eine gesellschaftspolitische Stimmungslage vorzuherrschen scheint, in der zwar der Schutz individualpersonenbezogener Daten anerkennt, für das Handeln staatlicher Stellen und größerer Wirtschaftsunternehmen (letztere werden von manchen als *die* „mächtigen Ak-

---

46 Zu dieser Entwicklung der öffentlichen Meinung im Hinblick auf die Ereignisse am 20.07.1944 *J. Tuchel*, „Feiglinge und Verräter", DIE ZEIT vom 08.01.2009 (Ausgabe 3/2009), S. 72, abrufbar unter https://www.zeit.de/2009/03/A-Zwanzigster-Juli/komplettansicht).

47 Überschrift der Titelgeschichte bzw. Titel des Nachrichtenmagazins DER SPIEGEL 47/2019 vom 16.11.2019.

teure der Moderne"[48] angesehen) aber eine umfassende Rechenschaftspflicht und eine sehr weitgehende Informationsberechtigung der Öffentlichkeit eingefordert wird. Normativen Ausdruck findet diese Leitvorstellung etwa in den Transparenz-Offensiven der Europäischen Union,[49] den
Informationsfreiheitsgesetzen des Bundes und der Länder, der breiten Einführung von Compliance-Managementsystemen, im mittlerweile auch für
Deutschland vorliegenden Entwurf für ein Verbandssanktionengesetz[50] sowie in der zunehmenden Verrechtlichung von Corporate Social Responsibility[51].

Es sollte jedenfalls nicht zu übersehen sein, dass auch die Debatte um
die Geschäftsgeheimnis- und Whistleblowing-Gesetzgebung ein *„Kampf
um's Recht"*[52] ist, namentlich um eine rechtliche (Neu-)Ordnung der Informationsherrschaft über sensible und für gesamtgesellschaftliche Diskurse
bedeutsame Betriebsinterna. Das zähe Ringen in den europäischen Gesetzgebungsinstanzen im Zusammenhang mit der Geschäftsgeheimnisschutz-
sowie der Whistleblowing-Richtlinie und – diesem nachfolgend – in den
Umsetzungs-Gesetzgebungsverfahren sowie die in das Ringen eingreifenden Publikationen und informelleren Beeinflussungsmaßnahmen verschiedener Interessengruppen scheinen auch für die Reform des Hinweisgeberregulierung die These v. Jherings zu bestätigen: „Alles Recht in der
Welt ist erstritten worden, jeder wichtige Rechtssatz hat erst denen, die
sich ihm widersetzten, abgerungen werden müssen [...]."[53] Die inhaltliche
Qualität der bisher erreichten und noch zu erringenden legislatorischen
Kompromisse mag dann so beschaffen sein, dass die Neuordnung des Hinweisgeberrechts als angemessen, vielleicht sogar als leidlich gerecht angese-

---

48 *G. Ortmann*, Für ein Unternehmensstrafrecht Sechs Thesen, sieben Fragen, eine
Nachbemerkung, NZWiSt 2017, S. 241.

49 Dazu *M. Nettesheim*, in: E. Grabitz/M. Hilf/M. Nettesheim (Begr./Hrsg.), Das
Recht der Europäischen Union, Stand: 68. EL Oktober 2019, München, Art. 1
AEUV Rn. 35 ff. m. w. N.

50 Regierungsentwurf eines Gesetzes zur Stärkung der Integrität in der Wirtschaft
vom 16.06.2020, abrufbar unter https://www.bmjv.de/SharedDocs/Gesetzgebungs
verfahren/Dokumente/RegE_Staerkung_Integritaet_Wirtschaft.pdf?__blob=publi
cationFile&v=2.

51 Zu diesem Begriff *H. Fleischer*, in: G. Spindler/E. Stilz, Aktiengesetz, Bd. 1,
4. Aufl., München 2019, § 76 Rn. 42 ff. m. w. N.

52 *R. v. Jhering*, Der Kampf um's Recht, Frankfurt a. M. 1992 (Neudruck nach der
18. Aufl., Wien 1913); erweiterte Fassung eines Vortrages vor der Wiener Juristischen Gesellschaft am 12.03.1872.

53 *v. Jhering*, Kampf um's Recht (Fn. 52), S. 61.

hen werden kann. Hinter dem Schleier des positiven Rechts[54] wird jedenfalls erkennbar ein für den Moment erstarrter Machtkampf um den Zugriff auf vertrauliche Informationen festgehalten sein.

IV. Kollidierende mögliche Regulierungsstrategien des Gesetzgebers

Die rechtspolitischen Präferenzen für die Ausgestaltung der zukünftigen gesetzlichen Systematik des Rechts zum Whistleblowing lassen sich – für diese Gesetzgebungsfrage sogar besonders anschaulich – in die überkommene Systematik zu Regulierungsstrategien[55] einordnen.[56]

„Regulierung" in diesem Kontext meint „jede gewollte staatliche Beeinflussung gesellschaftlicher Prozesse, die einen spezifischen, über den Einzelfall hinausgehenden Ordnungszweck verfolgt und dabei im Recht zentrales Medium und Grenze findet"[57]. Dabei werden üblicherweise drei Grundformen unterschieden: die staatlich-imperative Regulierung (Setzung und Durchsetzung von Standards in den Händen des Staates, etwa bei polizeilichen Standardmaßnahmen im öffentlichen Raum), die staatlich regulierte gesellschaftliche Selbstregulierung (mittelbare Steuerung privater Standards und deren Durchsetzung mittels gezielter Anreize[58] und – sanktionsbewehrter – Pflichten, z. B. durch „Compliance-Management-Systeme" in Unternehmen) sowie die gesellschaftliche Selbstregulierung (bloße Bereitstellungsfunktion des Rechts für gesellschaftliche Ordnungsbildungen und deren Absicherung, etwa durch Verbandsklagemöglichkei-

---

54 Vollständig lautet der bekannte Ausspruch Kelsens: „Die Frage, die auf das Naturrecht zielt, ist die ewige Frage, was hinter dem positiven Recht steht. Und wer die Antwort sucht, der findet, fürchte ich, nicht die absolute Wahrheit einer Metaphysik noch die absolute Gerechtigkeit eines Naturrechts. Wer den Schleier hebt und seine Augen nicht schließt, dem starrt das Gorgonenhaupt der Macht entgegen."; *H. Kelsen*, Diskussionsrede zu den Berichten „Die Gleichheit vor dem Gesetz im Sinne des Art. 109 der Reichsverfassung", bei der Tagung der Vereinigung der deutschen Staatsrechtslehrer zu Münster am 29./30.03.1926, in: VVDStRL, Heft 3 (1927), S. 53 (54).

55 Begriff verwendet etwa von *M. Eifert*, § 19 Regulierungsstrategien, in: W. Hofmann-Riem/E. Schmidt-Aßmann/A. Voßkuhle (Hrsg.), Grundlagen des Verwaltungsrechts, Bd. I, 2. Aufl., München 2012, Rn. 1 ff.

56 *Meyer*, Whistleblowing (Fn. 19), S. 322.

57 *Eifert*, Grundlagen (Fn. 55), Rn. 1 ff., 5. Zur Einordnung des Whistleblowings in den Kontext der Kontrolle von Wirtschaftskriminalität *Kölbel/Herold*, Whistleblowing (Fn. 42), S. 428 ff.

58 *Eifert*, Grundlagen (Fn. 55), Rn. 52 ff.; *H. Theile*, Compliance und Strafrecht, JuS 2017, S. 913 (914).

ten für Verbraucherschutzvereinigungen oder durch das Presserecht und durch das Kampagnen von NGOs absichernde Grundrecht auf Meinungsfreiheit).[59] Die Antwort auf die Frage, welches Regulierungsarrangement als „gute Regulierung" (i.e. als effektive und angemessene staatliche Aufgabenwahrnehmung[60]) anzusehen ist, wird nicht nur von den jeweiligen (verfassungs-)rechtlichen Vorgaben des in den Blick genommenen Teilrechtsgebiets abhängig sein, sondern auch von den theoretischen Grundannahmen, insbesondere der Bewertung zentral-staatlicher Maßnahmen im Vergleich zu möglichst selbstregulierenden Enforcement-Instrumenten.[61]

In Bezug auf eine Neuregelung des Hinweisgeberrechts im Zuge der Umsetzung der Whistleblowing-Richtlinie könnte daher das Bestreben der an weitgehender Autonomie bei der Handhabung und gegebenenfalls Aufarbeitung eigener Gesetzesverstöße interessierten Unternehmen und nahestehender Verbände darin bestehen, im Gesetzgebungsverfahren eine staatlich-imperative und möglichst weitreichende – auch strafrechtliche – Regulierung zum Schutz von Geschäftsgeheimnissen durchzusetzen. Eine von diesem Ziel geleitete Interessengruppe würde zugleich darauf hinwirken, dass für den Hinweisgeber möglichst wenig Rechtssicherheit für Verdachtsmeldungen gegenüber der Öffentlichkeit entsteht, während der Gesetzgeber für interne Regulierungssysteme eine allenfalls milde regulierte Selbstregulierung vorsehen möge. Umgekehrt drängen zivilgesellschaftliche Interessengruppen zur Stärkung des Whistleblowing eher auf eine Selbstregulierung dergestalt, dass Whistleblower durch das Recht von zivilrechtlichen wie öffentlich-rechtlichen Repressionen freigehalten werden, um so in einem Umfeld maximaler Transparenz das Verbänden und einzelnen Mitarbeitern oder Beratern vorgeworfene Fehlverhalten in der (Medien-)Öffentlichkeit verhandeln und be- und gegebenenfalls durch die Zivilgesellschaft verurteilen zu können.

Die Europäische Union hat sich mit der Whistleblowing-Richtlinie zwar auf eine weitreichende, nämlich sektorenübergreifende Lösung verständigt, sich inhaltlich aber auf eine noch als mittlere Linie zu bezeichnende Regulierung festgelegt (dazu noch näher unter D. II.): Eine zwingende Umsetzung des in der Richtlinie festgelegten Hinweisgeberschutzes

---

59 *Baer*, Rechtssoziologie (Fn. 45), § 6 Rn. 35 ff.; *T. Gawron/R. Rogowski*, Effektivität, Implementation und Evaluation. Wirkungsanalyse am Beispiel von Entscheidungen des Bundesverfassungsgerichts, ZfRSoz 1996, S. 177 (181); *R. Kölbel*, Unternehmenskriminalität und (Selbst-)Regulierung, MschrKrim 2017, S. 430 (430 f.).
60 *Eifert*, Grundlagen (Fn. 55), Rn. 14.
61 *Kölbel*, Unternehmenskriminalität (Fn. 59), S. 434 ff.

ist nur für Verstöße gegen bestimmte europäische Rechtsakte vorgesehen. Ferner ist zwar eine Offenlegung der Verstöße zulässig, jedoch nur für den Fall, dass interne Hinweise und Meldungen gegenüber den zuständigen Behörden erfolglos blieben oder mit der Gefahr von Repressalien für den Hinweisgeber verbunden sind. Ferner müssen die Vorwürfe des Whistleblowers zwar nicht der Wahrheit entsprechen, doch muss er hinreichenden Grund für diese Annahme gehabt haben. Wie es bei Kompromissen auch sonst nicht selten der Fall ist, ist wohl nicht zu erwarten, dass sich eine der betroffenen Interessengruppen mit der Whistleblowing-Richtlinie und ihrer Umsetzung vollständig zufrieden zeigen wird. Hinter vordergründiger Kritik an oder Zustimmung zu einzelnen Regelungsinhalten könnte sich dabei ein nicht ausdrücklich zur Sprache gebrachtes Bedauern oder – je nach Akteur – Lob dafür verbergen, dass Whistleblower überhaupt rechtsicherer als zuvor bewerten können, ob die von ihnen erwogenen Modalitäten des Hinweisgebens erlaubt oder verboten sind.

C. Regelungslandschaft bis zum Jahr 2016

Im Gegensatz zu anderen Industrienationen[62] hat Deutschland im Zeitraum vor den unionsrechtlichen Verpflichtungen, die EU-Vorgaben zum Hinweisgeberrecht aus der Geschäftsgeheimnis- sowie der Whistleblowing-Richtlinie umzusetzen, keine weitreichende Hinweisgeber-Regelung verabschiedet. Auf Bundesebene sind seit dem Jahr 2008 sechs Gesetzgebungsinitiativen gescheitert.[63] Vor Inkrafttreten des Geschäftsgeheimnisschutzgesetzes kannte Deutschland daher keine Whistleblower-Regulierung, son-

---

62 Vgl. etwa den US Whistleblower Protection Act vom 10.04.1989, den UK Public Interest Disclosure Act vom 02.07.1998 oder die französischen Regelungen zum „alerte professionelle" in Art. L. 1161-1 CT sowie im Gesetz No.2016-1691 vom 09.12.2016 („Sapin II"). Zur Rechtsvergleichung *G. Forst*, Whistleblowing im internationalen Vergleich – Was kann Deutschland von seinen Nachbarn lernen?, EuZA 2013, S. 37; *Kölbel/Herold*, Whistleblowing (Fn. 42), S. 426 f.; *C. Konopatsch*, Whistleblowing in der Schweiz – Mitteilung an die Presse als ultima ratio, NZWiSt 2012, S. 217; *Rotsch/Wagner*, Whistleblowing (Fn. 19), § 34 Rn. 72 ff.; *S. White*, A Matter of Life and Death. Whistleblowing Legislation in der EU, eucrim 2018, S. 170 (170 f.).
63 Dazu *Kreis*, Whistleblowing (Fn. 19), S. 196 ff.; *A. Schiemann*, Braucht Deutschland ein Whistleblower-Schutzgesetz?, in: H. Ahlbrecht/M. Dann/H. Wessing/ H. Frister/D. Bock (Hrsg.), Unternehmensstrafrecht. Festschrift für Jürgen Wessing zum 65. Geburtstag, München 2015, S. 569 (580 ff.).

dern diesbezüglich nur Regelungsfragmente. Es bestand daher für Hinweisgeber eine ganz erhebliche Rechtsunsicherheit.[64]

Neben den bereits genannten menschen- und grundrechtlichen Einrahmungen des einfachen Rechts durch die Grundrechtecharta, das Grundgesetz und die Europäische Menschenrechtskonvention sind insoweit zunächst einzelne bereichsspezifische Hinweisgeber-Regelungen zu nennen, so z. B. § 17 Abs. 2 Arbeitsschutzgesetz, § 37 Abs. 2 S. 1 Nr. 3 Beamtenstatusgesetz oder § 53 Abs. 5 Geldwäschegesetz. Hinzu tritt das arbeitsrechtliche Maßregelungsverbot (§ 612a BGB) und die dazu ergangene Judikatur des BAG[65] (eine auf das Individualarbeitsrecht begrenzte „Vorordnung"[66] der fehlenden Whistleblowing-Regulierung), sowie, bereits als Schlussstein des alten Rechts, der rechtfertigende Notstand gemäß § 34 StGB. Dieser Rechtfertigungsgrund stellt allerdings bereits hohe Anforderungen an das Bestehen einer Notstandslage; zudem kommt eine im Schrifttum verbreitete Ansicht aufgrund der gesetzlichen Regelung, die im Regelfall ein qualifiziertes Übergewicht des zu schützenden Interesses erfordert, zu dem Ergebnis, dass eine Strafanzeige nur dann keine rechtswidrige Offenbarung von Geschäftsgeheimnissen sei, wenn es sich um schwere Straftaten handele.[67] Insoweit könnte allerdings nicht hinreichend berücksichtigt werden, dass häufig der dem Whistleblower entgegenkommende Abwägungsmaßstab des sog. Defensivnotstandes zur Anwendung kommen dürfte, da im Fall verbandsbezogener Zuwiderhandlungen die vom Hinweisgeber abgewendete Gefahr aus dem Verantwortungsbereich des Geheimnisinhabers herrührt.[68] Zudem scheint auch im Fall repressiver Strafanzeigen, bei denen eine Gefahrenabwehr regelmäßig nicht im Vordergrund steht, nicht stets hinreichend berücksichtigt zu sein, dass das BVerfG[69] und – jedenfalls

---

64 *N. Groß/M. Platzer*, Whistleblowing: Keine Klarheit beim Umgang mit Informationen und Daten, NZA 2017, S. 1097.

65 BAG NJW 2007, S. 2204 (2205 f.); BAG NJW 2009, S. 1897 (1898 ff.); BAG NZA 2017, S. 703 (704 f.).

66 *J. Brammsen*, Lauterkeitsstrafrecht, München 2020, § 17 Fn. 469 zu Rn. 61.

67 *Brammsen*, Lauterkeitsrecht (Fn. 66), § 17 Rn. 60; *A. Koch*, Korruptionsbekämpfung durch Geheimnisverrat? Strafrechtliche Aspekte des Whistleblowing, ZIS 2008, S. 500 (503); a. A. *H. Satzger* in: C. Schröder/U.Hellmann (Hrsg.), Festschrift für Hans Achenbach, Heidelberg 2011, S. 447 (451 f.), der das Recht des Bürgers zur Strafanzeige in § 158 StPO niedergelegt sieht.

68 *A. Engländer/T. Zimmermann*, Whistleblowing als strafbarer Verrat von Geschäfts- und Betriebsgeheimnissen? Zur Bedeutung des juristisch-ökonomischen Vermögensbegriffs für den Schutz illegaler Geheimnisse bei § 17 UWG, NZWiSt 2012, S. 328 (331).

69 BVerfGE 74, 257 (261 ff.); BVerfG NJW 2001, S. 3474 (3475 f.).

bei vorangegangenen Bemühungen des Hinweisgebers um eine innerbetriebliche Klärung – auch der EGMR[70] dem Hinweisgeber grundsätzlich ein Recht zur Strafanzeige zugestehen.[71]

Neben Offenlegungsrechte treten schließlich noch verschiedene gesetzliche Auskunftsverpflichtungen, so etwa gemäß § 138 StGB („Nichtanzeige geplanter Straftaten"), § 43 GwG („Meldepflicht von Verpflichteten") oder § 97 InsO („Auskunfts- und Mitwirkungspflichten des Schuldners"). Ferner können Unternehmensverantwortliche aufgrund ihrer Vermögensbetreuungspflicht im Einzelfall zu Strafanzeigen verpflichtet sein.[72]

D. Die EU-Richtlinien zum Hinweisgeberschutz und die bisherige Umsetzung durch den deutschen Gesetzgeber

Die Abgrenzung der Schutzbereiche für Geschäftsgeheimnisse und Geschäftsgeheimnisinhaber einerseits und Hinweisgeber andererseits ist durch die Geschäftsgeheimnisschutz- und die Whistleblowerrichtlinie in zwei Rechtsakten europäisiert worden. Je nach grundsätzlicher Bewertung des Whistleblowings bekommen Hinweisgeber – hier nur Vertreter der diametral entgegengesetzten Positionen wiedergebend – nun entweder „endlich die verdiente Rechtssicherheit" bzw. „Anerkennung"[73] oder trägt ihr Handeln die latente Gefahr in sich, die Zivilgesellschaft unter dem Mantel eines vermeintlich allgemeinen öffentlichen Interesses schleichend in ein gegenseitiges Bespitzelungs- und Überwachungssystem umzufunktionalisieren.[74]

In diesem Zusammenhang erscheint es für die Bewertung der unionsrechtlichen Vorgaben maßgeblich, dass die Regelungen der Geschäftsgeheimnisschutz-Richtlinie, wie bereits der Name unschwer erkennen lässt,

---

70 EGMR NJW 2011, S. 3501 (3503 f.).

71 Ebenso BAG NJW 2007, S. 2204 (2206).

72 Dazu *J. Reichert/N. Ott*, Die Zuständigkeit von Vorstand und Aufsichtsrat zur Aufklärung von Non Compliance in der AG, NZG 2014, S. 241.

73 So die Stellungnahme von *Transparency International Deutschland e. V.* und *Whistleblower-Netzwerk e. V.* vom 07.10.2019 (abrufbar unter https://www.transparency.de/aktuelles/detail/article/transparency-deutschland-und-whistleblower-netzwerk-ev-begruessen-verabschiedung-der-eu-richtlinie-z/) bzw. des Abgeordneten des Europäischen Parlaments *S. Giegold* (Fraktion Die Grünen/Europäische Freie Allianz), wie sie im Deutschlandfunk wiedergegeben wurde (abrufbar unter https://www.deutschlandfunk.de/eu-parlament-mehr-whistleblower-schutz.2907.de.html?dram:article_id=446498).

74 *Brammsen*, Lauterkeitsrecht (Fn. 66), § 17 Rn. 61.

im Wesentlichen darauf abzielen, eine Mindestharmonisierung der Vorschriften für den Schutz von Geschäftsgeheimnissen vor rechtswidrigem Erwerb, rechtswidriger Nutzung und rechtswidriger Offenlegung zu erreichen (Art. 1 Abs. 1 Geschäftsgeheimnisschutz-RL). Bestimmungen zum Umgang mit Hinweisgebern vorzusehen war daher zwar eine angesichts der unbestrittenen Relevanz des Whistleblowing-Phänomens und seiner Sachnähe zum Geschäftsgeheimnisschutz notwendige Aufgabe für den europäischen Gesetzgeber, allerdings nur eine Aufgabe unter vielen. Demgegenüber zielt die Whistleblowing-Richtlinie unmittelbar darauf ab, das Unionsrecht und die Unionspolitik in bestimmten Bereichen dadurch effizienter durchzusetzen, dass gemeinsame Mindeststandards ein hohes Schutzniveau für Personen sicherstellen, die Verstöße gegen das Unionsrecht melden (Art. 1 Whistleblowing-RL). Im Einzelnen:

I. Die Geschäftsgeheimnisschutz-Richtlinie und ihre Umsetzung in § 5 GeschGehG

Die Geschäftsgeheimnisschutz-Richtlinie schützt Know-how und Informationen. Beide bildeten die „Währung einer wissensbasierten Wirtschaft, die einen Wettbewerbsvorteil schafft".[75] Geschäftsgeheimnisse seien zwar die gebräuchlichste Form des Schutzes geistiger Schöpfungen, von diesen Formen aber am wenigsten gegen rechtswidrigen Erwerb, rechtswidrige Nutzung oder Offenlegung geschützt.[76] Der europäische Gesetzgeber habe zunehmende unlautere Praktiken, die auf Geschäftsgeheimnisse abzielten, identifiziert. Eine Risikoerhöhung ergebe sich dabei durch neuere Entwicklungen wie die Globalisierung, Outsourcing und Digitalisierung.[77] Ungeachtet des EU-weit bindenden „Agreement on Trade-Related Aspects of Intellectual Property Rights" (TRIPS) bestehe ein erhebliches Schutzgefälle für Geschäftsgeheimnisse zwischen den nationalen Rechtsordnungen der Mitgliedstaaten.[78] Ferner benennen das Europäische Parlament und der Rat die Folgen einer fehlenden Mindestharmonisierung der Vorschriften zum Geheimnisschutz, insbesondere bzgl. des Schutzbereichs sowie der rechtswidrigen Handlungen. Im Einzelnen problematisiert die Richtlinie die geringe Bereitschaft von Unternehmen und Forschungseinrichtun-

---

75 Geschäftsgeheimnisschutz-Richtlinie (Fn. 1), Erwägungsgrund 1.
76 Geschäftsgeheimnisschutz-Richtlinie (Fn. 1), Erwägungsgrund 3.
77 Geschäftsgeheimnisschutz-Richtlinie (Fn. 1), Erwägungsgrund 4.
78 Geschäftsgeheimnisschutz-Richtlinie (Fn. 1), Erwägungsgrund 6.

gen, bei unzureichendem und uneinheitlichem Geheimnisschutz grenzüberschreitende Forschung und die vernetzte Entwicklung innovativer Ideen und Handelsaktivitäten voranzutreiben. Aus diesem Mangel entstünden sowohl erhebliche unionsweite Innovationsineffizienzen als auch eine faktische Förderung gerade unfairer Wettbewerber.[79]

Gemäß Art. 1 Abs. 1 der Geschäftsgeheimnisschutz-Richtlinie soll der Rechtsakt Vorschriften für den Schutz von Geschäftsgeheimnissen festlegen. Art. 1 Abs. 2 gewährt den Mitgliedstaaten zwar die grundsätzliche Möglichkeit, einen weitergehenden als den durch die Richtlinie vorgeschriebenen Schutz von Geschäftsgeheimnissen vorzusehen. Der dieser Formulierung zu entnehmende Charakter einer Mindestharmonisierung wird indes dadurch erheblich eingeschränkt, dass die Geschäftsgeheimnisschutz-Richtlinie erhebliche Begrenzungen des Geheimnisschutzes „nach oben hin" statuiert, insbesondere durch einen einheitlichen Begriff des Geschäftsgeheimnisses (Art. 2 Nr. 1), einen Katalog stets rechtmäßiger Handlungen (Art. 3) und die für den Whistleblowing-Kontext besonders relevanten Ausnahmen vom Schutzbereich (Art. 5). Dadurch kommt die Geschäftsgeheimnisschutz-Richtlinie einer Vollharmonisierung im Ergebnis recht nahe.

1. Zentrale Bestimmungen zum Hinweisgeberrecht

Neben der Begriffsbestimmung zum „Geschäftsgeheimnis" gemäß Art. 2 Nr. 1 enthält Art. 5 lit. b) der Geschäftsgeheimnisschutz-Richtlinie die zentrale Bestimmung zum Hinweisgeberschutz. Art. 5 enthält Ausnahmetatbestände, deren Eingreifen es den Mitgliedstaaten untersagt, die in der Richtlinie zum Schutz von Geschäftsgeheimnissen vorgesehenen Instrumente einzusetzen.

Gemäß Art. 5 lit. b) der Geschäftsgeheimnisschutz-Richtlinie soll sich der Schutz von Geschäftsgeheimnissen nicht auf Fälle erstrecken, in denen der angebliche Rechtsverletzer zur Aufdeckung eines beruflichen oder sonstigen Fehlverhaltens oder einer illegalen Tätigkeit und in der Absicht gehandelt hat, das allgemeine öffentliche Interesse zu schützen. Damit scheint die deutsche Sprachfassung der Richtlinie für eine erlaubte Offenbarung von Geschäftsgeheimnissen in problematischer Weise kumulative subjektive Hürden zu errichten. Der Wortlaut lässt sich nämlich jedenfalls dahingehend verstehen, dass der Hinweisgeber nicht nur bewusst zu dem

---

79 Geschäftsgeheimnisschutz-Richtlinie (Fn. 1), Erwägungsgründe 9 f.

Zweck gehandelt haben muss, Fehlverhalten aufzudecken, sondern dabei auch noch von dem Motiv geleitet gewesen sein muss, das allgemeine öffentliche Interesse zu schützen. Damit bliebe z. B. einem Whistleblower die rechtliche Anerkennung versagt, der zwar bereits begonnene schwerste Straftaten von Unternehmensmitarbeitern zur Anzeige bringt und sogar positiv weiß, dass diese Strafanzeige das allgemeine öffentliche Interesse schützt, bei seiner Strafanzeige aber von der Motivation getragen ist, seinem Vorgesetzten, der Zentralgestalt für die aus einem Unternehmen heraus begangenen strafbaren Handlungen war, möglichst zu schaden. Weder die bereits genannten, mit Whistleblowing in Verbindung zu bringenden subjektiven Rechte von Hinweisgebern[80] noch die schon angesprochene Funktionalität des Whistleblowings im Hinblick auf weitere Elemente der objektiven Rechtsordnung (insbesondere die Durchsetzung des vom Unternehmen verletzten Rechts)[81] rechtfertigen solche Anforderungen an die innere Seite der „Ausnahmen" in Art. 5 der Geschäftsgeheimnisschutz-Richtlinie. Zudem würde die den Gerichten auferlegte Gesinnungsprüfung vor allem das Einlassungsgeschick und andere Zufälligkeiten begünstigen. Andere Sprachfassungen des Passus „[...] sofern der Antragsgegner in der Absicht gehandelt hat, das allgemeine öffentliche Interesse zu schützen", lassen allerdings auch eine Lesart zu, dass die Anforderungen objektivierter zu interpretieren sind.[82] Hierfür spricht auch die Formulierung des Erwägungsgrunds 20 der Geschäftsgeheimnisschutz-Richtlinie.[83] Der Kommissionsentwurf für eine Geschäftsgeheimnisschutz-Richtlinie aus dem Jahr 2013 hatte umgekehrt noch die *objektiven* Anforderungen an Whistleblowing überzogen.[84]

---

80 S. o., B. III. 1.

81 S. o., B. III. 2.

82 Auf Englisch lautet der Passus: „..., provided that respondant acted for the purpose of protecting the general public interest"; auf Französisch: „..., à condition que le défendeur ait agi dans le but de protéger l'intérêt public général ; auf Spanisch: „..., siempre que la parte demandada actuara en defensa del interés general; auf Italienisch: „..., a condizione che il convenuto abbia agito per proteggere l'interesse pubblico generale".

83 Im Wortlaut: „Die in dieser Richtlinie vorgesehenen Maßnahmen, Verfahren und Rechtsbehelfe sollten nicht dazu dienen, Whistleblowing-Aktivitäten einzuschränken. Daher sollte sich der Schutz von Geschäftsgeheimnissen nicht auf Fälle erstrecken, in denen die Offenlegung eines Geschäftsgeheimnisses insoweit dem öffentlichen Interesse dient, als ein regelwidriges Verhalten, ein Fehlverhalten oder eine illegale Tätigkeit von unmittelbarer Relevanz aufgedeckt wird. [...]"

84 Art. 4 Abs. 2 des Kommissionsentwurfs vom 28.11.2013 [COM(2013) 813 final, 2013/0402 (COD)]: „Die Mitgliedstaaten stellen sicher, dass kein Anspruch auf Inanspruchnahme der in dieser Richtlinie vorgesehenen Maßnahmen [...] besteht,

2. Umsetzung in § 5 Nr. 2 GeschGehG

Mit Wirkung zum 26. April 2019 hat der deutsche Gesetzgeber die unionsrechtlichen Vorgaben zum Schutz von Geschäftsgeheimnissen – verspätet – umgesetzt. Hierfür wurden das GeschGehG als Spezialgesetz geschaffen und die bisherigen §§ 17–19 UWG aufgehoben. Damit endete die vor allem strafrechtliche Verankerung des Schutzkonzepts für Geschäftsgeheimnisse im deutschen Recht, und der Gesetzgeber stellte das System des Geheimnisschutzes „vom Kopf auf die Füße"[85]. Der neue Straftatbestand § 23 GeschGehG nimmt Bezug auf Zuwiderhandlungen gegen die zivilrechtlichen Verbote gemäß § 4 GeschGehG. Die Struktur des § 23 GeschGehG orientiert sich im Wesentlichen an derjenigen der bisherigen §§ 17–19 UWG.

Zur Umsetzung der Vorgaben zum Hinweisgeberschutz aus Art. 5 lit. b) der Geschäftsgeheimnisschutz-Richtlinie sieht der Gesetzgeber § 5 Nr. 2 GeschGehG vor. In Parallele zu den wechselnden Formulierungen bei Genese der Geschäftsgeheimnisschutz-Richtlinie war auch das deutsche Gesetzgebungsverfahren für § 5 Nr. 2 GeschGehG von volatilen Formulierungsvorschlägen geprägt. Der Referentenentwurf sah in § 4 („Rechtfertigungsgründe") zunächst vor: „Die [...] Offenlegung eines Geschäftsgeheimnisses ist gerechtfertigt, wenn dies zum Schutz eines berechtigten Interesses erforderlich ist, insbesondere [...] zur Aufdeckung einer rechtswidrigen Handlung oder eines anderen Fehlverhaltens, wenn die das Geschäftsgeheimnis [...] offenlegende Person in der Absicht handelt, das allgemeine öffentliche Interesse zu schützen."[86] Damit kombinierte diese Fassung die (zu) hohen objektiven Anforderungen aus dem Richtlinien-Entwurf der Kommission mit den (zu) hohen subjektiven Anforderungen der endgültigen Fassung der Geschäftsgeheimnisschutz-Richtlinie. Der Regierungsentwurf behielt diese Formulierung in § 5 („Rechtfertigungsgründe")

---

wenn [...] die angebliche [...] Offenlegung des Geschäftsgeheimnisses zum Zwecke der Aufdeckung eines ordnungswidrigen Verhaltens, einer strafbaren Handlung oder einer illegalen Tätigkeit des Antragstellers [erfolgt ist], sofern der angebliche Erwerb bzw. die angebliche Nutzung oder Offenlegung des Geschäftsgeheimnisses für die Aufdeckung *erforderlich* war und der Beklagte im öffentlichen Interesse handelte."

85 *A. Ohly*, Das neue Geschäftsgeheimnisgesetz im Überblick, GRUR 2019, S. 441 (450).

86 Referentenentwurf des BMJV vom 19.04.2018, S. 7, abrufbar unter https://www.bmjv.de/SharedDocs/Gesetzgebungsverfahren/DE/GeschGehG.html.

im Wesentlichen bei, verzichtete allerdings auf die objektive Hürde der Erforderlichkeit.[87]

Folgende Fassung („§ 5 Ausnahmen") ist nunmehr geltendes Recht: „Die [...] Offenlegung eines Geschäftsgeheimnisses fällt nicht unter die Verbote des § 4, wenn dies zum Schutz eines berechtigten Interesses erfolgt, insbesondere [...] [Nr. 2] zur Aufdeckung einer rechtswidrigen Handlung oder eines beruflichen oder sonstigen Fehlverhaltens, wenn die [...] Offenlegung geeignet ist, das allgemeine öffentliche Interesse zu schützen."

Neben dem begrüßenswerten Verzicht auf das subjektive Merkmal, der Hinweisgeber müsse in der Absicht, das allgemeine öffentliche Interesse zu schützen, handeln, fällt ins Auge, dass die Gesetz gewordene Fassung nicht mehr als Rechtfertigungsgrund, sondern als Tatbestandsausnahme bezeichnet wird. Die Mehrheit des Ausschusses für Recht und Verbraucherschutz hatte eine entsprechende Beschlussempfehlung abgegeben. Die Ausschussmehrheit begründete diesen Vorschlag einer gleichsam gesetzlichen Anordnung an die Strafrechtsdogmatik mit Bedenken mehrerer Sachverständiger im Rahmen der öffentlichen Anhörung, „dass bereits die Erfüllung eines Verbotstatbestandes einen abschreckenden Effekt für die Arbeit von Journalisten haben könne, unabhängig davon wie weit ein dann eingreifender Rechtfertigungsgrund gefasst sei".[88] Einer der Sachverständigen hatte insbesondere die zum geltenden Strafverfahrensrecht wohl nicht mehrheitsfähige Rechtsauffassung geäußert, die Medien seien nach Erfüllung des objektiven und subjektiven Tatbestands „damit belastet, das Vorliegen einer Rechtfertigungsnorm zu beweisen"[89]. Der Rechtsausschuss scheint damit die Resilienz etwa der Ärzteschaft (in Bezug auf §§ 223 ff. StGB) oder der Polizei (in Bezug auf § 239 StGB) gegenüber berufsbezogenen Rechtsrisiken höher einzuschätzen als die der „Vierten Gewalt".

Es erscheint aus strafrechtsdogmatischer Perspektive fragwürdig, dass der Gesetzgeber, indem er § 5 GeschGehG zur tatbestandlichen Ausnahme der Verbote gemäß § 4 GeschGehG erklärt, suggeriert, es sei nicht möglich,

---

87 Regierungsentwurf vom 04.10.2018, BT-Drs. 19/4724, S. 10.

88 Beschlussempfehlung und Bericht des Ausschusses für Recht und Verbraucherschutz vom 13.03.2019, BT-Drs. 19/8300, S. 14.

89 *C. Partsch*, Umsetzungsdefizite und Nachteile des Entwurfs eines Geschäftsgeheimnisgesetzes, verschriftlichte Stellungnahme zur öffentlichen Anhörung im Ausschuss für Recht und Verbraucherschutz am 12.12.2018, abrufbar unter https://www.bundestag.de/ausschuesse/a06_Recht/anhoerungen#url=L2F1c3NjaHVlc3NlL2EwNl9SZWNodC9hbmhvZXJ1bmdlbl9hcmNoaXYvYXYc2NodXR6LXZbi1nZXNjaGFlZnRzZ2VoZWltbmlzc2VuLTU4MTYyMg==&mod=mod559522.

einen Unrechtstypus[90] der Verletzung von Geschäftsgeheimnissen zu formulieren, ohne das Fehlen einer Tätigkeit als Hinweisgeber als „negativ gefasstes Tatbestandsmerkmal"[91] zur gesetzlichen Voraussetzung der Tatbestandserfüllung zu machen. Die in § 5 GeschGehG formulierten „Gegenkräfte"[92] betreffen in materieller Hinsicht eine interpersonale Interessenabwägung, und daher wäre eine Formulierung von Rechtfertigungsgründen für das tatbestandliche Verhalten die angemessenere Lösung gewesen. Fraglich ist zudem, ob den Hinweisgebern und Medienvertretern mit dem Willen der Ausschussmehrheit, die Fälle des § 5 GeschGehG mögen bereits den Tatbestand des § 23 GeschGehG ausschließen, nur Gutes getan wird. Ein möglichst breit formulierter und auf die eigentliche Tathandlung fokussierter Rechtfertigungsgrund hätte wohl eher Möglichkeiten eröffnet, tateinheitlich verwirklichte tatbestandliche Handlungen (z. B. Untreue oder Ehrdelikte) ebenfalls über § 5 GeschGehG zu rechtfertigen, ohne hierfür auf den rechtsfertigenden Notstand (§ 34 StGB) oder die Wahrnehmung berechtigter Interessen (§ 193 StGB) zurückgreifen zu müssen.

3. Unzureichende Rechtssicherheit – § 5 Nr. 2 GeschGehG nicht mehr als eine Zwischenlösung

Die Bewertung des neuen Rechts für Hinweisgeber im GeschGehG fällt zwiespältig aus: Positiv ist anzumerken, dass der deutsche Gesetzgeber – durch europäische Vorgaben gezwungenermaßen – erstmals einen speziellen Schutzbereich für Hinweisgeber statuiert hat, der zwar nicht das Whistleblowing möglichst umfassend behandelt, doch immerhin für das Problem der Geschäftsgeheimnisse mehr Rechtssicherheit als zuvor bietet. Allerdings kann nur von einer relativen Verbesserung der Handlungssicherheit für Hinweisgeber die Rede sein, denn einige wichtige Fragen sind gänzlich un-, andere zu unbestimmt geregelt. Die Behandlung des Whistleblowings als „Annexmaterie" zur Mindestharmonisierung des unionsweiten Know-how-Schutzes ist unverkennbar.

---

90 Zur Funktion des Tatbestands im Verbrechensaufbau *T. Walter*, in: G. Cirener/ H. Radtke/R. Rissing-van Saan/T. Rönnau/W. Schluckebier (Hrsg.), Strafgesetzbuch. Leipziger Kommentar, Erster Band, 13. Aufl., Berlin/Boston 2020, Vor §§ 13 ff. Rn. 41; *G. Jakobs*, Strafrecht, Allgemeiner Teil: die Grundlagen und die Zurechnungslehre, 2. Aufl., Berlin/New York 1991, 6. Abschn. Rn. 51 f.
91 Dazu *Roxin*, Strafrecht AT I (Fn. 23), § 10 Rn. 31.
92 *Jakobs*, Strafrecht AT (Fn. 90), 6. Abschn. Rn. 51.

Am deutlichsten wird dieser Mangel an rechtlicher Orientierungshilfe bei der für Whistleblowing rechtspolitisch, dogmatisch wie praktisch zentralen Frage nach einem etwaig einzuhaltenden Verfahren. Während sowohl die Rechtsprechung des EGMR („Fall Hanisch") als auch des BAG ein gestuftes Modell des Whistleblowing befürwortet und auch die Whistleblowing-Richtlinie ein Stufenmodell vorsieht (dazu noch unten, D. II.), äußert sich § 5 Nr. 2 GeschGehG zu dieser Frage nicht – ebenso wenig die Gesetzgebungsmaterialien. Mit Blick auf die im Fall des Whistleblowings bereits erörterten (Unions-)Grundrechts- und Interessenkollisionen, die prozeduralen Überlegungen des EGMR im Fall Hanisch, die jedenfalls erwägenswerte vorwirkende Berücksichtigungspflicht einer verabschiedeten Richtlinie (i. e. der Whistleblowing-Richtlinie) für die nationalen Gerichte bei der Auslegung unbestimmter Rechtsbegriffe[93] sowie auf § 1 Abs. 3 Nr. 4 GeschGehG („Es bleiben unberührt: die Rechte und Pflichten aus dem Arbeitsverhältnis") erscheint es allerdings fragwürdig, ob aus diesem Schweigen des Gesetzgebers der Schluss gezogen werden kann, dass der Hinweisgeber stets frei in seiner Entscheidung ist, seine Informationen und Unterlagen zu (angeblichen) Rechtsverstößen und sonstigem Fehlverhalten direkt an Medien oder „Leaks"-Plattformen weiterzureichen, ohne sich zuvor um eine interne Aufklärung oder – im Fall einer externen Meldung – wenigstens um eine Anzeige gegenüber den zuständigen Behörden bemüht zu haben.[94] Der Gesetzgeber hat es in diesem Zusammenhang zudem versäumt, wenigstens rudimentäre Vorgaben für interne Meldewege im Sinne „regulierter Selbstregulierung" zu erlassen, so etwa im Hinblick auf interne Hinweisgebersysteme, das Angebot zur Konsultation externer Ombudspersonen oder auf den Repressionsverzicht gegen Hinweisgeber, im Fall deren Beteiligung an verbandsbezogenen Straftaten eventuell sogar durch betriebsinterne Amnestieprogramme.

---

93 Dazu EuGH v. 04.07.2006, Adeneler, RS. C-212/04, Slg. 2006, I-6057, Rn. 122 f.; *M. Lutter/W. Bayer/J. Schmidt*, Europäisches Unternehmens- und Kapitalmarktrecht, 5. Aufl., Berlin/Boston 2012, S. 29 ff.; *A. Röthel*, Vorwirkung von Richtlinien: viel Lärm um Selbstverständliches, ZEuP 2009, S. 34 (47 f.).

94 Kritik insoweit bereits bei *M. Dann/J.W. Markgraf*, Das neue Gesetz zum Schutz von Geschäftsgeheimnissen, NJW 2019, S. 1774 (1777); *M. Hiéramente*, in: M. Fuhlrott/M. Hiéramente (Hrsg.), Beck'scher Online-Kommentare zum GeschGehG, Stand: 2. Ed., 15.12.2019, München, § 5 Rn. 36 ff.; *Ohly*, Geschäftsgeheimnisgesetz (Fn. 85), S. 448 f.; *T. Reinbacher*, Der neue Straftatbestand des § 23 GeschGehG und das Whistleblowing, KriPoZ 2019, S. 148 (157 f.); *I. Ullrich*, Der Schutz von Whistleblowern aus strafrechtlicher Perspektive – Rechtslage de lege lata und de lege ferenda, NZWiSt 2019, S. 65 (69 f.).

Ungewiss bleibt auch, ob der Hinweisgeber nur für den Fall gegen nachteilhafte straf- und zivilrechtlichen Rechtsfolgen gemäß dem Gesch-GehG abgeschirmt ist, dass sich die vorgebrachten Vorwürfe als zutreffend herausstellen. Der Rechtsausschuss des Bundestages scheint mit Blick auf Erwägungsgrund 20 der Geschäftsgeheimnisschutz-Richtlinie davon auszugehen, dass auch der „gutgläubige" Hinweisgeber in den Schutz des § 5 Nr. 2 GeschGehG einbezogen ist,[95] doch lassen sich dem Wortlaut Anhaltspunkte sowohl für als auch gegen diese Interpretation entnehmen.[96] Sofern ein solches Irtumsprivileg vor allem auf die Formulierung gestützt werden sollte, der Hinweisgeber müsse gemäß § 5 Nr. 2 GeschGehG nur „zur Aufdeckung einer rechtswidrigen Handlung (...)" tätig geworden sein, wäre auch grob sorgfaltspflichtwidriges Verhalten vom Schutzbereich erfasst, was kaum sachgerecht erscheint. Eine gesetzliche Präzisierung des Sorgfaltsmaßstabs für Hinweisgeber wäre daher sachdienlich gewesen.

Zu erheblicher Rechtsunsicherheit trägt ferner bei, dass § 5 Nr. 2 Gesch-GehG die Befugnis des Hinweisgebers, Geschäftsgeheimnisse zu offenbaren, nicht auf die Anzeige rechtswidriger Handlungen zu beschränken scheint, sondern den Whistleblower auch bei „sonstigem Fehlverhalten" zur Preisgabe von Informationen berechtigt. Die Gesetzesbegründung macht jedenfalls den Willen des Gesetzgebers deutlich, „unethisches Verhalten" als Offenbarungen legitimierenden Tatbestand zu erfassen, das aber „nicht notwendigerweise gegen Rechtsvorschriften" verstoßen haben müsse. Als Beispiele nennt der Regierungsentwurf rechtmäßiges Verhalten in Produktionsländern, das von der Allgemeinheit gleichwohl als Fehlverhalten angesehen werde, so etwa Kinderarbeit oder gesundheits- oder umweltschädliche Produktionsbedingungen. Ein weiteres Beispiel bildeten Steuerumgehungsstrategien.[97] Diese Unterscheidung zwischen jeweils zur Meldung berechtigendem rechtwidrigem und „nur" unethischem Verhalten tritt in anderen Sprachfassungen des Art. 5 der Geschäftsgeheimnisschutz-Richtlinie nicht so deutlich hervor wie in der deutschen.[98] Diese Erweiterung des Hinweisgeberschutzes in den Bereich ethisch fragwürdigen

---

95 Beschlussempfehlung und Bericht des Ausschusses für Recht und Verbraucherschutz vom 13.3.2019, BT-Drs. 19/8300, S. 14.

96 *Hiéramente* (Fn. 94), § 5 Rn. 33 ff.

97 Regierungsentwurf vom 04.10.2018, BT-Drs. 19/4724, S. 28; ferner Beschlussempfehlung und Bericht des Ausschusses für Recht und Verbraucherschutz vom 13.03.2019, BT-Drs. 19/8300, S. 14.

98 Die englische Entsprechung zu „beruflichem oder sonstigem Fehlverhalten oder einer illegalen Tätigkeit" lautet etwa „misconduct, wrongdoing or illegal activity".

Unternehmertums hinein scheint daher durch europäische Vorgaben nicht zwingend vorgezeichnet gewesen zu sein.[99]

In staatliche Regulierungsstrategien[100] eingeordnet, handelt es sich bei dieser spezifischen Berechtigung zur Offenbarung von Geschäftsgeheimnissen um eine staatliche „Starthilfe" gesellschaftlicher Selbstregulierung, denn die Entwicklung und Sanktionsgeltung moralischer Regeln im Wirtschaftsleben kann und soll nicht durch den Staat erzwungen, sondern durch den freien Diskurs der dank des Whistleblowers eingeweihten (Medien-)Öffentlichkeit erreicht werden. Zwar erscheint es notwendig, immer (wirkungs-)mächtigere Korporationen auch für die Erzeugung legaler negativer externer Effekte gesellschaftlich verantwortlich machen zu können und entspricht es durchaus der in den Grund- und Menschenrechtekatalogen zum Ausdruck kommenden gegenwärtigen objektiven Werteordnung, den einzelnen Verbraucher durch eineweitreichende Informations- und Meinungsfreiheit zu aufgeklärten, für Unternehmen mitunter schmerzhaften Konsumentscheidungen zu ertüchtigen.

Dennoch bleibt es gerade angesichts der über die notwendige Offenheit eines zur (richterlichen) Interessenabwägung ermächtigenden Tatbestandes hinausgehenden besonderen Unbestimmtheit des § 5 Nr. 2 GeschGehG diskussionswürdig, das legale Know-how und das Persönlichkeitsrecht eines Wirtschaftsunternehmens zu dem Zweck einzuschränken, einen öffentlichen Diskurs über Wirtschaftsmoral zu ermöglichen. Zudem ist die Verrechtlichung auch unternehmensethischer Fragestellungen schon so weit vorangeschritten, dass es zumindest diskutabel erscheint, ob es dieses mit den genannten rechtlichen Opportunitätskosten verbundenen extensiven und unbestimmten Rückgriffs auf moralische Kriterien bedurfte. So können falsche Nachhaltigkeitsversprechen – auch im Hinblick auf die freiwillige Selbstbindung von Unternehmen an international verkündete Menschenrechte – als Betrug[101] oder Subventionsbetrug[102] strafbar sein, der Missbrauch steuerlicher Gestaltungsmöglichkeiten ist oftmals

---

99 Zu den abweichenden Formulierungen der Sprachfassungen *Hiéramente* (Fn. 94), § 5 Rn. 23 f.; *Ullrich*, Schutz von Whistleblowern (Fn. 94), S. 69; a. A. *Dann/Markgraf*, Schutz von Geschäftsgeheimnissen (Fn. 94), S. 1777 (die Formulierung in der Richtlinie sei „für den Gesetzgeber verpflichtend").

100 Dazu bereits unter B. IV.

101 *T. Schröder*, in: C. Momsen/T. Grützner (Hrsg.), Wirtschaftsstrafrecht, 2. Aufl., München 2020, Kap. 5A Rn. 132 ff. (im Erscheinen).

102 *D. Bruhn/J. Bülte*, Subventionsbetrug und Verletzung von Cross-Compliance-Vorgaben, NZWiSt 2019, S. 517.

über steuerrechtliche Umgehungsklauseln erfassbar[103] und unethisches Verhalten wird unter Umständen sitten- oder wettbewerbswidrig im Sinne der §§ 5, 5a UWG sein.[104] Zudem bestehen verschiedene Initiativen dafür, Unternehmen dazu zu verpflichten, Verantwortung für Menschenrechtsstandards in globalen Wertschöpfungsketten zu übernehmen.[105] Eine *Straf*rechtswidrigkeit verlangt § 5 Nr. 2 GeschGehG nicht.[106]

Eine weitere Problemstellung, die vom Ausnahmetatbestand des § 5 Nr. 2 GeschGehG nur mittelbar adressiert wird, betrifft die Unterscheidung zwischen den von Mitarbeitern gegen das Unternehmen („occupational crimes") einerseits und den von ihnen zur Bereicherung oder unter Verletzung von Pflichten des Unternehmens („corporate crimes") andererseits begangenen Straftaten.[107] Es stellt sich nämlich die Frage, in welchem Umfang Behörden[108] und die Öffentlichkeit ein berechtigtes Informationsinteresse an Zuwiderhandlungen haben, in denen der Verband – wenn auch in für ihn mitunter blamabler Art und Weise – Opfer und nicht Täter von Zuwiderhandlungen geworden ist. Zwar können erhebliche Diebstähle, Arbeitszeitbetrug oder schwerwiegende Untreuetaten – aber auch Angriffe von außen (z. B. in Fällen des „CEO-Fraud"[109]) – Rückschlüsse auf die Unternehmenskultur und die Qualität der internen Prozesse (insbesondere hinsichtlich des Controlling und des „Anti-Fraud-Management"[110]) zulassen, doch erscheinen Interna zu diesen Deliktskategorien als jedenfalls gegenüber der Öffentlichkeit ungleich schützenswerter als Informationen, die gegen die Allgemeinheit begangene verbandsbezogene Straftaten betreffen.

---

103 BGH wistra 1982, S. 108 (109); *T. Schröder*, Zum Begriff der Gesetzesumgehung im materiellen Strafrecht und seiner Bedeutung für die praktische Anwendung des Rechts, Berlin 2013, S. 91 ff.

104 *Hiéramente* (Fn. 94), § 5 Rn. 26.1.

105 Dazu *M. Lötzsch/M. Fifka*, Einführung einer CE-Kennzeichnung zum vorbeugenden Schutz von Menschenrechten in Wertschöpfungsketten, EuZW 2020, S. 179 (181).

106 Ebenso *Hiéramente* (Fn. 94), § 5 Rn. 19 ff.

107 Zu dieser Differenzierung *G. Dannecker/J. Bülte*, in: H.-B. Wabnitz/T. Janovsky/ L. Schmitt (Hrsg.), Handbuch des Wirtschafts- und Steuerstrafrechts, 5. Aufl., München 2020, 1. Kapitel B. Rn. 6b m.w.N.

108 Zum Verhältnis von „occupational crimes" und der Durchsetzung des Legalitätsprinzips *Meyer*, Whistleblowing (Fn. 19), S. 328.

109 *T. Schröder*, Wirtschaftsstrafrecht (Fn. 101), Kap. 5 A. Rn. 132 ff.; zu einem beispielhaften Fall F.A.Z. online vom 16.08.2016, abrufbar unter https://www.faz.n et/aktuell/wirtschaft/unternehmen/autozulieferer-leoni-um-millionensumme-bet rogen-14390918.html.

110 Dazu *C. Butscher*, Anti-Fraud-Management, Marburg 2014, S. 213 ff., 239 ff.

Um Informationen zu von Mitarbeitern begangenen Diebstählen, Phishing-Angriffen gegen das Unternehmen und vergleichbaren Delikten den Status eines geschützten Geschäftsgeheimnisses zu erhalten (auch, um Nachahmungstaten zu erschweren), erscheint es sinnvoll, nur im Ausnahmefall davon auszugehen, dass deren „Offenlegung geeignet ist, das allgemeine öffentliche Interesse zu schützen" (§ 5 Nr. 2 GeschGehG). Für den vermeintlichen Sonderfall angeblich nicht schützenswerter „rechtswidriger Geheimnisse" (dazu noch unter E., These 5) ist das Problem des Unternehmens als Opfer von Straftaten jedenfalls dann von besonderer Relevanz, wenn die solche Vorgänge betreffenden Interna pauschal zu Umständen erklärt werden, die angeblich nicht dem Begriff des Geschäftsgeheimnisses i.S.d. § 2 GeschGehG unterfallen.

II. Zu den wesentlichen Inhalten der Whistleblowing-Richtlinie (in Bezug auf den strafrechtlichen Schutz von Geschäftsgeheimnissen)

Die am 16.12.2019 in Kraft getretene Whistleblowing-Richtlinie ist ein ehrgeiziger Ansatz der Europäischen Union, in den Grenzen ihrer Gesetzgebungskompetenz einen den privaten wie den öffentlichen Sektor umfassenden systematischen Ansatz zum Mindestschutz von Hinweisgebern zu entfalten. Aus dem umfangreichen Regelwerk seien mit Blick auf den Kontext dieses Beitrags diejenigen Aspekte des Rechtsaktes hervorgehoben, die auch für den Schutz von Geschäftsgeheimnissen und die sich für ihn aus der Whistleblowing-Richtlinie ergebenden Einschränkungen relevant sind.

Die Whistleblowing-Richtlinie handelt zwar vom Hinweisgeber und stellt dessen Mindestschutz in den Mittelpunkt der Regelungen. Doch kann sie ungeachtet dessen nicht als ein Regelwerk betrachtet werden, das vorrangig zu seinem Schutz ergangen wäre. Wie bereits angesprochen (s. o., B. III. 2.), macht der europäische Gesetzgeber in Art. 1 der Whistleblowing-Richtlinie und in den Erwägungsgründen 1–3 deutlich, dass die Richtlinie ein Programm zur Effektivierung des Unionsrechts ist, mit dem Schwächen bei der Rechtsdurchsetzung in einzelnen Mitgliedstaaten, aber auch Mängeln der Funktionsweise der Unionsvorschriften in der Union als Ganzem begegnet werden soll. Dabei erwecken manche Formulierungen mitunter den Eindruck, der Hinweisgeber sei unter Effektivierungsgesichtspunkten eher als Verpflichteter denn als Berechtigter anzusehen:[111] „Wenn [...] sich Hinweisgeber gewöhnlich in einer privilegierten Position befinden, um Verstöße ans Licht zu bringen, muss die Rechtsdurchsetzung verbessert werden, indem effektive, vertrauliche und sichere Meldekanäle eingerichtet und Hinweisgeber wirksam vor Repressalien geschützt werden." Erwägungen dazu, dass Hinweisgeber von ihrem Recht auf freie Meinungsäußerung gemäß der GRCh und der EMRK Gebrauch machten und sich die Richtlinie auf die Judikatur des EGMR zu diesem subjektiven Recht stütze und sich im Einklang mit diesem Grund- bzw. Menschenrecht befinde, lassen sich in den Erwägungsgründen zur Whistleblowing-Richtlinie zwar ebenfalls finden, sie dürften allerdings nicht handlungsleitend für den europäischen Gesetzgeber gewesen sein.[112]

Gemäß Art. 2 Abs. 2 bezieht sich die Whistleblowing-Richtlinie auf die Meldung von Verstößen gegen bestimmte Bereiche des Unionsrechts. Die einzelnen durch Hinweisgeber zu verteidigenden Rechtsakte werden in einem (langen) Anhang aufgeführt. „Verstöße" sollen nach Art. 5 Abs. 1 nicht nur rechtswidrige Handlungen sein, die mit den aufgeführten Bereichen und Rechtsakten in Verbindung stehen, sondern bereits Handlungen, die dem Normzweck dieser Rechtsakte zuwiderlaufen. Den Mitgliedstaaten steht die Möglichkeit offen, den Schutz nach nationalem Recht in Bezug auf Bereiche oder Rechtsakte auszudehnen, die nicht unter die Aufzählung im Anhang fallen (Art. 2 Abs. 2 Whistleblowing-Richtlinie).

Gemäß Art. 6 Abs. 1 lit. a) der Whistleblowing-Richtlinie sind Hinweisgeber nicht nur hinsichtlich Angaben geschützt, die sich als zutreffend erweisen, sondern bereits dann, wenn sie zum Zeitpunkt der Meldung hinreichenden Grund zu der Annahme hatten, dass die gemeldeten Informationen der Wahrheit entsprachen. Der europäische Gesetzgeber wählt damit einen zugunsten des Hinweisgebers wirkenden objektivierten Ex-ante-Maßstab.

Hinweisgeber haben nur Anspruch auf Schutz im Rahmen der Richtlinie, wenn sie bei der Wahl ihrer Informationskanäle eine bestimmte Reihenfolge einhalten (Artt. 6 Abs. 1 lit. b), 7, 10, 15 der Whistleblowing-Richtlinie). Die Richtlinie unterscheidet die interne Meldung, die externe

---

111 Skeptisch sowohl hinsichtlich der Wirksamkeit von Whistleblowing als Aufdeckungsinstrument als auch in Bezug auf das zugrundeliegende Gesellschafts- und Unternehmensmodell *Hefendehl*, Whistleblowing (Fn. 20), S. 636, 640 ff.; zur zweifelhaften Wirksamkeit von Whistleblowing ferner *Kölbel/Herold*, Whistleblowing (Fn. 42), S. 431 ff. sowie *dieselben*, Wirtschaftskontrolle durch Whistleblowing?, NK 2015, S. 375.
112 Whistleblowing-Richtlinie (Fn. 2), Erwägungsgründe 31 und 109.

Meldung (Adressaten sind die zuständigen Behörden, vgl. Art. 5 Nr. 5) und das öffentliche Zugänglichmachen von Informationen über Verstöße („Offenlegung", vgl. Art. 5 Nr. 6). Hinweisgeber haben gemäß Art. 10 der Whistleblowing-Richtlinie zunächst ein Wahlrecht, ob sie interne oder externe Meldekanäle wählen.

Im Zuge des informellen Trilog-Verhandlungen blieb vor allem die Frage, ob Hinweisgeber zunächst auf interne Meldekanäle verpflichtet werden sollten, bis zum Ende des Gesetzgebungsverfahren zwischen Kommission, Rat und Parlament heftig umstritten und verzögerte eine Verabschiedung des Rechtsaktes. Rat und Kommission plädierten für ein dreistufiges Verfahren, das Parlament für weitgehende Wahlrechte des Hinweisgebers.[113] Diese Kontroverse findet auch in der verabschiedeten Richtlinie noch ihren Ausdruck darin, dass sich das Parlament zwar mit einem Wahlrecht des Hinweisgebers zwischen interner und externer Meldung durchsetzen konnte, sich die Mitgliedstaaten gemäß Art. 7 Abs. 2 der Whistleblowing-Richtlinie aber dafür einsetzen sollen, dass die Meldung über interne Meldekanäle gegenüber der Meldung über externe Meldekanäle in den Fällen bevorzugt wird, in denen intern wirksam gegen den Verstoß vorgegangen werden kann und der Hinweisgeber keine Repressalien befürchtet. Diese Kompromissformel dürfte allerdings die Mitgliedstaaten nicht dazu ermächtigen, das Wahlrecht auf den externen Meldekanal durch zusätzliche Hürden faktisch zu erschweren. Die Offenlegung gemäß Art. 15 der Whistleblowing-Richtlinie ist jedenfalls ausdrücklich subsidiär und nur für bestimmte Konstellationen vorgesehen. Namentlich ist der Hinweisgeber bei Offenlegung durch die Richtlinie geschützt, wenn a) die Empfänger der internen oder externen Meldung innerhalb des vorgegebenen Zeitrahmens keine geeigneten Maßnahmen ergriffen haben, b) der Verstoß eine unmittelbare oder offenkundige Gefährdung des öffentlichen Interesses darstellen kann oder c) wenn der Hinweisgeber im Fall einer externen

---

113 *K.-U. Schmolke*, Die neue Whistleblower-Richtlinie ist da! Und nun?, NZG 2020, S. 5 (5 f.); ferner Pressemitteilung des Rats vom 25.01.2019, abrufbar unter https://www.consilium.europa.eu/de/press/press-releases/2019/01/25/better-protection-of-whistleblowers-council-adopts-its-position/; F.A.Z. online vom 27.02.2019, abrufbar unter https://www.faz.net/aktuell/politik/ausland/deutschland-stellt-sich-gegen-besseren-whistleblower-schutz-in-eu-16062400.html; *M. Becker/C. Teevs*, Warum Bundesregierung und EU-Parlament über Whistleblower streiten, SPIEGEL Online vom 27.02.2019, abrufbar unter https://www.spiegel.de/politik/deutschland/whistleblower-wie-die-bundesregierung-sie-schuetzen-will-a-1255344.html.

Meldung Repressalien zu befürchten hat oder ein kollusives Zusammenwirken zwischen der Behörde und dem Urheber des Verstoßes naheliegt.

Sind die vorgenannten Voraussetzungen eingehalten, so kann gemäß Art. 21 Abs. 2 der Whistleblowing-Richtlinie Personen, die Informationen über Verstöße melden oder offenlegen, nicht vorgeworfen werden, Offenlegungsbeschränkungen verletzt haben, und sie können für eine solche Meldung oder Offenlegung in keiner Weise haftbar gemacht werden, sofern sie hinreichenden Grund zu der Annahme hatten, dass die Meldung oder Offenlegung der Information notwendig war, um einen Verstoß gemäß dieser Richtlinie aufzudecken. Dieser Ausschluss einer „Haftung" wird auch eine im Raum stehende strafrechtliche Verantwortlichkeit gemäß § 23 GeschGehG einschließen. Im Hinblick auf das in zähen Verhandlungsrunden errungene, in Art. 10 der Whistleblowing-Richtlinie ausdrücklich festgelegte Wahlrecht des Hinweisgebers zwischen interner und externer Meldung wird man die soeben wiedergegebene Erforderlichkeitshürde nicht dahingehend interpretieren können, der Hinweisgeber dürfe eine externe Meldung – also womöglich durch § 23 GeschGehG erfasstes Verhalten – nur vornehmen, wenn er sie mangels interner Bereitschaft zur Abhilfe für notwendig erachtet. Vielmehr liegt es nahe, diesen Passus des Art. 21 Abs. 2 der Whistleblowing-Richtlinie so auszulegen, dass der Hinweisgeber aus nachvollziehbaren Gründen eine interne *oder* externe Meldung für erforderlich gehalten haben muss.

E. Zehn Thesen zur Umsetzung der Whistleblowing-Richtlinie im nationalen Recht

Die Mitgliedstaaten müssen die Whistleblowing-Richtlinie gemäß Art. 26 Abs. 1 bis zum 17. Dezember 2021 in nationales Recht umsetzen.[114] Für Deutschland besteht erheblicher Umsetzungsbedarf im öffentlichen wie im privaten Sektor, der vor allem die Vorgaben zur Ausgestaltung interner und externer Meldekanäle und -verfahren betrifft, wie sie in Artt. 7 ff., 11 ff. der Whistleblowing-Richtlinie vorgegeben sind. Weitere wesentliche Aufgaben des deutschen Gesetzgebers betreffen Regelungen zum Verbot von Repressalien (Art. 19) und diesbezügliche Schutzmaßnahmen

---

114 Hinsichtlich juristischer Personen mit 50 bis 249 Arbeitnehmern bestehen gemäß Art. 26 Abs. 2 der Whistleblowing-Richtlinie für die Mitgliedstaaten noch zwei weitere Jahre Zeit, um Recht- und Verwaltungsvorschriften zu der verpflichtenden Errichtung interner Meldekanäle zu erlassen.

(Art. 21), zu den von der Whistleblowing-Richtlinie festgelegten unterstützenden Maßnahmen (Art. 20) sowie zu den gegen die Behinderung von Hinweisgebern gerichteten Mindestsanktionen (Art. 23).

Auch für die strafrechtliche Absicherung von Geschäftsgeheimnissen steht der deutsche Gesetzgeber vor der Herausforderung, den Schutz von Hinweisgebern neu zu strukturieren. Als Diskussionsbeitrag (und zugleich Ausblick) zu der zu diesen Regulierungsfragen anstehenden rechtspolitischen Debatte sollen zum Abschluss zehn Vorschläge zur Umsetzung der Whistleblowing-Richtlinie als Thesen zusammengefasst werden:

These 1: Die Whistleblowing-Richtlinie bildet eine ausgewogene Grundlage für den Hinweisgeberschutz in der Privatwirtschaft.

Die Richtlinie präsentiert einen ausgewogenen Kompromiss[115] für den Hinweisgeberschutz im öffentlichen Sektor wie in der Privatwirtschaft, indem sie neue Anforderungen an die regulierte Selbstregulierung stellt und zugleich das vorbehaltlose Recht des einzelnen Bürgers anerkennt, sich mit Verdachtsmomenten an die zuständigen Behörden zu wenden. Zugleich nimmt der europäische Gesetzgeber damit Stellung im Wettbewerb zwischen Unternehmen und Behörden um deliktsbezogenes Mitarbeiterwissen.[116] Zu Recht wird die Offenlegung von Missständen gegenüber der Öffentlichkeit als nachrangig festgelegt (Art. 15 der Whistleblowing-Richtlinie), auch wenn dadurch der öffentliche Diskurs über Verfehlungen von Verbänden damit beschränkt wird. Diese Abstufung sollte auch der nationale Gesetzgeber bei der Umsetzung beibehalten. Da häufig zunächst unklar ist, ob die erhobenen Vorwürfe tatsächlich zutreffen, bildet der öffentliche Pranger auf Grundlage bloßer Verdachtsmomente ein problematisches Charakteristikum gesellschaftlicher Selbstregulierung. Öffentlichrechtliche Sanktionierung muss vorhersehbar, berechenbar und verhältnismäßig ausgestaltet werden. Die Reaktion der Allgemeinheit auf Informationen ist aber gerade nicht kontrollierbar und vorhersehbar und deshalb

---

115 Grundsätzlich zustimmend auch *S. Gerdemann*, Revolution des Whistleblowing-Rechts oder Pfeifen im Walde? Der Richtlinienvorschlag der Europäischen Kommission zum Schutz von Whistleblowern, RdA 2019, S. 16 (28).

116 Dazu, dass internes und externes Whistleblowing aufgrund der unterschiedlichen „Operationslogik" von Unternehmen (und der dort bevorzugten ungestörten internen Verarbeitung von Hinweisen) einerseits und dem Aufklärungsinteresse der Strafverfolgungsbehörden andererseits grundsätzlich unverträglich erscheinen *Kölbel/Herold*, Whistleblowing (Fn. 42), S. 431 f.; gleichsinnig *Meyer*, Whistleblowing (Fn. 19), S. 328.

unter Verhältnismäßigkeitsgesichtspunkten – insbesondere hinsichtlich hypertropher Skandalisierungseffekte – bedenklich.[117]

Um dem berechtigten Informationsbedürfnis der Öffentlichkeit über illegale Geschäftstätigkeiten von Unternehmen gerecht zu werden, erscheint es allerdings erwägenswert, zum Ausgleich für die in der Whistleblowing-Richtlinie nur nachrangig vorgesehene Offenlegung gegenüber der Allgemeinheit die öffentliche Bekanntmachung der Verurteilung eines Verbandes in einem kommenden Unternehmensstrafrecht zum Regelfall zu machen.[118]

These 2: Die Umsetzungsgesetzgebung sollte die Rechte von Whistleblowern auch auf Hinweise zu Verstößen gegen nationales Recht erweitern.

Die Whistleblowing-Richtlinie erscheint kaum in brauchbarer Weise umsetzbar, falls die derzeitige Beschränkung auf Hinweise zu Verstößen gegen den im Anhang genannten Katalog von europäischen Rechtsakten im nationalen Recht beibehalten werden sollte.[119] Bereits die Kenntnis der einzelnen unionsrechtlichen Normen in den Anhängen der Whistleblowing-Richtlinie dürfte Hinweisgeber häufig überfordern. Dieses Ausgangsproblem wird noch einmal dadurch verschärft, dass der EuGH schon bei sehr schwachen europarechtlichen Bezügen in Normen des nationalen Rechts von einer Durchführung von Unionsrecht ausgeht.[120] Es dürfte daher für den einzelnen Whistleblower in vielen Fallgestaltungen kaum möglich sein, die notwendige rechtliche Orientierungssicherheit darüber zu gewinnen, dass seine Hinweise einen von der Whistleblowing-Richtlinie erfassten, nämlich unionsrechtlich determinierten Bereich betreffen.

Um eine effektive Verwirklichung und Durchsetzung des Unionsrechts praktisch nicht unmöglich zu machen, erscheint es daher bereits angesichts Art. 4 Abs. 3 EUV geboten, die Whistleblowing-Richtlinie auch auf nicht-unionale Rechtsakte zu erstrecken. Auch wenn es auf den ersten Blick paradox erscheint, könnte der europäische Gesetzgeber über den Ef-

---

117 *Kölbel*, Unternehmenskriminalität (Fn. 59), S. 446.
118 Insoweit noch zu zurückhaltend erscheint § 14 des Regierungsentwurfs für ein Verbandssanktionengesetz (Fn. 50): „Bei einer großen Zahl von Geschädigten kann das Gericht neben der Verhängung einer Verbandssanktion nach § 8 zur Information der durch die Verbandstat Geschädigten die öffentliche Bekanntmachung der Verurteilung des Verbandes anordnen. [...]"
119 So auch *Schmolke*, Whistleblower-Richtlinie (Fn. 113), S. 10.
120 EuGH, Rs. C-617/10 (Åkerberg Fransson), EuZW 2013, S. 302 (303 ff.) und JZ 2013, S. 613 (614 ff.) mit Anmerkung *G. Dannecker*; *K. Wegner*, Die "Fransson"-Entscheidung des EuGH – Eine Erschütterung im System der europäischen Grundrechte?, HRRS 2013, S 126.

fet utile-Grundsatz damit gerade dadurch eine umfassende – und seine Rechtssetzungskompetenz eigentlich überschreitende – Reichweite der Whistleblowing-Richtlinie in den Mitgliedstaaten erreichen, dass er einen breiten und schwer überschaubaren Katalog an europäischen Rechtsakten zum Gegenstand der Whistleblowing-Richtlinie gemacht hat. Indem der deutsche Gesetzgeber Hinweisgebern das Recht einräumt, einen Verstoß gegen alle Normen des einfachen Rechts zu melden, könnte und sollte er die Whistleblowing-Richtlinie zum Anlass nehmen, ein ausgewogenes Hinweisgebersystem zum allgemeinen Bestandteil der deutschen Rechtsordnung zu machen. Demgegenüber erschiene es nicht praktikabel, den Katalog an Rechtsakten in der Whistleblowing-Richtlinie um weitere Kataloge des nationalen Rechts zu ergänzen oder auf bestimmte Rechtsverstöße wie etwa Straftaten zu beschränken.[121]

These 3: Die Umsetzung sollte in einem neuen Stammgesetz loziert werden, das die rechtlichen Vorgaben zum Whistleblowing für alle Rechtsbereiche regelt.

Der rechtlichen Orientierung des Hinweisgebers sowie der Wirksamkeit des Whistleblowings als neuem festen Bestandteil der deutschen Rechtsordnung kann am ehesten dadurch gedient werden, dass die Umsetzung der unionsrechtlichen Vorgaben aus der Whistleblowing-Richtlinie in einem neuen nationalen Whistleblowing-Stammgesetz erfolgt, das die Anforderungen sowohl für vom Recht geschützte Meldungen und Offenlegungen als auch die Strukturen interner Meldekanäle und Schutzmaßnahmen für Whistleblower für den öffentlichen wie privaten Sektor einheitlich festlegt.[122] Demgegenüber würde ein Artikelgesetz, das für jeden der betroffenen Sektoren die Vorgaben einzeln festlegt, kaum praktikabel sein und die anzustrebende Publizität der neuen Regeln als Voraussetzung ihrer Wirksamkeit nicht erzielen können.

---

121 A. A., auch im Hinblick auf die durch die Vorgaben der Richtlinie entstehenden Kosten *Schmolke*, Whistleblower-Richtlinie (Fn. 113), S. 10; für eine Erweiterung „jedenfalls auf Straftatbestände und unternehmensrechtliche Bußgeldtatbestände i.S.v. § 30 OWiG" plädiert *S. Gerdemann*, Überlegungen zur nationalen Umsetzung der Richtlinie zum Schutz von Personen, die Verstöße gegen das Unionsrecht melden („Whistleblowing-Richtlinie"), Stellungnahme für Whistleblower-Netzwerk e.V. und Transparency International Deutschland e.V., abrufbar unter https://www.transparency.de/fileadmin/Redaktion/Aktuelles/Pressemitteilungen_verlinkte_PDFs/UEberlegungen_zur_nationalen_Umsetzung_der_W histleblowingrichtlinie.pdf, S. 1.

122 Ebenso *Schmolke*, Whistleblower-Richtlinie (Fn. 113), S. 9 f.; *Gerdemann*, Überlegungen zur Umsetzung (Fn. 121), S. 4.

These 4: Die Umsetzung unionsrechtlicher Vorgaben sollte in das nationale Rechtssystem eingepasst werden; dies bedeutet, dass sich darin die starke Stellung subjektiver Rechte in der deutschen Rechtsordnung widerspiegeln sollten.

Bei Umsetzung der Whistleblowing-Richtlinie sollte der deutsche Gesetzgeber dafür Sorge tragen, dass die kollidierenden Rechtspositionen der betroffenen natürlichen und juristischen Personen im Gesetzgebungsverfahren diskutiert und zu einem Ausgleich gebracht werden. Zwar ist die Richtlinie offenkundig auf die Effizienz von public enforcement und damit auf die Durchsetzung vor allem des objektiven Rechts ausgerichtet, doch gebietet es die sowohl im Verfassungs- als auch im einfachen Recht von subjektiven Rechten geprägte deutsche Rechtsordnung, dass insbesondere im Hinblick auf die Grundrechte nicht auf einen Schwerpunkt abgestellt und eines dieser Grundrechte herausgegriffen wird, sondern im Gesetzgebungsverfahren sämtliche tangierten Grundrechte berücksichtigt werden und jeweils eine Überprüfung vorgenommen wird. Ungeachtet der mit Blick die Rechtssicherheit bestehenden Vorzüge einer für den öffentlichen wie privaten Sektor einheitlichen Lösung dürfte sich bei dieser Analyse allerdings zeigen, dass die Freiheitsverteilung zwischen Geschäftsgeheimnisinhaber und Hinweisgeber im privaten Sektor die grundrechtlichen Freiheiten des Hinweisgebers gegen den Staat (insbesondere die Meinungs- und Informationsfreiheit) bei Whistleblowing im öffentlichen Sektor mit Blick auf die im Grundgesetz zum Ausdruck kommende objektive Wertordnung zwar nachformt, sich aber nicht aus einer unmittelbaren Anwendbarkeit der Grundrechte zwischen Privaten ergibt (s. o., B. III.).

These 5: Das Geschäftsgeheimnisschutzgesetz sollte auch weiterhin sog. rechtswidrige Geheimnisse schützen.

Auch nach Inkrafttreten des GeschGehG bleibt im Schrifttum, wie bereits zu § 17 UWG a. F.,[123] die Frage umstritten, ob auch sog. rechtswidrige Geheimnisse – zutreffender: Informationen über rechtswidrige Handlungen – überhaupt in den Schutzbereich des GeschGehG fallen, sie also bereits unabhängig von Einzelfragen zur Reichweite des § 5 Nr. 2 GeschGehG womöglich gar nicht gegen Meldungen und Offenlegungen durch

---

123 Zum Streitstand *Engländer/Zimmermann*, Illegale Geheimnisse (Fn. 68), S. 330 ff.; *R. Brockhaus*, Das Geschäftsgeheimnisgesetz. Zur Frage der Strafbarkeit von Hinweisgebern unter Berücksichtigung der Whistleblowing-Richtlinie, ZIS 2020, S. 102 (103 ff.); jeweils m. w. N.

Hinweisgeber geschützt sind.[124] Gegen ihren Schutz führen einige Autoren an, dass „Geschäftsgeheimnisse" gemäß § 2 Nr. 1 lit. c) GeschGehG nur bei einem berechtigten Interesse an ihrer Geheimhaltung existierten; das treffe auf illegale Geheimnisse nicht zu.[125] Sie seien auch nicht von wirtschaftlichem Wert, was aber § 2 Nr. 1 lit. a) gerade voraussetze. Zudem begäbe sich die Rechtsordnung in einen Selbstwiderspruch, wenn sie einerseits geheime Informationen über einen Sachverhalt abschirmte, den sie andererseits missbilligt. Schließlich werde aus § 5 Nr. 2 GeschGehG aufgrund dieser Sichtweise keine redundante Norm, da sie schon eingreife, wenn im Zusammenhang mit der Aufdeckung einer rechtswidrigen Handlung ein legales Geschäftsgeheimnis betroffen ist.[126]

Diese Interpretation des GeschGehG wird zu Recht abgelehnt.[127] Die Grundidee, sog. rechtswidrige Geheimnisse nicht als Geschäftsgeheimnisse zu schützen, war sub specie § 17 UWG a. F. noch nachvollziehbar, weil der Geschäftsgeheimnisschutz bis ins Jahr 2019 hinein allein an die Strafrechtsordnung delegiert war und sich Hinweisgeber ohne diese Einschränkung des Tatbestandes und mangels Whistleblowing-Gesetzgebung allein auf den rechtfertigenden Notstand (§ 34 StGB) berufen konnten. Im geltenden Recht findet diese Auffassung keine hinreichende Stütze mehr, vernachlässigt sie doch bereits den deutlich erkennbaren Willen des europäischen wie des deutschen Gesetzgebers, auf Hinweisgeber gerade in Bezug auf sogenannte rechtswidrige Geschehnisse mit Sondervorschriften einzugehen, die zwar ihrerseits von einer tatbestandlichen Verletzung von Verschwiegenheitspflichten ausgehen, dem Hinweisgeber aber einen Schutz oder eine „Ausnahme" zugestehen.[128]

---

124 *M. Schreiber*, Das neue Gesetz zum Schutz von Geschäftsgeheimnissen – ein „Freifahrtschein" für Whistleblower, NZWiSt 2019, S. 332 (334 f.); *R. Hauck*, Was lange währt … – Das Gesetz zum Schutz von Geschäftsgeheimnissen (GeschGehG) ist in Kraft, GRUR-Prax 2019, S. 223 (224).

125 *Brockhaus*, Das Geschäftsgeheimnisgesetz (Fn. 123), S. 109.

126 *C. Alexander*, in: H. Köhler/J. Bornkamm/J. Feddersen/C. Alexander (Hrsg.), Gesetz gegen den unlauteren Wettbewerb, 38. Aufl., München 2020, § 2 GeschGehG Rn. 79; *Brockhaus*, Das Geschäftsgeheimnisgesetz (Fn. 123), S. 110.

127 *Hiéramente* (Fn. 94), § 5 Rn. 72 ff.; *O. Hohmann*, in: W. Joecks/K. Miebach (Hrsg.), Münchener Kommentar zum StGB, Band 7, 3. Aufl., München 2019, § 23 GeschGehG Rn. 41; *Dann/Markgraf*, Schutz von Geschäftsgeheimnissen (Fn. 94), S. 1776; *Reinbacher*, Whistleblowing (Fn. 94), S. 149 ff.; *Ullrich*, Schutz von Whistleblowern (Fn. 94), S. 67.

128 Erwägungsgrund 20 der Geschäftsgeheimnisschutz-Richtlinie (Fn. 1) bezieht sich explizit auf Whistleblower. Weil ihre Aktivitäten durch die Richtlinie nicht eingeschränkt werden sollten, erstrecke sich „der Schutz von Geschäftsgeheimnissen nicht auf Fälle, in denen deren Offenlegung dem öffentlichen Interesse

Auch bei einer Gegenüberstellung der widerstreitenden Interessen vermag es nicht recht einzuleuchten, weshalb es zur Durchsetzung des überwiegenden öffentlichen Interesses, mit Hilfe von Hinweisgebern die in Organisationen begangenen Zuwiderhandlungen etwaigen Verdunkelungsmaßnahmen des Verbandes zu entziehen, notwendig sein soll, Unternehmen jegliche Herrschaftsmacht über ihr Know-how zu entziehen. Es kann vielmehr durchaus anerkennenswerte Gründe für Verbände geben, eine Selbstanzeige bei den zuständigen Behörden zu verzögern, so etwa, um sich selbst Gewissheit über die Verdachtsmomente zu verschaffen, um sodann eine datenschutzrechtlich sichere Grundlage für eine interne Untersuchung zu gewinnen oder um Unterlagen zu sichern, die für Regressforderungen gegen Führungspersonal relevant werden könnten. Auch der Gesetzgeber bestärkt derzeit entsprechende Zielsetzungen eines hinsichtlich des Verdachts verbandsbezogener Straftaten zunächst schweigenden Unternehmens, so etwa im „Windhunderennen" um die Bonusregelung im Kartellordnungswidrigkeitenverfahren[129] oder mit Blick auf die Überlegungen für ein Verbandsstrafrecht. So sieht der Regierungsentwurf des BMJV für ein Verbandssanktionengesetz[130] in Abs. 1 Nr. 1 des § 17 („Milderung der Verbandssanktion bei verbandsinternen Untersuchungen") eine Absenkung der Verbandssanktion vor, falls u. a. „der Verband oder der von ihm beauftragte Dritte wesentlich dazu beigetragen haben, dass die Verbandsstraftat aufgeklärt werden konnte". Insoweit dürfte sich die zusätzlich eingeforderte ununterbrochene und uneingeschränkte Zusammenarbeit mit den Verfolgungsbehörden (vgl. § 18 Abs. 1 Nr. 3 VerSanG) eher plausibilisieren lassen, wenn der Verband Gestalter der verbandsinternen Untersuchung ist und nicht – wie zuweilen im Fall einer frühzeitigen externen Meldung – Getriebener immer neuer Informations- und Unterlagenanforderungen der zuständigen Ermittlungsbehörden wird.

---

diene, als eine […] illegale Tätigkeit von unmittelbarer Relevanz aufgedeckt" werde. Der Regierungsentwurf zum Geschäftsgeheimnisschutzgesetz stellt klar, dass § 5 Nr. 2 GeschGehG dem „Schutz der so genannten Whistleblower" diene (BT-Drs. 19/4724, S. 29). Auch die Whistleblowing-Richtlinie (Fn. 2) formuliert als ihr Leitbild den Hinweisgeber, der sich „gewöhnlich in einer privilegierten Position befindet, um Verstöße ans Licht zu bringen", weil er „für eine öffentliche oder private Organisation" arbeitet und deshalb „ein in diesem Zusammenhang auftretende Gefährdung oder Schädigung des öffentlichen Interesses häufig als Erste" wahrnähme (Erwägungsgründe 1 und 3).

129 *G. Dannecker*, in: Rotsch (Hrsg.), Criminal Compliance (Fn. 19), § 16 Rn. 34 ff.; *Hiéramente* (Fn. 94), § 2 Rn. 76.1.
130 Vgl. Fn. 50.

Diese wenigen Beispiele belegen, dass legitime Interessen eines Verbandes an der Geheimhaltung von Zuwiderhandlungen vom Gesetzgeber zwar gegenüber einer Effektivierung des public enforcement – insbesondere durch die Einräumung eines Wahlrechts zwischen interner und externer Meldung gemäß Art. 10 der Whistleblowing-Richtlinie – niedriger gewichtet werden können, diese Zurückstufung als Ergebnis einer legislativen Interessenabwägung aber nicht mit der Nonexistenz eines auch rechtlich erheblichen Geheimhaltungsanliegens gleichgesetzt werden sollte.[131] Diese Zusammenhänge werden bereits durch den Begriff des „rechtswidrigen Geheimnisses" verdunkelt, denn er suggeriert fälschlicherweise, dass die Geheimhaltung von Informationen über rechtswidrige Handlungen selbst rechtswidrig sei und bereits deshalb ein freizügiger Umgang mit solchen Unternehmensinterna naheliege.[132]

Soweit ersichtlich, scheinen diejenigen, die einen Ausschluss sog. rechtswidriger Geheimnisse vom Schutzbereich der § 2, 23 GeschGehG befürworten, nicht zwischen „occupational crimes", kriminellen Angriffen von außen und „corporate crimes" zu unterscheiden (zu dieser Unterscheidung s. o., D. I. 3.). Werden aber insbesondere Informationen zu Straftaten innerhalb eines Verbandes, die von Mitarbeitern gegen das Unternehmen begangen werden, als sog. rechtswidrige Geheimnisse aus dem Schutzbereich des GeschGehG herausgehalten,[133] erscheint fraglich, ob eine demnach rechtlich unbeschränkte Offenlegung dieser Straftaten gegenüber der breiten Öffentlichkeit regelmäßig einem legitimen Informationsbedürfnis dient.[134] Eine trennscharfe Unterscheidung zwischen occupational und corporate crimes und dem damit einhergehenden unterschiedlichen öffentlichen Informationsanspruch dürfte dem Hinweisgeber bis zur endgültigen Aufklärung des Geschehens ohnehin nicht immer möglich sein, was sich eindrücklich am Beispiel von Korruptionssachverhalten demonstrieren lässt: Die Bildung von sog. schwarzen Kassen in einem Unternehmen, die spätere Bestechungszahlungen im Ausland ermöglichen soll, ist nach

---

131 *Ohly*, Geschäftsgeheimnisgesetz (Fn. 85), S. 444 f.

132 Ähnlich bereits *Brockhaus*, Das Geschäftsgeheimnisgesetz (Fn. 123), S. 103 m. Fn. 10.

133 Auch die negative Kenntnis über (ruf-)schädigende Umstände wie z. B. Rechtsverletzungen haben einen wirtschaftlichen Wert i.S.d. § 2 Nr. 1 lit. a) GeschGehG (str.); wie hier *Hiéramente* (Fn. 94), § 2 Rn. 78.2.; *Ohly*, Geschäftsgeheimnisgesetz (Fn. 85), S. 443; a. A. *Schreiber*, Whistleblower (Fn. 124), S. 335 m. w. N.

134 Eine Strafverfolgung von Amts wegen erscheint dagegen weiterhin sinnvoll, weil die Strafverfolgungsbehörden auch insoweit zur Verfolgung von Straftaten berufen sind; *Meyer*, Whistleblowing (Fn. 19), S. 328.

höchstrichterlicher Rechtsprechung eine Untreue (§ 266 StGB), also ein von innen begangener Angriff auf das Unternehmensvermögen.[135] Der spätere Einsatz der Gelder ist Bestechung (§§ 299, 334, 335a StBG), die Verbandsgeldbußen und Einziehungsentscheidungen gegen das bereicherte Unternehmen nach sich ziehen kann.

These 6: Das Provisorium des § 5 Nr. 2 GeschGehG sollte im Zuge der Umsetzung der Whistleblowing-Richtlinie aufgehoben werden.

Die in der Whistleblowing-Richtlinie festgelegten unionsrechtlichen Vorgaben werfen die Frage auf, wie sich der dort vorgesehene (Mindest-)Schutz für Hinweisgeber bei Umsetzung in nationales Recht auf den Schutz von Geschäftsgeheimnissen, vor allem auf die Reichweite der „Ausnahme" gemäß § 5 Nr. 2 GeschGehG auswirkt.

In Erwägungsgrund 98 zur Whistleblowing-Richtlinie finden sich zu dieser Frage einige Anmerkungen,[136] die sich folgendermaßen zusammenfassen lassen: Erlaubt die Whistleblowing-Richtlinie eine Offenlegung, so ist sie auch gemäß der Geschäftsgeheimnisschutz-Richtlinie zulässig. Ist die Whistleblowing-Richtlinie nicht anwendbar, ist die Offenlegung von Geschäftsgeheimnissen gleichwohl zulässig, wenn sie die Geschäftsgeheimnisschutz-Richtlinie erlaubt. Sind beide Richtlinien anwendbar, ergänzen sie einander.

Damit bieten diese Hinweise nur eine begrenzte Hilfestellung für die anstehenden Umsetzungsfragen. Immerhin verschließt die Whistleblowing-Richtlinie, die dem Hinweisgeber ein Wahlrecht zwischen interner und externer Meldung belässt, deutschen Gerichten mit Blick auf Art. 3 Abs. 2 der Geschäftsgeheimnisschutz-Richtlinie zukünftig[137] die

---

135 BGHSt 55, 266 (276 ff.); vom BVerfG (E 126, 170 [216 f.]) für verfassungskonform erklärt.

136 Die deutsche Fassung des Erwägungsgrunds 98 der Whistleblowing-Richtlinie (Fn. 2) lautet (in Auszügen): „[...] Sind die [...] Bedingungen [für den Schutz von Hinweisgebern gemäß der Whistleblowing-Richtlinie] erfüllt, so ist die Offenlegung von Geschäftsgeheimnissen als nach dem Unionsrecht erlaubt im Sinne von Art, 3 Abs. 2 der [Geschäftsgeheimnisschutz-Richtlinie] zu betrachten. Überdies sollten beide Richtlinien als einander ergänzend betrachtet werden, und die in der [Geschäftsgeheimnisschutz-Richtlinie] vorgesehenen zivilrechtlichen Schutzmaßnahmen [...] sowie Ausnahmen sollten weiterhin immer dann gelten, wenn eine Offenlegung von Geschäftsgeheimnissen nicht in den Anwendungsbereich der [Whistleblower]-Richtlinie fällt."

137 Zu der Frage, inwieweit nationale Gerichte auf Grund Unionsrechts bereits vor Ablauf der Umsetzungsfrist zu einer richtlinienkonformen Auslegung des nationalen Rechts gelangen müssen, siehe bereits oben, D. I. 3. mit Fn. 93.

Möglichkeit, den offen formulierten § 5 Nr. 2 GeschGehG in Anlehnung an EGMR- und BAG-Rechtsprechung dahingehend zu interpretieren, dass eine Offenlegung nur dann geeignet ist, das allgemeine öffentliche Interesse zu schützen, wenn zuvor eine interne Meldung vorgenommen worden oder aussichtslos bzw. unzumutbar war. Ferner wird der Schutz des Hinweisgebers bei irrtümlichen Falschangaben im Rahmen des auch insoweit indeterminiert formulierten § 5 Nr. 2 GeschGehG auf den in Art. 6 Abs. 1 lit. a) der Whistleblowing-Richtlinie vorgesehenen Mindeststandard angehoben.

Bei einer auf einen überschießenden nationalen Whistleblower-Schutz verzichtenden Umsetzung der Whistleblowing-Richtlinie[138] wäre allerdings nach wie vor eine Diskrepanz zum Schutzniveau des § 5 Nr. 2 GeschGehG dadurch denkbar, dass weder dem Wortlaut der deutschen Textfassung des Art. 5 lit. b) der Geschäftsgeheimnisschutz-Richtlinie noch dem ihrer Umsetzung in § 5 Nr. 2 GeschGehG bestimmte oder gar prioritäre Meldekanäle sowie eine Begrenzung auf Rechtsverstöße als Gegenstand der Offenlegung zu entnehmen sind. Es ist zwar nicht fernliegend, dass deutsche (Straf-)Gerichte ihre Interpretation des § 5 Nr. 2 GeschGehG an die Whistleblowing-Richtlinie und die entsprechende Umsetzungsgesetzgebung möglichst angleichen werden, doch ist auch denkbar, dass sich sowohl hinsichtlich der unmittelbaren Offenbarung von Geschäftsgeheimnissen (ohne vorherige Inanspruchnahme anderer Meldekanäle) als auch hinsichtlich der Offenbarung fragwürdiger legaler Geschäftspraktiken ein Sonderweg des Whistleblowings für die Verletzung von Geschäftsgeheimnissen gegenüber den Befugnissen des Hinweisgebers in übrigen Bereichen, insbesondere dem öffentlichen Sektor entwickelt.[139]

Eine solche Aufspaltung wäre allerdings zu bedauern, weil durch sie neue Rechtsunsicherheit für Hinweisgeber drohte und damit weder deren Grundrechtsausübung noch der angestrebten Effektivierung objektiven Rechts gedient wäre. Würde der deutsche Gesetzgeber die in der Whistleblowing-Richtlinie festgelegten Mindeststandards übernehmen, wäre zudem mit dem Bereich der Geschäftsgeheimnisse ein erheblicher Sektor der Richtlinien-Vorgaben durch abweichende Vorgaben des GeschGehG überlagert. Dies wäre nicht nur angesichts der deutlichen Einschränkung des vermeintlich breiten Anwendungsbereichs des europäischen Rechtsaktes

---

138 Zu den Umsetzungsspielräumen des nationalen Gesetzgebers *Schmolke*, Whistleblower-Richtlinie (Fn. 113), S. 8 ff.

139 Kritik bereits bei *I. Ullrich*, Die EU-Whistleblower-Richtlinie oder Richtlinien-Potpourri zum Schutz von Whistleblowern, WiJ 2019, S. 52 (55 f., 60 f.).

zum Hinweisgeberschutz verwunderlich, sondern dürfte auch die Wahrscheinlichkeit dafür reduzieren, dass sich Whistleblowing nach ausgewogenen festen Spielregeln zu einem wichtigen Bestandteil der deutschen Rechtsordnung entwickeln kann.

Aus diesen Gründen erscheint eine Rechtsangleichung sinnvoll. Sie ist in beide Richtungen denkbar: Während allerdings eine Umsetzungsgesetzgebung, welche die Handlungsbefugnisse des Whistleblowers denjenigen gemäß § 5 Nr. 2 GeschGehG anpasst, im Hinblick auf die Unbestimmtheit und – bei einer extensiven Interpretation der Handlungsspielräume für Hinweisgeber – auch Unausgewogenheit des § 5 Nr. 2 GeschGehG nicht sachgerecht sein dürfte, erscheint es weiterführend, dieses bisherige Provisorium[140] zum Hinweisgeberrecht im GeschGehG explizit an den Standard der anstehenden Umsetzungsgesetzgebung anzugleichen und dabei im Wesentlichen auf eine Überbietung des in der Whistleblowing-Richtlinie festgelegten Schutzniveaus zu verzichten.[141]

Besonders deutlich könnte diese Angleichung dadurch ausfallen, dass § 5 Nr. 2 GeschGehG im Zuge der Umsetzung der Whistleblowing-Richtlinie aufgehoben würde.[142] Mit dieser Maßnahme leistete der Gesetzgeber einen wesentlichen Beitrag zur Rechtsvereinheitlichung des Hinweisgeberrechts. Problematisch erscheint an dieser Lösung am ehesten, dass die in § 5 Nr. 2 GeschGehG vorgesehene Meldung „sonstigen Fehlverhaltens" nicht übernommen würde. Die für den deutschen Gesetzgeber durchaus denkbare, indes angreifbare Begründung für eine solche ersatzlose Streichung könnte darin bestehen, dass die Geschäftsgeheimnisschutz-Richtlinie diesen Umfang des Hinweisgeberschutzes – insbesondere mit Blick auf andere Sprachfassungen – nicht eindeutig vorgesehen habe (s. o., D. I. 3.).

These 7: Die Rechte des Hinweisgebers könnten über die Meldung von Rechtsverstößen hinaus auch auf die Offenbarung anderer Belange von besonderem öffentlichem Interesse erweitert werden – ein entsprechender Erlaubnissatz könnte aber nur einen begrenzten Gewinn an Rechtssicherheit leisten.

Indes kann an einem über die Offenlegung von Rechtsverstößen hinausgehenden Whistleblowing je nach Einzelfall ein erhebliches gesellschaftli-

---

140 Gleichsinnig *Ullrich*, Whistleblower-Richtlinie (Fn. 139), S. 62: § 5 GeschGehG bilde einen „fragmentarische[n] Fremdkörper."

141 Für eine einschränkende Auslegung des § 5 Nr. 2 GeschGehG *Schmolke*, Whistleblower-Richtlinie (Fn. 113), S. 11.

142 Etwas zurückhaltender *Ullrich*, Whistleblower-Richtlinie (Fn. 139), S. 56: nochmalige Anpassung des § 5 GeschGehG sei „wünschenswert".

ches Interesse bestehen. Weder können Unternehmen das Recht beanspruchen, dass Geschäftsgeheimnisse bzgl. legaler unternehmerischer Tätigkeiten gegen Offenlegungen ganz ausnahmslos rechtlich abgeschirmt werden, noch sollten potenzielle Hinweisgeber bislang vertrauliche Sachverhalte hinsichtlich legaler Geschäftspraktiken, die sie nach ihrem Dafürhalten für öffentlich diskussionswürdig halten, de jure schrankenlos aus ihrem Unternehmen heraus verbreiten können. Es könnte daher sowohl im Hinblick auf die Unionsrechtskonformität deutschen Recht – also auf die deutsche Fassung des Art. 5 lit. c) der Geschäftsgeheimnisschutzrichtlinie („zur Aufdeckung eines sonstigen Fehlverhaltens[…]") – als auch auf die kollidierenden individuellen Rechtspositionen sowie das öffentliche Interesse in Betracht gezogen werden, bei der Umsetzung der Whistleblowing-Richtlinie eine gesetzliche Erlaubnis für die Offenlegung auch legaler Vorgänge vorzusehen,[143] die zum einen über den wegen des Erfordernisses einer Notstandslage engen Rahmen des rechtfertigenden Notstandes (§ 34 StGB) hinausgeht und zum anderen deutlicher als der auch insoweit unzureichend gestaltete § 5 Nr. 2 GeschGehG deutlich macht, dass eine solche Befugnis durch Gegenrechte Begrenzungen finden muss.

Eine solche Regelung könnte etwa vorsehen, dass auch über Rechtsverstöße hinaus Gegebenheiten, an deren Bekanntwerden ein besonderes öffentliches Interesse besteht, im Rahmen des Erforderlichen an Vertreter der Presse weitergegeben werden dürfen, wenn bei einer Abwägung der widerstreitenden Interessen das Offenlegungsinteresse die Interessen an einer fortdauernden Vertraulichkeit wesentlich überwiegt.[144] Ein Mehr an Befugnissen für den Hinweisgeber wird allerdings wegen der unvermeidbaren Unschärfe einer derartigen Abwägungsklausel die Rechtssicherheit für Whistleblower insgesamt nur begrenzt stärken und könnte (informelle) Geheimhaltungsmaßnahmen von Unternehmen oder von Gruppierungen innerhalb von Unternehmen eher noch erhöhen.[145] Solche Rechtsun-

---

143 Ablehnend *Schmolke*, Whistleblower-Richtlinie (Fn. 113), S. 10; jedenfalls eine entsprechende Diskussion hält auch *Meyer*, Whistleblowing Fn. 19), S. 331 im Fall breit angelegter nationaler Initiativen für rechtspolitisch unausweichlich.

144 Zu Vorbildern für eine solche Erweiterung von Whistleblowing-Rechten in anglo-amerikanischen Rechtsordnungen *Kreis*, Whistleblowing (Fn. 19), S. 163 f.

145 Bereits erfolgte oder drohende Offenlegungen rechtswidriger oder unter Reputationsgesichtspunkten anderweitig riskanter Geschäftstätigkeiten müssen nicht einer nachhaltigen Änderung der Geschäftspraktiken führen, sondern können vielmehr bewirken, dass Gesetzesbrüche und Abweichungen von gängigen Vorstellungen von „Business Ethics" in der Folge von Skandalen besser als zuvor abgeschirmt werden. Das Bedürfnis an Geheimhaltung in Organisationen kann al-

sicherheiten sind beim notwendigen Austarieren der aufeinanderprallenden subjektiven Rechte allerdings kaum zu vermeiden.

These 8: Das Recht auf Offenlegung von Informationen sollte datenschutzrechtlich eingehegt oder auf Mitteilungen gegenüber Medienvertretern beschränkt werden.

Auch das gemäß Art. 15 der Whistleblowing-Richtlinie nachgeordnete Recht des Hinweisgebers, Sachverhalte nicht nur (intern oder extern) zu melden, sondern publik zu machen, ist unter Ausgleich der widerstreitenden Interessen und (Grund-)Rechtspositionen umzusetzen und insbesondere zu konkretisieren. Vor allem sollte der Gesetzgeber in diesem Regulierungskontext dem Eindruck entgegentreten, dass die grundsätzliche Befugnis zu einer Offenlegung von einer Rücksichtnahme auf Persönlichkeitsrechte Dritter, aber auch der einer Beteiligung an Verbandsstraftaten verdächtigten Personen befreit. Im Gesetzgebungsverfahren zur Umsetzung der Whistleblowing-Richtlinie ist daher ein Offenlegungsverfahren zu gestalten, dessen Leitbild nicht darin bestehen sollte, Whistleblowern das Recht zu geben, Terabytes an Rohdaten ohne Anonymisierung auf „Leak"-Plattformen im Internet abzuladen. Vielmehr erscheint es sinnvoll, Hinweisgebern datenschutzrechtliche Sorgfaltspflichten aufzuerlegen und ihnen auch im Übrigen zu untersagen, (Geschäfts-)Geheimnisse zu verbreiten, deren Offenlegung erkennbar nicht notwendig ist, um die Öffentlichkeit mit dem behaupteten Rechtsverstoß bekannt zu machen. Als Alternative könnte es sich als sinnvoll erweisen, die Berechtigung zur Offenlegung von vornherein auf Mitteilungen gegenüber Medienvertretern zu fokussieren, da diese seit jeher an die Maßstäbe der Verdachtsberichterstattung[146] gebunden sind und bereits Erfahrungen zum Umgang von Investigativjournalisten mit ihnen zugespielten Datenrohmaterial – etwa im Fall der „Panama Papers" – vorhanden sind.

These 9: Ein kommendes Verbandssanktionsrecht muss auf die Rechte der Hinweisgeber abgestimmt werden.

Wie bereits angesprochen (s. o., E., These 5), steht das Recht des Whistleblowers zu einer sofortigen externen Meldung gemäß der Whistle-

---

so gleichbleiben, auch wenn sich der Ordnungsrahmen einer zunehmenden Transparenzgesetzgebung verschreibt. Zu diesem Phänomen *C. Hirschi*, Transparenz ist nur eine andere Form von Intransparenz, F.A.Z. vom 08.01.2014, Seite N 4; *S. Kühl*, Das Transparenzparadox. Wie Skandale Unternehmen im Inneren verändern, F.A.Z. vom 09.05.2017, S. 23.

146 Vgl. bereits oben, B. II. und B. III. 1. mit Fn. 22, 37–40.

blowing-Richtlinie in einem Spannungsverhältnis zu dem Interesse von Unternehmen sowie der Verpflichtung ihrer Führungskräfte, durch die bestmögliche Gestaltung interner Untersuchungen eine möglichst hohe Sanktionsmilderung für den Verband herauszuschlagen. Wenn aber Unternehmen in einem kommenden Verbandssanktionengesetz zur Kooperation mit Ermittlungsbehörden faktisch gezwungen werden (vgl. § 17 VerSanG-RegE) und aufgrund der Whistleblowing-Richtlinie zugleich dazu verpflichtet sind, (kosten-)aufwendige interne Meldekanäle und Schutzmaßnahmen für Hinweisgeber bereitzuhalten, dann erscheint es angemessen, gesetzlich klarzustellen, dass Unternehmen auch dann noch ein vollständiger Kooperationskredit zugutekommen kann, wenn die Ermittlungsbehörden nicht durch den Verband selbst, sondern erstmals durch Hinweisgeber auf rechtswidrige Geschehnisse im Verband aufmerksam gemacht worden sind.

These 10: Bestimmte Bereiche verbleibender Rechtsunsicherheit sind für Whistleblowing und Hinweisgeber unvermeidbar.

Auch die für Hinweisgeber aufgrund der Leitlinien der Whistleblowing-Richtlinie verbesserte Lage vermag nicht zu ändern, dass Hinweisgeber wenigstens bis zur höchstrichterlichen Implementierung der nationalen Umsetzungsgesetzgebung[147] mit Rechtsunsicherheiten konfrontiert bleiben werden. Dies gilt etwa für die Frage, ob bei ambivalenten Verdachtsmomenten bereits ein „hinreichender Grund" für Meldungen und Offenlegungen i.S.d. Art. 6 Abs. 1 lit. a) der Whistleblowing-Richtlinie besteht oder für die nähere Auslegung des Merkmals „keine geeigneten Maßnahmen" i.S.d. Art. 15 Abs. 1 lit. a). Fällt unter den zuletzt genannten Begriff etwa nur die vollständige Untätigkeit der zuständigen Behörden oder auch ein mit (zu) dürren Worten versehener Einstellungsbescheid?[148]

In einem ganz anderen Ausmaß bleibt schließlich derjenige Hinweisgeber weitestgehend auf sich allein gestellt, der zwar grundsätzlich dazu verpflichtet ist, bestimmte legale Geschäftspraktiken betreffende Geschäftsgeheimnisse zu bewahren, sich aber dazu verpflichtet fühlt, die Öffentlichkeit über die seines Erachtens bedenklichen und gesellschaftlich relevanten Vorkommnisse in Kenntnis zu setzen. Massentierhaltung, Rüstungsexporte oder die Privatisierung von Trinkwasservorkommen bilden aktuell dis-

---

147 Dazu in allgemeiner Hinsicht *T. Schröder*, Akteure und Probleme der Gesetzesimplementation im Strafrecht, ZIS 2019, S. 71 (73 ff.).

148 Für die letztere Variante *Gerdemann*, Überlegungen zur Umsetzung (Fn. 121), S. 6.

kutierte Beispiele. Hier nähert sich der Entschluss des Mitarbeiters, Geschäftsgeheimnisse zu offenbaren, einer Gewissensentscheidung immerhin an. Bei der Frage, ob Straf- und Zivilgerichte in diesen Konstellationen zu seinen Gunsten entscheiden, haben gerichtliche Entscheidungen aufgrund der notwendigen umfassenden Abwägungstätigkeiten unter Berücksichtigung etwaig kollidierender Grundrechte einen – im Rahmen der von Verfassungs wegen festgelegten Gewaltenverschränkung – besonders hohen Rechtsschöpfungs- und einen geringeren Rechtsfindungscharakter. Das zu Gunsten des Hinweisgebers wirkende Präjudiz des „public enforcement" qua Whistleblowing jedenfalls entfällt für legale Geschäftstätigkeiten.

Die Frage, ob er letztlich zum Helden oder zum Querulanten wird, rückt den Whistleblower in eine gewisse Nähe zur Situation des Widerstandskämpfers. Immerhin besteht die Möglichkeit, dass sich das *geltende Recht* auf seine Seite schlägt, weil gerade das ihn betreffende Straf- oder Zivilverfahren von einer Gewichtsverlagerung der widerstreitenden Interessen und damit auch von einem Wandel der gesellschaftlichen Anschauungen zu dem zugrundeliegenden Konflikt zeugt. Das unterscheidet die Situation des Hinweisgebers dann immerhin von der des Widerstandskämpfers, der per definitionem nur darauf hoffen kann, dass eine *kommende Rechtsordnung* seine Rechts- und Wertvorstellungen teilen wird.

Whistleblowing – Jüngste Entwicklungen in Österreich

Cathrine Konopatsch

Inhalt

Cathrine Konopatsch

«When exposing a crime is treated as committing
a crime, you are ruled by criminals»
Anonymous

A. *Einleitung*

Whistleblowing per se, wenngleich erst in jüngerer Zeit als solches bezeichnet, ist kein neuartiges Phänomen;[1] internationale, supranationale[2]
und – daraus resultierende – nationale Bestrebungen nach einer Konzep-
tualisierung und gesetzlichen Regelung, insbesondere unter Einschlies-
sung eines adäquaten Whistleblowerschutzes, sind es hingegen weitgehend
schon.[3] Diese jüngeren Entwicklungen sind nicht zuletzt auch Ausfluss des

---

1 Erinnert sei etwa an die sog. Bocca di Leone (Löwenmäuler als Beschwerdebrief-
kästen) im Venedig des 18. Jahrhunderts, in die man anonym Anzeigen und Beschwerden einwerfen konnte, vgl. dazu etwa *F.A. Koenig*, Hintergründe zur Einrichtung eines anonymen Hinweisgebersystems bei der WKStA, in: AIDP und Österreichischer Juristenverband (Hrsg.), Whistleblowing – das Hinweisgebersystem
im österreichischen Recht: Symposium am 16. Oktober 2015, Wien 2016, S. 10
(14); *W. Wessely*, Whistleblowing und Strafrecht, in: M. Gruber/M. Raschauer
(Hrsg.), Whistleblowing, Wien 2015, S. 85 (86). Vgl. auch *R. Sethe*, Compliance,
Whistleblowing und Critical Incident Reporting: Verbesserung der unternehmensinternen Kommunikation, in: R. Sethe et al. (Hrsg.), Kommunikation: Festschrift
für Rolf H. Weber zum 60. Geburtstag, Bern 2011, S. 190 (191 Fn. 11); *M. Veljovic*,
Hinweisgebersysteme – Treiber der unternehmensinternen Sozialisation, CB 2019,
S. 475 (475); *P.V. Kunz*, Wirtschaftsrecht – Grundlagen und Beobachtungen, Bern
2019, § 13 Querschnittsmaterien Rn. 51; *I. Ullrich*, Der Schutz von Whistleblowern
aus strafrechtlicher Perspektive de lege lata und de lege ferenda, NZWiSt 2019,
S. 65 (65) mit Verweis auf das berühmte «Weltbühne-Verfahren» vor dem Reichs-
gericht im Jahr 1931 (RG, Entscheid vom 23.11.1931, 7 J 35/29 – XII L 5/31 M), in
dem es um die Strafbarkeit wegen Veröffentlichung eines Presseartikels über ver-
botene Aufrüstung der Reichswehr ging. Vgl. auch *E. Nöbel/M. Veljovic*, Strafbar-
keitsrisiken des Whistleblowers in Deutschland, CB 2020, S. 34 (34).
2 Für einen Überblick über inter- und supranationale Vorstösse zum Schutz von
Whistleblowern vgl. etwa *R. Groneberg*, Whistleblowing – Eine rechtsvergleichende
Untersuchung des US-amerikanischen, englischen und deutschen Rechts unter besonderer Berücksichtigung des Entwurfs des neuen § 612a BGB, Berlin 2011,
S. 46 ff. m.N.
3 Vgl. *C. Harding*, The Role of Whistleblowing and Leniency in Detecting and Pre-
venting Economic and Financial Crime: A Game of Give and Take?, in: K.
Ligeti/V. Franssen (Hrsg.), Challenges in the Field of Economic and Financial
Crime in Europe and the US, Oxford/Portland: Hart Publishing 2017, S. 95 (96);
vgl. auch OECD, Committing to Effective Whistleblower Protection, OECD Publishing, Paris 2016, S. 11.

sich zunehmend herausbildenden und verfestigenden Verständnisses von Whistleblowing als Mittel zur Rechtsdurchsetzung.[4]

Der sich bereits vorgängig in einzelnen EU-Rechtsakten[5] manifestierende Grundgedanke, Whistleblowing als Instrument der Rechtsdurchsetzung zu verstehen und gezielt zur Verminderung von auf «underreporting»[6] zurückzuführenden Vollzugsdefiziten einzusetzen, liegt auch der jüngst erlassenen EU-Whistleblowing-Richtlinie zugrunde. Zweck der Richtlinie scheint – entgegen ihres Titels («Richtlinie [...] zum Schutz von Personen, die Verstöße gegen das Unionrecht melden») – weniger der unmittelbare Schutz des Whistleblowers als solcher, als vielmehr dessen Instrumentalisierung zur Effektuierung der Unionsrechtsdurchsetzung zu sein.[7]

---

4 Vgl. etwa Richtlinie (EU) 2019/1937 des Europäischen Parlaments und des Rates vom 23.10.2019 zum Schutz von Personen, die Verstösse gegen das Unionsrecht melden, ABl L 305/17, Erwägungsgründe 1-3; OECD, Whistleblower (Fn. 3), S. 11; vgl. auch *K.U. Schmolke*, Whisteblowing als Regelungsaufgabe – Grundlagen und aktuelle Diskussionsfelder, ZGR 2019, S. 876 (887 f.); *F. Meyer*, Whistleblowing – Zwischen Selbstregulierung und effektiver Rechtsdurchsetzung – Ein Beitrag zur Reform des Hinweisgeberschutzes, HRRS 8/2018, S. 322 (322 f.); ernüchternd im Hinblick auf die bislang empirisch nachgewiesene Wirksamkeit von Whistleblowing als Kontroll- und Rechtsdurchsetzungsinstrument *N. Herold*, Zur Kontroll-Funktionalität von Whistleblowing-Systemen im Lichte aktueller-empirischer Erkenntnisse, in: K. Boers/M. Schaerff (Hrsg.), Kriminologische Welt in Bewegung, Mönchengladbach 2018, S. 228 (239). Insgesamt kritisch auch *J. Brammsen*, Lauterkeitsstrafrecht – Sonderband zum Münchener Kommentar zum Lauterkeitsrecht (§§ 16-20 UWG): Kommentar, München 2020, § 17 Rn. 61; *R. Hefendehl*, Alle lieben Whistleblowing, in: M. Böse/D. Sternberg-Lieben (Hrsg.), Grundlagen des Straf- und Strafverfahrensrechts – Festschrift für Knut Amelung zum 70. Geburtstag, Berlin 2009, S. 617 (624 ff.).

5 Vgl. insb. die Verordnung (EU) Nr. 596/2014 des Europäischen Parlaments und des Rates vom 16.4.2014 über Marktmissbrauch (Marktmissbrauchsverordnung) und zur Aufhebung der Richtlinie 2003/6/EG des Europäischen Parlaments und des Rates und der Richtlinien 2003/124/EG, 2003/125/EG und 2004/72/EG der Kommission, ABl L 173/1, Erwägungsgrund 74.

6 Vgl. *Meyer*, Whistleblowing (Fn. 4), S. 324; *R. Kölbel/N. Herold*, Whistleblowing – Eine kriminologische Analyse aus Anlass der aktuellen kriminalpolitischen Debatte, MschrKrim 2010, S. 424 (428 f.); *Veljovic*, Hinweisgebersysteme (Fn. 1), S. 477.

7 Vgl. Richtlinie (EU) 2019/1937 (Fn. 4), insb. Erwägungsgründe 1, 2, 5; *U. Bottmann*, Criminal Compliance, in: T. Park (Hrsg.), Kapitalmarktstrafrecht, 5. Aufl., Baden-Baden 2020, Kapitel 2.1 Rn. 44; *Meyer*, Whistleblowing (Fn. 4), S. 322 f.; *S. Gerdemann*, Revolution des Whistleblowing-Rechts oder Pfeifen im Walde? Der Richtlinienvorschlag der Europäischen Kommission zum Schutz von Whistleblowern, RdA 2019, S. 16 (22).

B. *Whistleblowing als Instrument zur Rechtsdurchsetzung: Neue Regelungserfordernisse*

Das Verständnis von Whistleblowing als Instrument der Rechtsdurchsetzung fügt dem traditionell zweidimensional auf arbeits- und grundrechtliche Aspekte fokussierten Zugang zu Whistleblowing – insbesondere i.S.v. Loyalitäts- und Treuepflichten des Arbeitnehmers gegenüber dem Arbeitgeber vs. Meinungsäusserungsfreiheit des Arbeitnehmers – weitere grundlegende (verfassungs)rechtliche Facetten mit korrespondierenden Regelungserfordernissen hinzu.[8] Zu den Interessen von Arbeitgeber und Arbeitnehmer tritt ein öffentliches Interesse an der Aufdeckung und Prävention von Rechtsverstössen.[9] Aus rein arbeitsrechtlicher Perspektive ist das Kaskadensystem mit einem strikten Vorrang interner Meldungen über Missstände im Unternehmen oder die Berücksichtigung des Motivs des Arbeitnehmers für die Meldung durchaus nachvollziehbar und im Grundsatz sachgerecht. Anders stellt sich die Ausgangslage hingegen dar, wenn Whistleblowing als Instrument der (Straf)Rechtsdurchsetzung und damit als in den Dienst des öffentlichen Interesses gestellt angesehen wird.[10] Ein gesetzlich vorgesehener oder zugelassener strikter Vorrang interner Meldungen bedeutet in letzter Konsequenz, dem Unternehmen bis zu einem gewissen Grad eine Kontroll-, Bearbeitungs- und Regulierungsexklusivität bzw. -herrschaft vorbei an der staatlichen Rechtsdurchsetzung einzuräumen, was insbesondere dann, wenn es um Straftaten und umso mehr, wenn es um eine allfällige Unternehmensstrafbarkeit geht, nicht sachgerecht ist.[11] Eine Informierung der Behörden über intern gemeldete Rechts-

---

8 Vgl. *S. Kreis*, Whistleblowing als Beitrag zur Rechtsdurchsetzung – Das öffentliche Informationsinteresse im Arbeitsrecht, Tübingen 2017, S. 17 ff., 31; *N. Herold*, Whistleblower – Entscheidungsfindung, Meldeverhalten und kriminologische Bewertung, Baden-Baden 2016, S. 327; vgl. auch *Meyer*, Whistleblowing (Fn. 4), S. 324 f. unter Hinweis auf Bezüge zum Rechtsstaats- und Demokratieprinzip. Vgl. auch Europarat, Empfehlung CM/Rec(2014)7 über den Schutz von Whistleblowern: «in der Erkenntnis, dass Personen, die Meldungen machen oder Informationen mitteilen über Gefahren oder Nachteile für das öffentliche Interesse („Whistleblower"), zur Stärkung der Transparenz und der demokratischen Verantwortung beitragen können»; *U. Turksen*, The Criminalisation and Protection of Whistleblowers in the EU's Counter-Financial Crime Framework, in: K. Ligeti/S. Tosza (Hrsg.), White Collar Crime – A Comparative Perspective, Oxford/London/New York/New Dehli/Sydney: Hart 2019, S. 333 (337).

9 Vgl. auch *Kreis*, Whistleblowing (Fn. 8), S. 17 ff., 31.

10 Vgl. *Meyer*, Whistleblowing (Fn. 4), S. 326 ff., 329.

11 Vgl. *Meyer*, Whistleblowing (Fn. 4), S. 328; *G. Godenzi*, Korruptionsaufklärung durch Unternehmen – ein Fluchtweg ins Dunkelfeld, in: J.B. Ackermann/W.

verstösse erfolgt durch das Unternehmen selektiv und rein instrumentell, d.h. ausnahmsweise und ausschliesslich dann, wenn es dem Unternehmensinteresse dienlich erscheint.[12] Internes Whistleblowing wird demnach instrumentalisiert zum Zwecke des ureigen(st)en Abschottungsinteresses von Unternehmen vor Staatsanwaltschaft und Medien oder zum Zwecke eines strategisch durchdachten und entsprechend koordinierten Herantretens an Strafverfolgungsbehörden im Sinne einer ausschliesslich nach Unternehmensinteressen vorgefilterten Informationsweitergabe, um etwa in den Genuss von Milderungsgründen oder Haftungsausschlüssen zu kommen.[13] Unternehmerische Normbefolgung, Selbststeuerung und Selbstreinigung folgen demnach nahezu ausschliesslich ökonomischer Logik und gewinnorientiertem Kalkül.[14] Unter diesem Blickwinkel sind internes und externes Whistleblowing demzufolge weniger einander ergänzende als vielmehr in einem gewissen Konkurrenz- und Spannungsverhältnis stehende Konzepte, folgen sie doch einer gänzlich unterschiedlichen Funktions- und Operationslogik.[15] Allerdings weisen sie auch dahingehend wechselseitige Bezugspunkte auf, als dass einerseits das (Straf)Recht nicht zuletzt mit entsprechenden rechtlichen Anreizstrukturen, etwa für unternehmensinterne Sachverhaltsaufklärung, (Mit)Anlass, Anknüpfungspunkt und (mit)bestimmender Faktor bei der Ausgestaltung und praktischen Handhabung von internen Hinweisgebersystemen ist[16] und dass andererseits der Staat mit einer bewussten Förderung der unternehmensin-

---

Wohlers (Hrsg.), Korruption in Staat und Wirtschaft: 4. Zürcher Tagung zum Wirtschaftsstrafrecht, Zürich 2010, S. 170 (199).

12 Vgl. *Kölbel/Herold*, Whistleblowing (Fn. 6), S. 432; *Meyer*, Whistleblowing (Fn. 4), S. 328.

13 Vgl. *S. Süße*, Whistleblowing aus Sicht des externen Compliance-Beraters, in: T. Rotsch (Hrsg.), Criminal Compliance – Handbuch, Baden-Baden 2015, § 34 C. Rn. 120.

14 Vgl. *Kölbel/Herold*, Whistleblowing (Fn. 6), S. 431; *R. Kölbel*, Wirtschaftskriminalität und unternehmensinterne Strafrechtsdurchsetzung, MSchrKrim 2008, S. 22 (29); *H. Theile*, Unternehmensrichtlinien. Ein Beitrag zur Prävention von Wirtschaftskriminalität?, ZIS 2008, S. 406 (413 ff.); *N. Luhmann*, Wirtschaftsethik – als Ethik?, in: J. Wieland (Hrsg.), Wirtschaftsethik und Theorie der Gesellschaft, Frankfurt a.M. 1993, S. 134 (142).

15 Vgl. *Kölbel/Herold*, Whistleblowing (Fn. 6), S. 431 ff.; *Herold*, Kontroll-Funktionalität (Fn. 4), S. 239; *Meyer*, Whistleblowing (Fn. 4), S. 328. A.A. *Veljovic*, Hinweisgebersysteme (Fn. 1), S. 479.

16 Vgl. *U. Sieber*, Compliance-Programme im Unternehmensstrafrecht – Ein neues Konzept zur Kontrolle von Wirtschaftskriminalität, in: U. Sieber et al. (Hrsg.), Strafrecht und Wirtschaftsstrafrecht – Dogmatik, Rechtsvergleich, Rechtstatsachen: Festschrift für Klaus Tiedemann zum 70. Geburtstag, Köln/München

ternen Sachverhaltsaufklärung dem insbesondere in Bereichen des Wirtschaftsstrafrechts vorhandenen Ermittlungsnotstand zu begegnen versucht[17]. Aus Unternehmersicht hängt die Attraktivität einer internen Sachverhaltsaufklärung und nachfolgenden Kooperation mit Behörden nicht nur von entsprechenden gesetzlichen Anreizstrukturen in Form von Straf-/Bussgeldminderungen und Zurechnungsausschlüssen ab, sondern auch von der Einschätzung des staatlichen Aufdeckungs- und Sanktionierungsrisikos. Externes Whistleblowing vermag das staatliche Aufdeckungs- und Sanktionierungsrisiko zu steigern. Es besteht mithin auch ein «[f]unktionales Zusammenwirken zwischen den Regulierungssystemen».[18]

Sowohl das zwischen internem und externem Whistleblowing bestehende Konkurrenzverhältnis als auch deren wechselseitigen Bezüge dürfen bei der Verfolgung einer (Regulierungs)Doppelstrategie i.S.d. bewussten (gesetzgeberischen) Förderung von internem und externem Whistleblowing nicht ausser Acht gelassen werden.[19]

C. Der (ungebrochene) Trend zum internen Whistleblowing: Ein Siegeszug

Internes Whistleblowing bzw. interne Hinweisgebersysteme, wie sie im unternehmerischen Kontext eher genannt werden, verzeichnen als wesentlicher Bestandteil von Corporate und Criminal Compliance seit einigen Jahren einen enormen Bedeutungsgewinn.[20] Ca. 60% bis 80% der Unter-

---

2008, S. 449 (460 ff.); *H. Theile*, Die verfahrensrechtliche Relevanz der Einrichtung einzelner Compliance-Maßnahmen: Unternehmensrichtlinien, in: T. Rotsch (Hrsg.), Criminal Compliance – Handbuch, Baden-Baden 2015, § 34 A. Rn. 8; *M. Pieth*, Staatliche Intervention und Selbstregulierung der Wirtschaft, in: C. Prittwitz (Hrsg.), Festschrift für Klaus Lüderssen – Zum 70. Geburtstag am 2. Mai 2002, Baden-Baden 2002, S. 317 (324 f.).

17 Vgl. *T. Rotsch*, Compliance und Strafrecht – Fragen, Bedeutung, Perspektiven Vorbemerkungen zu einer Theorie der sog. „Criminal Compliance", ZStW 2013, S. 481 (488); *ders.*, Criminal Compliance – Begriff, Entwicklung und theoretische Grundlegung, in: T. Rotsch (Hrsg.), Criminal Compliance – Handbuch, Baden-Baden 2015, § 1 C. Rn. 47.

18 *Sieber*, Compliance-Programme (Fn. 16), S. 460.

19 So auch *Kölbel/Herold*, Whistleblowing (Fn. 6), S. 431.

20 Vgl. *T. Granetzny/M. Krause*, Was kostet ein gutes Gewissen? – Förderung von Whistleblowing durch Prämien nach US-Vorbild?, CCZ 2020, S. 29 (29); *Veljovic*, Hinweisgebersysteme (Fn. 1), S. 476; *T. Rotsch*, Criminal Compliance, in: H. Achenbach/A. Ransiek/T. Rönnau (Hrsg.), Handbuch Wirtschaftsstrafrecht, 5. Aufl., Heidelberg 2019, 1. Teil, 4. Kapitel Rn. 63; *J. Dilling*, Der Schutz von Hinweisgebern und betroffenen Personen nach der EU-Whistleblower-Richtlinie,

nehmen in Deutschland, Österreich und der Schweiz verfügen bereits über interne Meldesysteme – und zwar unabhängig vom Bestehen gesetzlicher Verpflichtungen, Tendenz steigend.[21] Für Unternehmen bieten interne Hinweisgebersysteme die Möglichkeit der Kanalisierung des Informationsflusses und der Reduktion des Risikos, dass Informationen über unternehmerisches bzw. unternehmensinternes Fehlverhalten unkoordiniert und ungewollt nach aussen dringen. Angesichts der Bedeutung von internen Meldungen aus Unternehmersicht gibt es vereinzelt sogar Diskussionen über die Einführung von Prämien für interne Meldungen, um die Attraktivität interner Hinweisgebersysteme zu steigern (und gleichzeitig wohl auch das Risiko externer Meldungen zu reduzieren).[22] Vom Gesetzgeber wird, wie bereits erwähnt, die Einrichtung interner Meldesysteme und -strukturen in Unternehmen i.S.d. Regulierungsansatzes einer regulierten Selbstregulierung[23] durch entsprechende Anreizstrukturen für eine (zunächst) interne Sachverhaltsaufklärung bewusst forciert. So zeichnen sich etwa auch moderne Unternehmensstrafrechts- bzw. strafrechtliche Verbandsverantwortlichkeitsmodelle regelmässig durch eine gesetzliche Förderung von internal investigations aus.[24]

CCZ 2019, S. 214 (214); *N. Nestler*, Begriffsbestimmung „Internal Investigations", in: T.C. Knierim/M. Rübenstahl/M. Tsambikakis (Hrsg.), Internal Investigations – Ermittlungen im Unternehmen, Heidelberg 2013, S. 13 Rn. 33; *A. Schemmel/F. Ruhmannseder/T. Witzigmann*, Hinweisgebersysteme – Implementierung im Unternehmen, Heidelberg 2012, Kapitel 3 Rn. 15.; zum Bedeutungszuwachs von Criminal Compliance insgesamt: vgl. etwa *Rotsch*, Compliance (Fn. 20), 1. Teil, 4. Rn. 83 f.; *Kölbel/Herold*, Whistleblowing (Fn. 6), S. 431; *Hefendehl*, Whistleblowing (Fn. 4), S. 617.

21 *C. Hauser/N. Hergovits/H. Blumer*, Whistleblowing Report 2019, Chur 2019, S. 7 f., 18 ff., abrufbar unter https://whistleblowingreport.eqs.com/en/home (zuletzt besucht am 16.4.2020); PWC, Wirtschaftskriminalität 2018: Mehrwert von Compliance – forensische Erfahrungen, 2018, S. 44 f., abrufbar unter https://www.pwc.de/de/risk/pwc-wikri-2018.pdf (zuletzt besucht am 17.4.2020); Ernst & Young, Existing Practice in Compliance 2016: Stand und Trends zum Integritäts- und Compliance-Management in Deutschland, Österreich und der Schweiz, 2016, S. 36, abrufbar unter https://acfe.de/wp-content/uploads/0079f20180412_015_Studie_2016_Existing-Practice-in-Compliance-2016.pdf (zuletzt besucht am 17.4.2020).

22 Vgl. *Granetzny/Krause*, Gewissen (Fn. 20), S. 34 ff.; *S. Wrase/C. Fabritius*, Prämien für Hinweisgeber bei Kartellverstössen, CCZ 2011, S. 69 (70); *Herold*, Whistleblower (Fn. 8), S. 63.

23 Zu den verschiedenen Regulierungsstrategien vgl. etwa *Sieber*, Compliance-Programme (Fn. 16), S. 460 m.N.

24 Für Österreich vgl. etwa § 5 Abs. 3 Ziff. 3 VbVG (Geldbussenmilderung aufgrund eines erheblichen Beitrages des Verbandes zur Wahrheitsfindung), § 18 VbVG

Insgesamt kann von einem – auch von staatlicher Seite vorangetriebenen – wohl kaum umkehrbaren[25] Bedeutungszuwachs und einer damit einhergehenden Professionalisierung von internen Hinweisgebersystemen gesprochen werden. Dieser Trend wird mit der EU-Whistleblower-Richtlinie geradezu zementiert, da für Unternehmen ab einer bestimmten Grösse die Einführung interner Meldekanäle mit spezifischen Vorgaben, insbesondere im Hinblick auf Meldeverfahren und auf die Ergreifung von Folgemassnahmen, verpflichtend vorgesehen wird.[26]

D. Gleichläufiger Trend zum externen Whistleblowing?

Wie aber sieht es mit externem Whistleblowing aus? Bestehen angemessene, externes Whistleblowing in strategisch schlüssiger Weise hinreichend stimulierende und insbesondere auch dem Schutz von externen Whistleblowern genügend Rechnung tragende Meldesysteme an Behörden, die ein ausreichendes Gegengewicht zum fortschreitenden und stetig an Gewicht gewinnenden Trend zum internen Whistleblowing zu gewährleisten ver-

---

(Absehen von der strafrechtlichen Verfolgung des Verbandes bzw. Verfolgungsrücktritt, wo u.a. auf den Beitrag des Unternehmens zur Straftataufklärung und zur Wahrheitsfindung abstellt wird) oder die Kronzeugenregelung i.S.d. § 209a StPO, die auch auf Verbände Anwendung findet. Vgl. jüngst auch den Regierungsentwurf des deutschen Bundesministeriums der Justiz und für Verbraucherschutz eines «Gesetzes zur Stärkung der Integrität in der Wirtschaft», in dem sich verschiedene Anreize für unternehmensinterne Untersuchungen finden: § 18 (Milderung der Verbandssanktion bei verbandsinternen Untersuchungen), § 41 (Absehen von der Verfolgung bei verbandsinternen Untersuchungen) und § 50 Abs. 3 (mit Zustimmung des Verbandes zwingende Festsetzung der herabgesetzten Sanktion durch Sanktionsbescheid, was den Entfall einer öffentlichen Hauptverhandlung bedeutet); vgl. auch die Begründung des Entwurfes S. 58, 96 ff., abrufbar unter https://www.bmjv.de/SharedDocs/Gesetzgebungsverfahren/Dokume nte/RegE_Staerkung_Integritaet_Wirtschaft.pdf;jsessionid=600840028CC6333645 85435BAC387F8D.1_cid324?__blob=publicationFile&v=2 (zuletzt besucht am 29.7.2020); vgl. dazu auch *D. Lanzinner/M. Petrasch*, Das „Anreizmodell" der §§ 17 f. VerSanG – Update zu CCZ 2020, 109 ff., CCZ 2020, S. 183 (183 ff.); *F. Kainer/F. Feinauer*, Interne Ermittlungen im Referentenentwurf zum Verbandssanktionengesetz, NGA 2020, S. 363 (363 ff.); *N. Ott/C. Lüneborg*, Das neue Verbandssanktionengesetz – Fragen und Auswirkungen für die Compliance-Praxis, NZG 2019, S. 1361 (1364 ff.); *R.E. Köllner*, Entwurf eines Verbandssanktionengesetzes – Staatsanwalt und Strafjustiz als ultimative Herrscher der Compliance und internen Untersuchungen?, NZI 2020, S. 60 (62 f.).

25 So zu Recht *Kölbel/Herold*, Whistleblowing (Fn. 6), S. 438.
26 Vgl. Art. 8 Richtlinie (EU) 2019/1937 (Fn. 4).

mögen? Es stellt sich die Frage, ob bzw. inwieweit der dem Verständnis von Whistleblowing als Instrument der Rechtsdurchsetzung zugrundeliegenden Funktions-, Operations- und Regelungslogik und den sich daraus ergebenden Regelungserfordernissen, insbesondere auch im Hinblick auf Rechtsklarheit und -sicherheit, im geltenden Recht und bei anstehenden Reformvorhaben angemessen Rechnung getragen wird bzw. werden kann.

Die Diskussion um die Berechtigung und die Ausgestaltung von externem Whistleblowing wird dadurch erschwert, dass es sich dabei um ein sehr vielschichtiges, mannigfaltiges und inhomogenes Phänomen handelt,[27] das eine sehr grosse Bandbreite unterschiedlicher Fälle sowie Konstellationen umfasst und mangels einer allgemein anerkannten (rechtlichen) Definition[28,29] schwer zu umgrenzen ist. Der Vielfältigkeit in tatsächlicher Hinsicht muss durch eine entsprechende rechtliche Differenzierung – abstellend auf Meldungsempfänger und Meldungsgegenstand – in der Ausgestaltung der Meldesysteme, bei den gesetzlich vorgesehenen Anreizstrukturen für Meldungen und insbesondere auch beim Hinweisgeberschutz adäquat Rechnung getragen werden.[30]

Die nachfolgenden Ausführungen stellen jüngste Entwicklungen in Österreich im Bereich des Whistleblower-Schutzes sowie des BKMS®-Hinweisgebersystems der Zentralen Staatsanwaltschaft zur Verfolgung von Wirtschaftsstrafsachen und Korruption (WKStA) als Beispiel eines seit Jahren erfolgreich eingesetzten externen Meldesystems bei Behörden dar und unterziehen diese einer kritischen Würdigung.

---

27 Vgl. *Wessely*, Whistleblowing (Fn. 1), S. 86; *Meyer*, Whistleblowing (Fn. 4), S. 323 f.

28 Vgl. *T Rotsch/M. Wagner*, Whistleblowing, in: Rotsch (Hrsg.), Criminal Compliance – Handbuch, Baden-Baden 2015, § 34 C. Rn. 2; *J.-P. Vogel/C. Poth*, Steine statt Brot für Whistleblower, CB 2019, S. 45 (45); *Groneberg*, Whistleblowing (Fn. 2), S. 35; *R. Soyer/S. Pollak*, Compliance: Mehr als ein Mode(Zauber-)Wort, in: R. Kert/G. Kodek (Hrsg.), Das große Handbuch Wirtschaftsstrafrecht – Profiwissen für die Praxis, Wien 2016, 28. Kapitel Rn. 28.69. Vgl. nunmehr die Definition in Art. 5 Richtlinie (EU) 2019/1937 (Fn. 4).

29 Vgl. nunmehr die Begriffsbestimmungen in Art. 5 Richtlinie (EU) 2019/1937 (Fn. 4).

30 Vgl. *Meyer*, Whistleblowing (Fn. 4), S. 323 f.; *Kreis*, Whistleblowing (Fn. 8), S. 168 ff.

E. Jüngste Entwicklungen in Österreich

Wie in vielen anderen Staaten auch, gibt es in Österreich gegenwärtig[31] keine in sich geschlossene Whistleblower-Gesetzgebung, sondern es finden sich verstreut über verschiedene Regelungsbereiche punktuelle – zumeist auf entsprechende EU-Vorgaben zurückzuführende – Bestimmungen[32]. Mangels klarer gesetzlicher Regeln bleibt Vieles der Rechtsprechung überlassen[33]. Bemerkenswert ist, dass der Oberste Gerichtshof in ständiger Rechtsprechung ein arbeitsrechtliches Recht des Arbeitnehmers zur Strafanzeige in einer für den Arbeitgeber möglichst schonenden Form anerkennt – und zwar mit der Begründung, dass Strafanzeigen im «Interesse der Allgemeinheit» sind.[34] Die Motive des Arbeitnehmers erklärt der OGH für unbeachtlich.[35] Nur haltlose und subjektiv unbegründete Anschuldigungen gelten als Entlassungsgrund der Vertrauensunwürdigkeit.[36] Mit

---

31 Abzuwarten bleibt, ob bzw. inwieweit sich dies mit der Umsetzung der EU-Whistleblower-Richtlinie ändert. Unter Aspekten der Rechtsklarheit wäre eine in sich geschlossene Whistleblower-Gesetzgebung zu befürworten. So für Deutschland etwa *K.U. Schmolke*, Die neue Whistleblower-Richtlinie ist da! Und nun? – Zur Umsetzung der EU-Richtlinie zum Schutz von Hinweisgebern in das deutsche Recht, NZG 2020, S. 5 (9 f.). Insbesondere hat es in Österreich – im Unterschied zu Deutschland, wo seit 2008 insgesamt sechs (allerdings allesamt gescheiterte) Gesetzgebungsinitiativen vorgelegt wurden (vgl. dazu etwa *Kreis*, Whistleblowing (Fn. 8), S. 196 ff.) – bislang auch keine gesetzlichen Vorstösse zur umfassenden Regelung von Whistleblowing gegeben. Zu § 612a E-dBGB, der die Anzeigerechte des Arbeitnehmers regeln sollte, vgl. *Groneberg*, Whistleblowing (Fn. 2), S. 233 f.

32 Vgl. etwa § 160 Börsegesetz 2018 (BGBl I 107/2017), § 52e Bilanzbuchhaltungsgesetz 2014 (BGBl I 191/2013), § 40 Finanzmarkt-Geldwäschegesetz (BGBl I118/2016), § 31c Abs. 5 Glücksspielgesetz (BGBl 620/1989), § 11b Abs. 6 WettbG (BGBl I 62/2002), § 100 Wirtschaftstreuhandberufsgesetz 2017 (BGBl I 107/2017), § 9b Umweltinformationsgesetz (BGBl 495/1993), § 53a Beamten-Dienstrechtsgesetz 1979 (BGBl 333/1979). Zu § 9b UIG, vgl. *S. Huber*, Der Arbeitnehmer als Whistleblower – Neuerungen im Gleichbehandlungs- und Umweltinformationsrecht, ASoK 2011, S. 255 (263 ff.). Zu § 26d Abs. 3 Ziff. 2 lit. b UWG vgl. E. 1.

33 So auch der Befund von Transparency International, Whistleblowing in Europe – Legal Protection for Whistleblowers in the EU, 2013, S. 26.

34 Vgl. Ris-Justiz RS0113682.

35 Vgl. OGH, 8 Ob A 131/98t v. 12.11.1998, DRdA 199, S. 145: «mag er (der Arbeitnehmer) auch nicht aus edlen Motiven», wie um der Gerechtigkeit Durchbruch zu verschaffen, sondern aus Verärgerung über seinen AG, der ihn zu Unrecht entlassen hat, veranlaßt gewesen sein».

36 Vgl. Ris-Justiz RS0113682.

dieser Rechtsprechung wird mithin im arbeitsrechtlichen Kontext – und zwar schon seit über einem Jahrzehnt – auf Erwägungen der Rechtsdurchsetzung abgestellt. Allerdings hat der OGH in einer Entscheidung auch festgestellt, dass ein «(ehemaliger) AN auch berechtigt sein muß, einen Geschäftspartner seines (ehemaligen) AG über strafrechtlich relevante Verhaltensweisen seines AG zu informieren, wodurch dieser vor Schaden bewahrt wird [...]», da «eine solche Information an den Geschäftspartner seines (ehemaligen) AG [...] ein schonenderes und gelinderes Mittel als eine Strafanzeige» darstellt.[37] Dieser Entscheid ist weniger mit Rechtsdurchsetzungsinteressen vereinbar.

Eine der jüngsten und im Hinblick auf ihren sachlichen Anwendungsbereich weitreichendsten Vorschriften zum Schutz von Whistleblowern ist der Umsetzung von Art. 5 lit. b EU-Geheimnisschutz-Richtlinie[38] geschuldet.

I. Umsetzung von Art. 5 lit. b EU-Geheimnisschutzrichtlinie

Die EU-Geheimnisschutzrichtlinie betont, dass die «in dieser Richtlinie vorgesehenen Maßnahmen, Verfahren und Rechtsbehelfe [...] nicht dazu dienen [sollen] Whistleblowing-Aktivitäten einzuschränken» und dass der Schutz von Geschäftsgeheimnissen daher nicht Fälle erfassen soll, in welchen die Offenlegung des Geschäftsgeheimnisses insoweit dem öffentlichen Interesse dient, als ein rechtswidriges Verhalten, ein Fehlverhalten oder eine illegale Tätigkeit von unmittelbarer Relevanz aufgedeckt wird.[39]

Der österreichische Gesetzgeber hat sich – etwa im Unterschied zum deutschen[40] – bei der Umsetzung der EU-Geheimnisschutzrichtlinie ausschliesslich auf die Einführung zivilrechtlicher Sonderbestimmungen zum Schutz von Geschäftsgeheimnissen in Gestalt von §§ 26a–26j UWG beschränkt.[41] Dies entspricht der Ausrichtung der EU-Richtlinie auf den zi-

---

37 OGH, 8 Ob A 131/98t v. 12.11.1998, DRdA 1999, S. 145.
38 Richtlinie (EU) 2016/943 des Europäischen Parlaments und des Rates vom 8.6.2016 über den Schutz vertraulichen Know-hows und vertraulicher Geschäftsinformationen (Geschäftsgeheimnisse) vor rechtswidrigem Erwerb sowie rechtswidriger Nutzung und Offenlegung EU-RL 2016/943, ABl L 157/1.
39 EU-Geheimnisschutzrichtlinie 2016/943 (Fn. 38), Erwägungsgrund 20.
40 In Deutschland ist mit dem Gesetz zum Schutz von Geschäftsgeheimnissen (GeschGehG) vom 18. April 2019, BGBl. I. S. 466, ein neues Stammgesetz geschaffen worden, das sowohl zivil- als auch strafrechtliche Bestimmungen zum Schutz von Geschäftsgeheimnissen enthält.
41 UWG-Novelle 2018, BGBl I 109/2018; ErläutRV 375 BlgNR 26. GP, S. 2.

vilrechtlichen Schutz von Geschäftsgeheimnissen.[42] Die bestehenden strafrechtlichen Vorschriften i.S.d. §§ 11 f. UWG blieben hingegen völlig un-
verändert. Der in § 26d Abs. 3 Ziff. 2 lit. b UWG eingeführte Whistleblower-Schutz ist dementsprechend unter dem Titel «Zivilrechtliche Sonderbestimmungen zum Schutz von Geschäftsgeheimnissen» eingeglie-
dert.[43] Dies führt zu einer regelungstechnischen Inkohärenz im straf- und
zivilrechtlichen Schutz von Geschäftsgeheimnissen.[44] Allerdings ist dem
zivilrechtlichen Rechtfertigungsgrund wohl grundsätzlich auch im Strafrecht Rechnung zu tragen,[45] kann doch ein zivilrechtlich gerechtfertigtes
Verhalten nicht strafrechtlich sanktioniert werden.

Nach § 26d Abs. 3 Ziff. 2 lit. b UWG, der Art. 5 lit. b EU-Geheimnisschutzrichtlinie umsetzt, ist der Erwerb, die Nutzung oder die Offenlegung eines Geschäftsgeheimnisses rechtmässig, wenn dies zur Aufdeckung
einer rechtswidrigen Handlung in Verbindung mit einem beruflichen
Fehlverhalten oder einer illegalen Tätigkeit im Zusammenhang mit dem
Geschäftsgeheimnis erfolgt, sofern die Person, welche das Geschäftsgeheimnis erwirbt, nutzt oder offenlegt, in der Absicht gehandelt hat, das allgemeine öffentliche Interesse zu schützen. Mit § 26d Abs. 3 Ziff. 2 lit. b
UWG liegt mithin ein zivilrechtlicher Rechtfertigungsgrund[46] für den Erwerb, die Nutzung oder Offenbarung eines Geschäftsgeheimnisses vor. Po-

---

42 Auch die EU-Geschäftsgeheimnisschutzrichtlinie beschränkt sich auf den zivil-
    rechtlichen Schutz von Geschäftsgeheimnissen, als Mindestvorgabe erlaubt sie
    den Mitgliedstaaten – mit Ausnahme der in Art. 1 S. 2 EU-Geheimnisschutzricht-
    linie aufgezählten – allerdings einen darüber hinaus gehenden Schutz von Ge-
    schäftsgeheimnissen. Vgl. EU-Geheimnisschutzrichtlinie 2016/943 (Fn. 38), Erwä-
    gungsgrund 10, Art. 6 Abs. 1. Vgl. auch *R. Hauck*, Geheimnisschutz im Zivilpro-
    zess – was bringt die neue EU-Richtlinie für das deutsche Recht?, NJW 2016,
    S. 2218 (2218); *B. Kalbfus*, Die EU-Geschäftsgeheimnis-Richtlinie, GRUR 2016,
    S. 1009 (1016).
43 Vgl. *I. Zerbes*, Whistleblowing in Fällen: Strafrecht zwischen Geheimnisschutz
    und Informationsinteresse, in: P. Lewisch (Hrsg.), Jahrbuch Wirtschafts- und Or-
    ganverantwortlichkeit 2019, Wien 2019, S. 57 (62); *I. Zerbes/M. Pieth*, Whistle-
    blowing – Drei Fälle, drei Strafrechtsordnungen, drei Traditionen des Geheimnis-
    schutzes, in: T. Rotsch (Hrsg.), Handbuch Criminal Compliance, 2. Aufl., 2020,
    unter II.2.b.bb.
44 So auch *Zerbes*, Whistleblowing (Fn. 43), S. 61 f.
45 A.A. *Zerbes*, Whistleblowing (Fn. 43), S. 62.
46 Vgl. im Unterschied dazu § 5 Nr. 2 GeschGehG, der nicht als Rechtfertigungs-
    grund, sondern letztlich (anders noch der Entwurf: BT-Drs. 19/4724, S. 10, 28 f.)
    als Tatbestandsausnahme konzipiert worden ist, um bereits die Erfüllung des Ver-
    botstatbestandes auszuschliessen. Vgl. dazu BT-Drs. 19/8300, S. 14; *R. Hauk*, Was
    lange währt ... – Das Gesetz zum Schutz von Geschäftsgeheimnissen (Gesch-
    GehG) ist in Kraft, GRUR-Prax 2019, S. 223 (225); *M. Schreiber*, Das neue Gesetz

sitiv zu bewerten ist, dass der österreichische Gesetzgeber – im Unterschied zu Art. 5 lit. b EU-Geheimnisschutzrichtlinie[47] und zum deutschen Pendant in § 5 Ziff. 2 GeschGehG[48] – den in § 26d Ziff. 2 Abs. 3 lit. b UWG normierten Whistleblower-Schutz auf die Meldung rechtswidriger Handlungen oder illegaler Tätigkeit im Zusammenhang mit einem Geschäftsgeheimnis, welches von «unmittelbarer Relevanz» ist, beschränkt und nicht auch sonstiges Fehlverhalten erfasst.[49] Zu kritisieren ist hingegen, dass das – von der EU-Geheimnisschutzrichtlinie in ihrer deutschen Fassung[50] wortwörtlich übernommene – Erfordernis des Handelns in der Absicht, das allgemeine öffentliche Interesse zu schützen, nicht nur zur Konturlosigkeit der Bestimmung[51] und damit zu Rechtsunsicherheiten im Whistleblower-Schutz führt, sondern dass damit auch Beweisschwierigkeiten in der Praxis vorprogrammiert sind. Darüber hinaus fügt sich das Erfordernis wenig in das zunehmend propagierte Verständnis von Whistleblowing als Instrument der Rechtsdurchsetzung ein.[52] Das Abstellen auf die Motive

---

zum Schutz von Geschäftsgeheimnissen – ein «Freifahrtschein» für Whistleblower, NZWiSt 2019, S. 332 (335 f.); *M. Hiéramente*, in: M. Fuhlrott/M. Hiéramente (Hrsg.), Beck'scher Online Kommentar GeschGehG, 2. Ed., Stand 15.12.2019, § 5 Rn. 6 f. Z.T. wird die Ausgestaltung als Tatbestandsausschluss und nicht als Rechtfertigungsgrund in der deutschen Literatur im Hinblick auf die erforderliche Interessenabwägung kritisiert; vgl. etwa *M. Dann/J.W. Markgraf*, Das neue Gesetz zum Schutz von Geschäftsgeheimnissen, NJW 2019, S. 1774 (1777).

47 Vgl. EU-Geheimnisschutzrichtlinie 2016/943 (Fn. 38), Art. 5 lit. b und Erwägungsgrund 10.

48 Kritisch hinsichtlich der Erfassung auch bloss unethischen, aber rechtlich zulässigen Verhaltens *Hiéramente* (Fn. 46), § 5 GeschGehG Rn. 23 ff.; *C. Alexander*, in: H. Köhler/J. Bornkamm/J. Feddersen (Hrsg.), Gesetz gegen den unlauteren Wettbewerb, 38. Aufl., München 2020, § 5 GeschGehG Rn. 39; *R. Brockhaus*, Das Geschäftsgeheimnisgesetz – Zur Frage der Strafbarkeit von Hinweisgebern unter Berücksichtigung der Whistleblowing-Richtlinie, ZIS 2020, S. 102 (115 f.); *Dann/ Markgraf*, Gesetz (Fn. 46), S. 1777; *S. Scholtyssek/C.M. Judis/S. Krause*, Das neue Geschäftsgeheimnisgesetz – Risiken, Chancen und konkreter Handlungsbedarf für Unternehmen, CCZ 2020, S. 23 (25 f.).

49 Vgl. ErläutRV 375 BlgNR 26. GP, S. 4; *C. Thiele*, in: A. Wiebe/G.E. Kodek (Hrsg.), UWG – Kommentar zum Gesetz gegen den unlauteren Wettbewerb, Wien 2020, § 26d UWG Rn. 31.

50 Der deutsche Gesetzgeber hat in der deutschen Fassung von Art. 5 lit. b EU-Geheimnisschutzrichtlinie 2016/943 sogar dahingehend einen Übersetzungsfehler vermutet, als die englische Fassung der Richtlinie auf «purpose» abstellt, was im vorliegenden Kontext eigentlich als Zweck übersetzt hätte werden müssen. Vgl. BT-Drs. 19/8300, S. 14; *Dann/Markgraf*, Gesetz (Fn. 46), S. 1777.

51 So auch *Zerbes*, Whistleblowing (Fn. 43), S. 62.

52 Vgl. dazu allgemein *Meyer*, Whistleblowing (Fn. 4), S. 326.

des Whistleblowers führt zu einer Gesinnungsprüfung, die insbesondere dann, wenn es um die Meldung von Rechtsverstössen an Behörden geht, nicht sachgerecht ist. Aus guten Gründen hat daher der deutsche Gesetzgeber die noch im Gesetzesentwurf[33] geforderte Absicht des Whistleblowers, das allgemeine öffentliche Interesse zu schützen, durch das Kriterium der Geeignetheit zum Schutz des öffentlichen Interesses ersetzt und damit den Whistleblower-Schutz objektiviert.[54] Zu kritisieren ist zudem, dass § 26d Ziff. 2 Abs. 3 Ziff. 2 lit. b UWG – wie im Übrigen auch Art. 5 lit. b EU-Geheimnisschutzrichtlinie und § 5 Ziff. 2 GeschGehG – keinerlei Vorgaben zur Anwendung eines (abgeschwächten bzw. aufgeweichten) Kaskadensystems macht, wie es etwa die EU-Whistleblower-Richtlinie mit der internen Meldung und der Meldung an die zuständige Behörde auf gleicher Stufe sowie der Offenlegung gegenüber der Öffentlichkeit als ultima ratio auf letzter Stufe vorsieht.[55] Insgesamt vermag § 26d Abs. 3 lit. b UWG wenig an Rechtssicherheit zu gewährleisten und trägt damit kaum zu einem adäquaten Whistleblower-Schutz bei. Zu fordern ist, dass die Bestimmung an die Vorgaben der EU-Whistleblower-Richtlinie angepasst bzw. in angepasster Form in einen breiteren, in sich konsistenten Regelungskontext (ausserhalb des UWG) überführt wird.[56]

Eine weitere – mit der Umsetzung der EU-Geheimnisschutzrichtlinie entstandene – Inkohärenz zwischen Straf- und Zivilrecht findet sich bei der Geschäftsgeheimnisdefinition. Die von der Richtlinie vorgegebene, in § 26b Abs. 1 UWG umgesetzte Definition von Geschäftsgeheimnissen ist in ihrem Anwendungsbereich wiederum ausschliesslich auf die zivilrechtlichen Sonderbestimmungen des UWG beschränkt und demnach grundsätzlich nicht auf den in § 11 UWG normierten strafrechtlichen Schutz

---

53 Vgl. BT-Drs. 19/4724, S. 10.
54 Vgl. BT-Drs. 19/8300, S. 14; vgl. auch *Hiéramente* (Fn. 46), § 5 GeschGehG Rn. 27 ff.; *Dann/Markgraf*, Gesetz (Fn. 46), S. 1777; *Brockhaus*, Geschäftsgeheimnisgesetz (Fn. 48), S. 114 f.; *A. Ohly*, Das neue Geschäftsgeheimnisgesetz im Überblick, GRUR 2019, S. 441 (448); *Schreiber*, Gesetz (Fn. 46), S. 335 f.
55 Vgl. Art. 10, 15 Richtlinie (EU) 2019/1937 (Fn. 4); vgl. allerdings auch Art. 7 Abs. 2; vgl. auch *C. Kumpan/P. Pauschinger*, Entwicklung des europäischen Gesellschaftsrechts 2018, EuZW 2019, S. 357 (360); vgl. auch *Dilling*, Schutz (Fn. 20), S. 215. Im Unterschied zur Endfassung hatte der ursprüngliche Richtlinienvorschlag ein striktes Kaskadensystem mit strengem Vorrang der internen Meldung vorgesehen: Art. 13 Abs. 2 Richtlinienvorschlag: COM (2018) 218 final; vgl. auch *I. Ullrich*, Die EU-Whistleblower-Richtlinie oder Richtlinien-Potpourri zum Schutz von Whistleblowern, WiJ 2019, S. 52 (56 f.).
56 Vgl. zu dieser Forderung auch unten E. II.

von Geschäfts- und Betriebsgeheimnissen anwendbar.[57] Eine Inkohärenz liegt schon darin, dass § 11 UWG im Gegensatz zu §§ 26a ff. UWG nach wie vor mit dem Begriffspaar von Geschäfts- und Betriebsgeheimnissen operiert. Auch liegt § 11 UWG weiterhin die in Rechtsprechung und Lehre anerkannte Definition[58] von Geschäfts- und Betriebsgeheimnissen mit der relativen Unbekanntheit der unternehmensbezogenen Tatsache, dem objektiven Geheimhaltungsinteresse und dem subjektiven Geheimhaltungswillen als konstituierende Merkmale des Geheimnisbegriffes zugrunde, während die Definition von § 26b Abs. 1 UWG davon dahingehend abweicht, dass anstatt des rein subjektiven Moments des Geheimhaltungswillens auf das objektivierte Kriterium von nach den Umständen angemessenen Geheimhaltungsmassnahmen durch den Geheimnisherren (Ziff. 3) abgestellt wird[59]. Dies führt zu einer kaum begründbaren Spaltung in der Definition des Geschäftsgeheimnisses innerhalb des UWG.

Zudem ist festzuhalten, dass der in §§ 26a ff. UWG festgelegte zivilrechtliche Schutz von Geschäftsgeheimnissen im Unterschied zum strafrechtlichen Schutz i.S.d. §§ 11 f. UWG nicht an ein Handeln zum Zwecke des Wettbewerbs anknüpft.[60]

Insgesamt wirken die in §§ 26a ff. UWG normierten «zivilrechtlichen Sonderbestimmungen zum Schutz von Geschäftsgeheimnissen» von §§ 1 ff. UWG «weitgehend abgekoppelt»[61], ja sie scheinen angesichts der zu §§ 11 f. UWG aufgezeigten Inkohärenzen nahezu als Fremdkörper, der dem Regelungsregime des UWG im Zuge und aus Anlass der Umsetzung der EU-Geheimnisschutzrichtlinie schlichtweg «aufgepfropft» worden ist. Der österreichische Gesetzgeber hätte gut daran getan, den Schutz von Geschäftsgeheimnissen aus dem Regelungskontext des Lauterkeitsrechts zu

---

57 Offen lassend B. *Kuchar*, Strafrechtlicher Schutz nach UWG und StGB: Strafgericht – eine effektive Alternative zu Zivilgerichten?, ipCompentence 2019 H 21, S. 40 (42).

58 Vgl. *Thiele* (Fn. 49), § 11 UWG Rn. 26 ff.; M. *Schramböck*, Schutz von Geschäfts- und Betriebsgeheimnissen, Wien 2002, S. 5 ff.; M. *Burgstaller*, Der strafrechtliche Schutz wirtschaftlicher Geheimnisse, in: H.G. Ruppe (Hrsg.), Geheimnisschutz im Wirtschaftsleben, Wien 1980, S. 5 (10 ff.) jeweils m.w.N.

59 Zu den bestehenden Unterschieden zwischen den Kriterien des Geheimhaltungswillens und angemessener Geheimhaltungsmassnahmen, vgl. *Thiele* (Fn. 49), § 26b UWG Rn. 31 ff. Für eine Übernahme der Legaldefinition des § 26b Abs. 1 UWG auch auf §§ 11 f. UWG, H. *Engelbrecht/M. Horak*, Geschäftsgeheimnisse im Arbeitsrecht, ecolex 2019, S. 527 (528).

60 Vgl. *Engelbrecht/Horak*, Geschäftsgeheimnisse (Fn. 59), S. 528; J. *Rassi*, Neues zum Schutz von Geschäftsgeheimnissen, RdW 2019, S. 824 (824).

61 *Rassi*, Schutz (Fn. 60), S. 824.

lösen und ein eigenes Stammgesetz mit einem zivil- und strafrechtlich aufeinander abgestimmten Geschäftsgeheimnisschutz zu schaffen, wie es etwa Deutschland[62] mit dem GeschGehG und der darin vorgenommenen grundlegenden, der EU-Geheimnisschutzrichtlinie entsprechenden «Veränderung der konzeptionellen Ausrichtung des Schutzes von Geschäftsgeheimnissen»[63] gemacht hat.

De lege lata wird die Strafbarkeit des externen Whistleblowers wegen Verletzung eines Geschäfts- oder Betriebsgeheimnisses gem. § 11 Abs. 1 UWG regelmässig an der notwendigen[64] Absicht des Handelns zu Zwecken des Wettbewerbs scheitern[65],[66], so dass für die Anwendung von § 26d Abs. 3 lit. b UWG wenig Raum bleibt. Ein Handeln zu Wettbewerbszwecken ist nur dann zu bejahen, wenn es dem Arbeitnehmer darauf ankommt[67], durch die Geheimnisverletzung die eigene oder die Wettbewerbsposition eines Dritten zum Nachteil seines Arbeitgebers zu fördern;[68] reine Bereicherungs- oder Schädigungsabsicht ist daher nicht ausreichend.[69]

---

62 Die Herauslösung des Geschäftsgeheimnisschutzes aus dem dUWG und die Schaffung eines gesonderten Schutzgesetzes in Deutschland befürwortend: *M.-R. McGuire*, Der Schutz von Konw-how im System des Immaterialgüterrechts – Perspektiven für die Umsetzung der Richtlinie über Geschäftsgeheimnisse, GRUR 2016, S. 1000 (1008); *C. Alexander*, Gegenstand, Inhalt und Umfang des Schutzes von Geschäftsgeheimnissen nach der Richtlinie (EU) 2016/943, WRP 2017, S. 1034 (1037 Rn. 25 f.).

63 *Alexander* (Fn. 48), Vorbemerk. zu GeschGehG Rn. 45; ähnlich *Ohly*, Geschäftsgeheimnisgesetz (Fn. 54), S. 450.

64 Vgl. im Unterschied dazu etwa § 23 GeschGehG, der ein Handeln des Täters zur Förderung des eigenen oder fremden Wettbewerbs, aus Eigennutz, zu Gunsten eines Dritten oder in der Absicht, dem Inhaber des Unternehmens Schaden zuzufügen, fordert.

65 Vgl. auch *Zerbes*, Whistleblowing (Fn. 43), S. 60; *Thiele* (Fn. 49), § 11 Rn. 54; *H. Hinterhofer*, Geheimnisschutz – Datenschutz – Informationsschutz im Strafrecht, in: Studiengesellschaft für Wirtschaft und Recht (Hrsg.), Geheimnisschutz – Datenschutz – Informationsschutz, Wien 2007, S. 169 (181, 186).

66 Vgl. auch *Zerbes*, Whistleblowing (Fn. 43), S. 60 f. Ähnlich *Wessely*, Whistleblowing (Fn. 1), S. 91 f.

67 Strittig ist, ob Absicht gefordert ist oder dolus eventualis ausreicht, vgl. *A. Tipold*, Der strafrechtliche Schutz von Geheimnissen, in: R. Kert/G. Kodek (Hrsg.), Das große Handbuch für Wirtschaftsstrafrecht – Profiwissen für die Praxis, Wien 2016, Kapitel 12 Rn. 12.37 m.N.

68 Vgl. *Burgstaller*, Geheimnisse (Fn. 58), S. 31; *Thiele* (Fn. 49), § 11 UWG Rn. 54; *Hinterhofer*, Geheimnisschutz (Fn. 65), S. 188.

69 Vgl. *Thiele* (Fn. 49), § 11 UWG Rn. 54; *Hinterhofer*, Geheimnisschutz (Fn. 65), S. 189; *Burgstaller*, Geheimnisse (Fn. 58), S. 32.

II. Anstehende Umsetzung der EU-Whistleblower-Richtlinie

Die am 16.12.2019 in Kraft getretene und bis zum 17.12.2021[70] umzusetzende EU-Whistleblower-Richtlinie stellt angesichts ihrer Regelungsdichte und Vielfalt an unterschiedlichen Vorgaben die nationalen Gesetzgeber vor nicht zu unterschätzende legistische Herausforderungen[71], bietet aber gleichermassen auch die Chance und (hoffentlich endlich auch) Anlass[72], einen Schlussstrich unter den bislang vielfach äusserst defizitär sowie fragmentarisch ausgestalteten[73] und vom Diktat der Rechtsunsicherheit beherrschten Whistleblower-Schutz zu ziehen. Gegenwärtig sehen sich vor allem externe Whistleblower mangels klarer rechtlicher Vorgaben hinsichtlich der Zulässigkeit von Meldungen oftmals vorab schwer zu kalkulierenden zivil-, arbeits-, aber auch strafrechtlichen Risiken, insbesondere im Hinblick auf Geheimnisschutzverletzungen, ausgesetzt.[74]

Obwohl die Richtlinie das Ergebnis von Kompromissen einer Vielzahl widerstreitender Interessen ist, was sich (leider) z.T. auch in Abstrichen an Klarheit und Regelungskonsequenz widerspiegelt[75], stellt sie dennoch einen wichtigen Meilenstein im EU-Whistleblower-Schutz dar. Sehr zu begrüssen ist, dass in Art. 5 Begriffsdefinitionen erfolgen und im Besonderen, dass eine – sich in der Begriffswahl und in der Meldekaskade niederschlagende – klare Differenzierung zwischen externer Meldung als mündlicher

---

70   Art. 26 Abs. 1. Art. 26 Abs. 2 normiert mit 17.12.2023 eine von Abs. 1 abweichende Umsetzungsfrist hinsichtlich juristischer Personen mit 50 bis 249 Arbeitnehmern in Bezug auf die Verpflichtung nach Art. 8 Abs. 3, interne Meldekanäle einzurichten.
71   Sehr kritisch *Zerbes/Pieth*, Whistleblowing (Fn. 43), unter I., die den Text der Richtlinie als unklar, unsystematisch sowie unstrukturiert kritisieren und bei der Umsetzung mit einem «gesetzgeberische[n] Chaos» rechnen.
72   Vgl. *Meyer*, Whistleblowing (Fn. 4), S. 325, der davon ausgeht, dass den Gesetzgeber «im Hinblick auf die Wichtigkeit der betroffenen Grundrechte und angesichts der Komplexität der Entscheidungssituation sogar eine positive grundrechtliche Schutzpflicht dahingehend treffen [dürfte], einen verlässlichen Rahmen für Whistleblowing zu schaffen».
73   Vgl. Richtlinie (EU) 2019/1937 (Fn. 4), Erwägungsgrund 4; Transparency International, Whistleblowing (Fn. 33), S. 5, 7; OECD, Whistleblower (Fn. 3), S. 11 f., 104 f.; *Kreis*, Whistleblowing (Fn. 8), S. 97 ff.; *Meyer*, Whistleblowing (Fn. 4), S. 322; *Turksen*, Criminalisation (Fn. 8), S. 338.
74   Vgl. etwa den Länderüberblick in OECD, Whistleblower (Fn. 3), S. 133 ff.; *Turksen*, Criminalisation (Fn. 8), S. 339 f., 342; *Meyer*, Whistleblowing (Fn. 4), S. 322; *Harding*, Role (Fn. 3), S. 102; *Rotsch*, Compliance (Fn. 20), 1. Teil, 4. Kapitel Rn. 65.
75   Vgl. dazu sogleich E. II.

oder schriftlicher Mitteilung von Informationen über Verstösse an die zuständigen Behörden (Ziff. 5) einerseits und der Offenlegung als öffentlichem Zugänglichmachen von Informationen über Verstösse (Ziff. 6) andererseits festgelegt wird. Eine strikte Unterscheidung zwischen diesen beiden Meldearten ist unbedingt erforderlich, um den divergierenden Regelungserfordernissen angemessen Rechnung tragen zu können. Bisher ist als externes Whistleblowing demgegenüber regelmässig gleichermassen sowohl die Meldung an zuständige Behörden als auch die Meldung an unternehmensfremde bzw. unternehmensunabhängige Personen, Institutionen oder die Presse bezeichnet worden[76], was der Klarheit in Diskussion und Regelung abträglich ist.

In ihrem sachlichen Anwendungsbereich ist die EU-Whistleblower-Richtlinie gem. Art. 2 zwar auf die im Richtlinienanhang aufgezählten Verstösse gegen das Unionsrecht beschränkt, doch ist im Sinne eines einheitlichen Whistleblower-Schutzes und aus Gründen der Rechtsklarheit sowie -sicherheit eine Anwendungsausweitung der aus Anlass der Umsetzung zu erlassenden Regeln auch auf Verstösse gegen nationales Recht zu fordern und zu erwarten.[77] Wenig empfehlenswert ist die Umsetzung der EU-Whistleblower-Richtlinie in einzelnen (Materien)Gesetzen; vielmehr ist unter Gesichtspunkten der Regelungsklarheit und -kohärenz die Schaffung eines neuen Stammgesetzes unter Anpassung bzw. Abschaffung der bislang im österreichischen Recht punktuell zum Whistleblower-Schutz bestehenden Regelungen, einschliesslich § 26d Abs. 3 Ziff. 2 lit. b UWG,[78] angezeigt.[79] Als wesentliche und begrüssenswerte[80] Errungenschaft der EU-Whistleblower-Richtlinie ist anzusehen, dass – im Unterschied zum ur-

---

76 Vgl. etwa *Rotsch/Wagner*, Whistleblowing (Fn. 28), § 34 C. Rn. 10; *L. Eidam*, in: R. Esser et al. (Hrsg.), Wirtschaftsstrafrecht mit Steuerstrafrecht und Verfahrensrecht, Köln 2017, § 34 Rn. 11; *Hefendehl*, Whistleblowing (Fn. 4), S. 619 jeweils m.w.N. Vgl. allerdings *Rotsch*, Compliance (Fn. 20), 1. Teil, 4. Rn. 64: externes Whistleblowing als unmittelbare Informationsweitergabe an Strafverfolgungs- und Aufsichtsbehörden. Vgl. insb. auch Art. 5 lit. b der EU-Geheimnisschutz-Richtlinie 2016/943 (Fn. 38); § 26d Abs. 3 lit. b UWG.

77 So auch für Deutschland *Bottmann*, Criminal Compliance (Fn. 7), Kapitel 2.1 Rn. 44; *Schmolke*, Whistleblower-Richtlinie (Fn. 31), S. 10; *Meyer*, Whistleblowing (Fn. 4), S. 332. Vgl. auch Richtlinie (EU) 2019/1937 (Fn. 4), Erwägungsgrund 5.

78 Vgl. dazu schon E. I.

79 Zur entsprechenden Forderung eines eigenen Stammgesetzes in Deutschland vgl. *Schmolke*, Whistleblower-Richtlinie (Fn. 31), S. 9 f.

80 Krit. *Bottmann*, Criminal Compliance (Fn. 7), Kapitel 2.1 Rn. 44.

sprünglichen Richtlinienvorschlag der Kommission[81] – kein Vorrang der internen Meldung festgelegt wird, sondern dass dem Hinweisgeber[82] gem. Art. 10 EU-Whistleblower-Richtlinie ein Wahlrecht zwischen interner Meldung, d.h. gem. Art. 5 Ziff. 4 mündlicher oder schriftlicher Mitteilung von Informationen über Verstösse innerhalb der juristischen Person des privaten oder öffentlichen Sektors, oder externer Meldung, d.h. gem. Art. 5 Ziff. 5 mündlicher oder schriftlicher Mitteilung von Informationen über Verstösse an die zuständigen Behörden, zukommt. Allerdings sollen sich die Mitgliedstaaten gem. Art. 7 Abs. 2 dafür einsetzen, dass die Meldung über interne Meldekanäle gegenüber der Meldung über externe Meldekanäle in den Fällen bevorzugt wird, in denen wirksam intern gegen den Verstoss vorgegangen werden kann und der Hinweisgeber keine Repressalien fürchten muss. Art. 7 Abs. 2 ist wohl Ausdruck des bereits erwähnten Kompromisses einer Vielzahl widerstreitender Interessen und ist in seinem Regelungsauftrag wenig klar.[83] Zu hoffen bleibt, dass Art. 7 Abs. 2 nicht (fälschlicherweise) als Türöffner für eine Aushebelung oder Durchlöcherung der in Art. 10 normierten Gleichrangigkeit von interner und externer Meldung verstanden und genutzt wird. Der Schutz des Whistleblowers soll gem. Art. 19 ff. EU-Whistleblower-Richtlinie dergestalt erfolgen, dass Androhung und Anordnung von Repressalien i.S.d. Art. 5 Ziff. 11 verboten, erforderliche Schutzmassnahmen im Falle von Repressalien gewährleistet und der Zugang zu unterstützenden Massnahmen sichergestellt werden. Gem. Art. 21 Abs. 2 können Hinweisgeber – mit Ausnahme der in Art. 3 Abs. 2 und 3 festgelegten Bereiche – grundsätzlich nicht für die Verletzung von Verschwiegenheits- oder Geheimhaltungsverpflichtungen[84] haftbar gemacht werden, sofern sie hinreichende Gründe zur Annahme hatten, dass die Meldung oder Offenlegung der Information notwendig war, um einen Verstoss i.S.d. Richtlinie aufzudecken.

Art. 11 verpflichtet die Mitgliedstaaten zur Einrichtung externer Meldekanäle, die die Kriterien von Art. 12 erfüllen, und zur Ergreifung von Folgemassnahmen i.S.d. Art. 5 Ziff. 12, d.h. Massnahmen zur Prüfung der Stichhaltigkeit der in der Meldung erhobenen Behauptung und gegebe-

---

81 Art. 13 Abs. 2 Richtlinienvorschlag: COM (2018) 218 final; vgl. auch *Ullrich*, EU-Whistleblower-Richtlinie (Fn. 55), S. 56.

82 Zur Legaldefinition vgl. Art. 5 Ziff. 7 Richtlinie (EU) 2019/1937 (Fn. 4).

83 So auch *Ullrich*, EU-Whistleblower-Richtlinie (Fn. 55), S. 57; *Schmolke*, Whistleblower-Richtlinie (Fn. 31), S. 8.

84 Gem. Art. 21 Abs. 3 unterliegt die Regelung der strafrechtlichen Haftung für die Beschaffung oder den Zugriff auf Informationen, die gemeldet oder offengelegt werden, weiterhin dem nationalen Recht.

nenfalls zum Vorgehen gegen den gemeldeten Verstoss. Die Mitgliedstaaten haben gem. Art. 11 Abs. 1 die für die Entgegennahme der Meldungen, die Rückmeldung und die Ergreifung der Folgemassnahmen zuständigen Behörden zu benennen und diese mit angemessenen Ressourcen auszustatten. Ein Wermutstropfen bzw. Schönheitsfehler der EU-Whistleblower-Richtlinie ist darin zu sehen, dass die Mitgliedstaaten gem. Art. 6 Abs. 2 nicht verpflichtet werden, anonyme Meldungen zuzulassen.[85] Zu hoffen ist, dass der österreichische Umsetzungsgesetzgeber auch anonyme Meldungen ermöglichen wird, wie sie im Übrigen auch beim Hinweisgebersystem der WKStA vorgesehen sind und dort als wesentlicher Erfolgsfaktor gelten.[86]

Insgesamt wird externes Whistleblowing i.S.d. Meldung von Rechtsverstössen an die zuständigen Behörden mit der Umsetzung der EU-Whistleblower-Richtlinie weiter an Bedeutung gewinnen.

Mit dem WKStA-Hinweisgebersystem[87] hat Österreich im Bereich des Strafrechts ein bereits seit Jahren erprobtes und sich bewährendes Melde-

---

85 Krit. auch *Dilling*, Schutz (Fn. 20), S. 218; *Schmolke*, Whistleblower-Richtlinie (Fn. 31), S. 11; a.A. *P. Lewisch*, Whistleblowing und Strafrecht, in: AIDP und Österreichischer Juristenverband (Hrsg.), Whistleblowing – das Hinweisgebersystem im österreichischen Recht: Symposium am 16. Oktober 2015, Wien 2016, S. 24 (30), nach welchem die Anonymität des Whistleblowings eine «funktionale Schwäche» in doppelter Hinsicht birgt, nämlich dahingehend, dass zum einen ein Anreiz zur Verletzung interner Reporting-Regeln geschaffen wird und zum anderen die Möglichkeit zu einer «realiter unsanktionierten Verleumdung/Falschaussage» eröffnet wird; ähnlich *Hefendehl*, Whistleblowing (Fn. 4), S. 634, 642 f.; *R. Kölbel*, in: C. Knauer/H. Kudlich/H. Schneider (Hrsg.), Münchener Kommentar zur Strafprozessordnung, München 2014, § 158 StPO Rn. 32; vgl. auch Die Presse, «Strafverfolgung: Falsche Whistleblower im Visier», vom 4.5.2015, abrufbar unter https://www.diepresse.com/4723630/strafverfolgung-falsche-whistleblower-im-visier (zuletzt besucht am 23.4.2020); *O. Backes/M. Lindemann*, Staatlich organisierte Anonymität als Ermittlungsmethode bei Korruptions- und Wirtschaftsdelikten, München 2006, S. 102 f., 106; krit. auch *Wessely*, Whistleblowing (Fn. 1), S. 87 ff. im Hinblick auf eine allfällige Beschneidung der Verteidigungsmöglichkeiten des Beschuldigten, da er keine Möglichkeit hat, den Hinweisgeber als Zeugen zu befragen und seine Glaubwürdigkeit zu erschüttern sowie im Hinblick auf eine allfällige Verpflichtung der Strafverfolgung, den Hinweisgeber auszuforschen, falls dieser selbst einer Straftat verdächtig ist.
86 Vgl. E. III. 1.
87 Ähnlich verfügen nach Vorbild des BKMS®-Hinweisgebersystems der WKStA etwa auch die Finanzmarktaufsicht (FMA) seit 1.4.2014 gem. § 160 Börsegesetz 2018 und die Bundeswettbewerbsbehörde (BWB) seit 2017 gem. § 11b Abs. 6 WettbG über ein internetbasiertes Hinweisgeber- bzw. Whistleblower-System, das die Abgabe anonymer Meldungen mit nachfolgender Kommunikationsmöglich-

system, an dem bei der Umsetzung der EU-Whistleblower-Richtlinie in der einen oder anderen Hinsicht Anleihe genommen und aus den dort gewonnenen Erfahrungen profitiert werden kann. Dem steht nicht entgegen, dass das BKMS®-Hinweisgebersystem dahingehend sowohl einen weiteren als auch einen engeren Anwendungsbereich im Hinblick auf die erfassten Meldungen aufweist, als es auf die Meldung gerichtlicher Straftaten beschränkt ist, aber im Unterschied zur EU-Whistleblower-Richtlinie (vgl. Art. 4; Art. 5 Ziff. 2, 7) nicht nur auf im Zusammenhang mit der Arbeitstätigkeit des Hinweisgebers erlangte Informationen über Verstösse Anwendung findet.

Die bevorstehende Umsetzung der EU-Whistleblower-Richtlinie gibt Anlass, Ausgestaltung, Funktionsweise und Effektivität des BKMS®-Hinweisgebersystems der WKStA einer kritischen Würdigung zu unterziehen.

III. Das Hinweisgebersystem bei der Zentralen Staatsanwaltschaft zur Verfolgung von Wirtschaftsstrafsachen und Korruption (WKStA)

Im OECD-Länderbericht Österreich Phase 2 vom 16.2.2006 über die Anwendung des Übereinkommens über die Bekämpfung der Bestechung ausländischer Amtsträger im internationalen Geschäftsverkehr und der Empfehlung zur Bekämpfung von Bestechung im internationalen Geschäftsverkehr wurde festgestellt, dass Unternehmensmitarbeiter und andere Personen eine wichtige Informationsquelle im Kampf gegen Korruption darstellen, in Österreich aber rechtliche Unklarheiten hinsichtlich der Wirkungen des in § 80 Abs. 1 StPO (vormals § 86 Abs. 1 StPO a.F.) normierten Anzeigerechts, dessen Verhältnis zu Geheimhaltungsverpflichtungen und des

---

keit mit dem Hinweisgeber bzw. Whistleblower zur Substantiierung der eingereichten Meldung bietet. Interessant ist, dass der Whistleblower beim Whistleblower-Systems der BWB verpflichtend angeben muss, warum aus seiner Sicht die Meldung des Verstosses im öffentlichen Interesse liegt und nicht nur seine persönlichen Gründe massgeblich für den Hinweis sind; damit sollen haltlose und unbegründete Beschwerden möglichst vermieden werden: vgl. ErläutRV 1522 BlgNr 25. GP, S. 18. Zur praktischen Relevanz des Hinweisgeber- bzw. Whistleblower-Systems vgl. etwa FMA, Jahresbericht 2019, S. 107 f., abrufbar unter https:/ /www.fma.gv.at/publikationen/fma-jahresberichte/ (zuletzt besucht am 29.7.2020); FMA, Fakten, Trends, Strategien 2020, S. 55 f., abrufbar unter https:// www.fma.gv.at/publikationen/fakten-trends-strategien/ (zuletzt besucht am 29.7.2020); BWB, Tätigkeitsbericht 2018, S. 61 f., abrufbar unter https://www.bwb .gv.at/recht_publikationen/taetigkeitsberichte_der_bundeswettbewerbsbehoerde/ (zuletzt besucht am 29.7.2020).

Risikos einer allfälligen straf- sowie arbeitsrechtlichen Haftung des Hinweisgebers bestünden, mit der Folge, dass die Effektivität des Anzeigerechtes eingeschränkt sei. Dementsprechend wurde Österreich u.a. empfohlen, «[to] take measures to facilitate the reporting of foreign bribery, including clarifying the effect of section 86 CPC [nunmehr § 80 Abs. 1 StPO]».[88] Im Länderbericht Phase 3 vom 14.12.2012 wurde Österreich diesbezüglich ein weiteres Mal kritisiert.[89] Im Follow-Up Bericht zu Phase 3 vom 20.2.2015 hat Österreich die Einführung eines Hinweisgebersystems bei der Zentralen Staatsanwaltschaft zur Verfolgung von Wirtschaftsstrafsachen und Korruption gemeldet.[90]

1. Überblick über die (rechtliche) Ausgestaltung und Funktionsweise des Hinweisgebersystems der WKStA

Am 20.3.2013 wurde in Österreich – nach Vorbild[91] bereits langjährig bestehender Systeme bei den Landeskriminalämtern Niedersachsen und Baden-Würtemberg – das sog. BKMS®-Hinweisgebersystem bei der WKStA[92] eingeführt.[93] Regelungshintergrund des Hinweisgebersystems waren die

---

88 OECD, Länderbericht Austria: Phase 2 vom 16.2.2016, S. 16, abrufbar unter https://www.oecd.org/daf/anti-bribery/anti-briberyconvention/36180957.pdf (zuletzt besucht am 22.4.2020); so auch OECD Länderbericht Österreich: Phase 3 vom 14.12.2012, S. 39, abrufbar unter https://www.oecd.org/daf/anti-bribery/Austriaphase3reportEN.pdf (zuletzt besucht am 22.4.2020).

89 OECD, Phase 3 (Fn. 88), S. 53.

90 Austria: Follow-up to the Phase 3 Report 6 Recommendations vom 20.2.2015, S. 23 f., abrufbar unter https://www.oecd.org/daf/anti-bribery/Austria-Phase-3-Follow-up-Report-ENG.pdf (zuletzt besucht am 22.4.2020).

91 Vgl. *T. Haslwanter*, Anonyme Hinweisgeberbearbeitung mit dem BKMS®-Hinweisgebersystem in der Praxis der Wirtschafts- und Korruptionsstaatsanwaltschaft, in: M. Gruber/N. Raschauer (Hrsg.), Whistleblowing, Wien 2015, S. 13 (14).

92 Bei der seit 1.9.2011 existierenden Zentralen Staatsanwaltschaft zur Verfolgung von Wirtschaftsstrafsachen und Korruption (WKStA) handelt es sich um eine spezielle Strafverfolgungsbehörde, welche aufgrund ihrer Kompetenz und Expertise bundesweit für die Verfolgung insbesondere großer Wirtschafts- und Korruptionsdelikte zuständig ist: Vgl. § 2a StAG, § 20a StPO.

93 Dies erfolgte zunächst auf Grundlage eines Erlasses des BMJ [BMJ, Erlass vom 17.3.2013 über die Einrichtung eines Hinweisgebersystems der WKStA (BKMS®-System), BMJ-S585.000/0009-IV 3/2013] in Verbindung mit § 2 StPO (Grundsatz der Amtswegigkeit); im Jahr 2016 wurde mit § 2a Abs. 6 StAG schliesslich – insbesondere auch, um datenschutzrechtlichen Bedenken zu begegnen – eine eigenständige gesetzliche Grundlage geschaffen. Vgl. ErläutRV 669 BlgNR 25. GP, S. 3.

insbesondere in Bereichen des Wirtschafts- und Korruptionsstrafrechts vorhandenen Aufdeckungsdefizite und Ermittlungsschwierigkeiten.[94] Das BKMS®-Hinweisgebersystem stellt ein speziell für Ermittlungen im Bereich von Wirtschafts- und Korruptionsstraftaten geeignetes internetbasiertes Anzeigesystem dar, wobei es dem Hinweisgeber freisteht, die Meldung anonym oder unter Nennung seines Namens abzugeben.[95] Ist die Identität des Hinweisgebers bekannt, besteht die Möglichkeit, den Sachverhalt ausserhalb des Hinweisgebersystems durch förmliche Zeugeneinvernahme zu konkretisieren.[96] Das allgemeine Anzeigerecht nach § 80 Abs. 1 StPO bleibt durch die Einrichtung des Hinweisgebersystems gem. § 2a Abs. 6 StAG[97] unberührt. Vom Anzeigerecht i.S.d. § 80 Abs. 1 StPO abweichend und als «Herzstück» des BKMS®-Hinweisgebersystems angesehen wird die Möglichkeit zur bidirektionalen Kommunikation, auch mit dem anonymen Hinweisgeber über einen freiwillig von diesem errichteten Postkasten, durch welchen Nachfragen der WKStA zur Objektivierung der Meldung und zur Substantiierung des dargestellten Sachverhaltes ermöglicht werden.[98] Die Sicherung der Anonymität des Hinweisgebers wird als «oberstes Gebot»[99] angesehen und technisch dadurch gewährleistet,

---

94 Vgl. WKStA, BKMS®-Hinweisgebersystem: Informationsbroschüre vom 1.7.2016, S. 4, abrufbar unter https://www.justiz.gv.at/wksta/wirtschafts–und-korruptionssta atsanwaltschaft/hinweisgebersystem~2c9484853d643b33013d8860aa5a2e59.de.ht ml (zuletzt besucht am 22.4.2020); *F.A. Koenig*, Das Hinweisgebersystem (BKMS®-System) bei der Zentralen Staatsanwaltschaft zur Verfolgung von Wirtschaftsstrafsachen und Korruption, in: P. Lewisch (Hrsg.), Jahrbuch Wirtschaftsstrafrecht und Organverantwortlichkeit 2013, Wien 2013, S. 237 (237); *G. Gößler/T. Haslwanter/E. Pieber/B. Winkler*, Erfahrungen der WKStA im Ermittlungsverfahren – ausgewählte Themen, in: R. Kert/G. Kodek (Hrsg.), Das große Handbuch Wirtschaftsstrafrecht – Profiwissen für die Praxis, Wien 2016, Kapitel 18 Rn. 18.18.

95 Vgl. ErläutRV 669 BlgNR 25. GP, S. 3; WKStA, BKMS®-Hinweisgebersystem (Fn. 94), S. 4, 12; *Gößler/Haslwanter/Pieber/Winkler*, Erfahrungen (Fn. 94), Rn. 18.23.

96 Vgl. *Gößler/Haslwanter/Pieber/Winkler*, Erfahrungen (Fn. 94), Rn. 18.25.

97 Staatsanwaltschaftsgesetz, BGBl 1986/164 i.d.F. BGBl I 2015/96.

98 *Gößler/Haslwanter/Pieber/Winkler*, Erfahrungen (Fn. 94), Rn. 18.25; *Haslwanter*, Anonyme Hinweisgeberbearbeitung (Fn. 91), S. 19; vgl. auch WKStA, BKMS®-Hinweisgebersystem (Fn. 94), S. 14; *Koenig*, Hinweisgebersystem (Fn. 94), S. 237; *I.M. Vrabl-Sanda*, Whistleblowing bei der Zentralen Staatsanwaltschaft zur Verfolgung von Wirtschaftsstrafsachen und Korruption – vernadern oder verraten, in: AIDP und Österreichischer Juristenverband (Hrsg.), Whistleblowing – das Hinweisgebersystem im österreichischen Recht: Symposium am 16. Oktober 2015 Wien 2016, S. 45 (45).

99 WKStA, BKMS®-Hinweisgebersystem (Fn. 94), S. 6.

dass innerhalb des BKMS®-Systems keinerlei IP-Adressen, Zeitstempel oder Geo-Daten bzw. weitere Meta-Daten des Hinweisgebers gespeichert werden.[100] Die Wahrung der Anonymität setzt allerdings auch eine entsprechende Sorgfalt des Hinweisgebers bei der Meldung selbst voraus, worauf das BKMS®-System auf verschiedenen Meldestufen hinweist.[101] Nach Ansicht des BMJ[102] und der Lehre[103] stellt das blosse Rückfragen an den Hinweisgeber im Rahmen des BKMS®-Systems zur Klärung des Vorliegens eines hinreichenden Anfangsverdachts weder eine Erkundigungs- noch eine Ermittlungshandlung nach der StPO dar. Über das BKMS®-Hinweisgebersystem eingereichte Meldungen sind zunächst unabhängig von der in §§ 20a f. StPO vorgegebenen Zuständigkeit der WKStA zu bearbeiten.[104] Die Bearbeitung der eingegangenen Meldungen erfolgt zunächst über das BKMS®-Case-Management-System, wobei zu jeder Meldung ein elektronischer Handakt in Form eines sog. Case-Management-Falls angelegt wird, wodurch die Möglichkeit der internen Kommunikation zwischen Sachbearbeiter und Teamassistenz eröffnet wird.[105] Ergibt sich aus dem – allenfalls durch Rückfragen ergänzten – Vorbringen des Hinweisgebers ein Sachverhaltssubstrat, das einen Anfangsverdacht für ein gerichtlich strafbares Verhalten[106] zu begründen vermag, wird ein Ermittlungsakt in Papierform angelegt, der bei Eigenzuständigkeit der WKStA intern

---

100 Vgl. ErläutRV 669 BlgNR 25. GP, S. 3; WKStA, BKMS®-Hinweisgebersystem (Fn. 94), S. 6 ff.

101 Vgl. ErläutRV 669 BlgNR 25. GP, S. 3 f.; WKStA, BKMS®-Hinweisgebersystem (Fn. 94), S. 8.

102 Vgl. BMJ, Einrichtung eines Hinweisgebersystems (Fn. 93), S. 3.

103 Vgl. *Gößler/Haslwanter/Pieber/Winkler*, Erfahrungen (Fn. 94), Rn. 18.27; *Koenig*, Hinweisgebersystem (Fn. 94), S. 244. Vgl. *Lewisch*, Whistleblowing (Fn. 85), S. 30 f., der der aus der Gewährleistung der Anonymität resultierenden Möglichkeit zu einer «realiter unsanktionierten Verleumdung/Falschaussage» de lege ferenda dadurch begegnen will, dass die Rückfrage im Rahmen des BKMS®-Hinweisgebersystems als Zeugeneinvernahme ausgestaltet wird, so dass neben einer allfälligen Strafbarkeit wegen Verleumdung nach § 297 StGB bei Wissentlichkeit auch eine Strafbarkeit wegen falscher Zeugenaussage nach § 288 StGB in Betracht kommt.

104 Vgl. *Gößler/Haslwanter/Pieber/Winkler*, Erfahrungen (Fn. 94), Rn. 18.26; *Koenig*, Hinweisgebersystem (Fn. 94), S. 244.

105 Vgl. BMVRDJ, Anfragebeantwortung der schriftlichen parlamentarischen Anfrage betreffend «Effektivität des «Whistleblower-Systems» der WKStA», 3915/AB vom 4.9.2019, Gz BMVRDJ-Pr7000/0173-III 1/PKRS/2019, S. 2, abrufbar unter https://www.parlament.gv.at/PAKT/VHG/XXVI/AB/AB_03915/index.shtml (zuletzt besucht am 23.4.2020).

106 Wird kein gerichtlich strafbarer Sachverhalt zur Anzeige gebracht, wird die Hinweisgeberbearbeitung beendet, der Hinweisgeber darüber informiert und ein

einem Sachbearbeiter zugewiesen, bei Zuständigkeit einer anderen Staats-anwaltschaft an diese weitergeleitet wird.[107] In letzterem Fall fungiert der Sachbearbeiter des BKMS®-Hinweisgebersystems im Hinblick auf die Kommunikation als «Schaltstelle zwischen dem zuständigen Staatsanwalt und dem Hinweisgeber»[108]; der Postkasten wird nur auf ausdrücklichen Wunsch des zuständigen Staatsanwaltes geschlossen.[109] Bis zum Abschluss der Hinweisbearbeitung werden sowohl die Fragen der Staatsanwaltschaft als auch die Antworten des Hinweisgebers monatlich überwacht.[110] Eben-falls in monatlichen Abständen erfolgt eine allgemein gehaltene Informie-rung des Hinweisgebers über den Stand der Hinweisbearbeitung.[111] Zur Wahrung der hohen Qualität erfolgen Abschluss der Hinweisbearbeitung und zuständigkeitsbedingte Weiterleitung der Meldung an eine andere Staatsanwaltschaft unter Anwendung des Vier-Augen-Prinzips.[112] Die Hin-weisbearbeitung zielt darauf ab, Ermittlungsansätze zu gewinnen,[113] wobei auch der Inhalt anonymer Anzeigen die Anordnung von Zwangsmassnah-men zu begründen vermag[114]. Bemerkenswert ist auch, dass das BKMS®-Hinweisgebersystem als Ergänzung und zur Förderung der Kronzeugenre-gelung i.S.d. §§ 209a f. StPO vorgesehen ist.[115] Es bietet potentiellen Kron-

---

allfälliger Postkasten geschlossen. Bei Verdacht des Vorliegens eines nicht in die gerichtliche Zuständigkeit fallenden Finanzvergehens wird das Bundesministeri-um für Finanzen informiert, wobei es auch in diesem Fall keine weitere Rück-fragemöglichkeit an den Hinweisgeber gibt: Vgl. BMVRDJ, «Effektivität des «Whistleblower-Systems» der WKStA» (Fn. 105), S. 3.

107 Vgl. ErläutRV 669 BlgNR 25. GP, S. 2 f.; WKStA, BKMS®-Hinweisgebersystem (Fn. 94), S. 16 f.; BMVRDJ, «Effektivität des «Whistleblower-Systems» der WKS-tA» (Fn. 105), S. 2; *Gößler/Haslwanter/Pieber/Winkler*, Erfahrungen (Fn. 94), Rn. 18.29; *Haslwanter*, Anonyme Hinweisgeberbearbeitung (Fn. 91), S. 16.

108 *Gößler/Haslwanter/Pieber/Winkler*, Erfahrungen (Fn. 94), Rn. 18.30.

109 Vgl. BMVRDJ, «Effektivität des «Whistleblower-Systems» der WKStA» (Fn. 105), S. 3; WKStA, BKMS®-Hinweisgebersystem (Fn. 94), S. 17.

110 Vgl. BMVRDJ, «Effektivität des «Whistleblower-Systems» der WKStA (Fn. 105), S. 3.

111 Vgl. BMVRDJ, «Effektivität des «Whistleblower-Systems» der WKStA» (Fn. 105), S. 3; *Gößler/Haslwanter/Pieber/Winkler*, Erfahrungen (Fn. 94), Rn. 18.30.

112 Vgl. WKStA, BKMS®-Hinweisgebersystem (Fn. 94), S. 15; BMVRDJ, «Effektivi-tät des «Whistleblower-Systems» der WKStA» (Fn. 105), S. 2.

113 Vgl. ErläutRV 669 BlgNR 25. GP, S. 2; *Gößler/Haslwanter/Pieber/Winkler*, Erfah-rungen (Fn. 94), Rn. 18.25; *J. Riegler*, Spezialisten für Großverfahren, Öffentliche Sicherheit 2013, S. 17 (17).

114 Ris-Justiz, RS0125169.

115 Vgl. *Gößler/Haslwanter/Pieber/Winkler*, Erfahrungen (Fn. 94), Rn. 18.19; *Haslwan-ter*, Anonyme Hinweisgeberbearbeitung (Fn. 91), S. 13; BMJ, Einrichtung eines Hinweisgebersystems (Fn. 93), S. 1; *Vrabl-Sanda*, Whistleblowing (Fn. 98), S. 46.

zeugen auch im Falle einer anonymen Meldung die Möglichkeit, erste
Schritte zur Begründung der Voraussetzungen für die Anwendung von
§ 209a StPO zu setzen und sich später, quasi rückwirkend, auf diese Meldung zu berufen.[116] Die Kronzeugenregelung findet gem. § 209a Abs. 7
StPO sinngemäss auch im Verfahren gegen Verbände nach dem Verbandsverantwortlichkeitsgesetz (VbVG) Anwendung. Erforderlich ist u.a., dass
der Verband als solcher die Voraussetzungen zur Erlangung des Kronzeugenstatus erfüllt, mithin insbesondere auch selbst einen wesentlichen Beitrag zur Sachverhaltsaufklärung leistet.[117] Es ist daher zu differenzieren, ob
eine unternehmensinterne natürliche Person Informationen zur Sachverhaltsaufklärung ausschliesslich im eigenen Namen – und damit nur im
Hinblick auf die eigene strafrechtliche Verantwortung – gegenüber der
Staatsanwaltschaft offenlegt oder aber auch im Namen des Verbandes.
Letzteres setzt insbesondere voraus, dass es sich um eine Person handeln
muss, die über ein bestimmtes Mass an Befugnissen im Unternehmen verfügt, wie etwa Entscheidungsträger i.S.d. § 2 Abs. 1 VbVG.[118] Im BKMS®-
Hinweisgebersystem wird dem Hinweisgeber die Möglichkeit geboten, anzugeben, ob er aufgrund des eigenen Tatbeitrages einen Kronzeugenstatus
anstrebt.[119]

2. Die Effektivität des Hinweisgebersystems der WKStA

Im Unterschied zu den deutschen Vorbildsystemen[120] wird die Bilanz für
das BKMS®-Hinweisgebersystem der WKStA durchaus als positiv angese-

---

116 Vgl. *Koenig*, Hinweisgebersystem (Fn. 94), S. 245; *Haslwanter*, Anonyme Hinweisgeberbearbeitung (Fn. 91), S. 13; *Gößler/Haslwanter/Pieber/Winkler*, Erfahrungen (Fn. 94), Rn. 18.19; *Lewisch*, Whistleblowing (Fn. 85), S. 32.

117 Vgl. *H.V. Schroll/R. Kert*, in: H. Fuchs/E. Ratz (Hrsg.), Wiener Kommentar zur Strafprozessordnung, § 209a StPO Rn. 137 f.; *M. Haudum*, Kronzeugen im Straf- und Kartellrecht, Wien 2013, S. 194 ff.

118 Vgl. BMJ, Handbuch zur Kronzeugenregelung, Stand 1.1.2017, S. 23, abrufbar unter https://www.justiz.gv.at/file/2c94848a580590360159b0e49b46031b.de.0/ha ndbuch_zur_kronzeugenregelung.pdf (zuletzt besucht am 27.4.2020).

119 Vgl. den Passus: «Sind Sie selbst am Verdachtsfall beteiligt und wollen Sie eine Zusammenarbeit mit der Staatsanwaltschaft anbieten (Möglichkeit der Kronzeugenregelung)? Sie sind jedoch nicht verpflichtet, sich selbst zu belasten», zit. nach *Koenig*, Hinweisgebersystem (Fn. 94), S. 245; vgl. auch WKStA, BKMS®-Hinweisgebersystem (Fn. 94), S. 12.

120 Vgl. etwa *Backes/Lindemann*, Anonymität (Fn. 85), S. 109, die ihre rechtliche und empirische Analyse des BKMS-Systems beim LKA Niedersachsen mit dem Satz

hen.[121] Der Gesetzgeber hat sich dazu entschlossen, das Hinweisgebersystem bei der WKStA nach einem zweijährigen erfolgreichen Probebetrieb mit 1.1.2016 in den Regelbetrieb zu überführen.[122]

Aktuelle Daten über Funktionsweise und Wirksamkeit des BKMS®-Hinweisgebersystems sind zu entnehmen der Beantwortung des BMJ (damals BMVRDJ) auf die schriftliche parlamentarische Anfrage betreffend «Effektivität des «Whistleblower-Systems» der WKStA»[123], den Sicherheitsberichten[124] des BMJ über die Tätigkeit der Strafjustiz sowie der Informationsbroschüre der WKStA zum Hinweisgebersystem[125].

Im Hinblick auf die Zahl der Anzeigen ist festzustellen, dass sich – mit Ausnahme des «Ausreisserjahres» 2014 als Startdatum des BKMS®-Hinweisgebersystems – die Zahl der jährlich eingehenden Anzeigen recht konstant zwischen 1.100 und 1.200 bewegt. Das System findet mithin durchaus Anklang, allerdings lässt sich über den Zeitraum von 2014 bis Juni 2019 auch keine dynamische Entwicklung feststellen, weder in die eine noch in die andere Richtung. Allein angesichts der aus den Polizeilichen Kriminalstatistiken[126] ersichtlichen Volatilität wirtschaftsstrafrechtlicher

---

schliessen: «Es besteht kein vernünftiger Grund, das BKMS beizubehalten». Sehr krit. auch *Hefendehl*, Whistleblowing (Fn. 4), S. 624 ff., 643.

121 Vgl. BMVRDJ, «Effektivität des «Whistleblower-Systems» der WKStA» (Fn. 105), S. 1 ff.; *Koenig*, Hinweisgebersystem (Fn. 94), S. 245; *Haslwanter*, Anonyme Hinweisgeberbearbeitung (Fn. 91), S. 17 ff.; *Vrabl-Sanda*, Whistleblowing (Fn. 94), S. 49; *E. Täubl*, Oberstaatsanwältin bei der WKStA zit. in: Kurier, «Whistleblower: Anonyme Insider decken die größten Skandale auf», vom 23.4.2018, abrufbar unter https://kurier.at/politik/ausland/whistleblower-anonyme-insider-dec ken-die-groessten-skandale-auf/400025737 (zuletzt besucht am 23.4.2020).

122 WKStA, BKMS®-Hinweisgebersystem (Fn. 94), S. 4 f.

123 BMVRDJ, «Effektivität des «Whistleblower-Systems» der WKStA» (Fn. 105), S. 1 ff.

124 Vgl. BMVRDJ, Sicherheitsbericht 2018 – Bericht über die Tätigkeit der Strafjustiz, S. 215 f.; BMVRDJ, Sicherheitsbericht 2017 – Bericht über die Tätigkeit der Strafjustiz, S. 202 f.; BMJ, Sicherheitsbericht 2016 – Bericht über die Tätigkeit der Strafjustiz, S. 209 f., jeweils abrufbar unter https://www.justiz.gv.at/home/jus tiz/daten-und-fakten/berichte/sicherheitsberichte~2c94848525f84a630132fdbd2c c85c91.de.html (zuletzt besucht am 23.4.2020).

125 WKStA, BKMS®-Hinweisgebersystem (Fn. 94).

126 Vgl. etwa die Polizeiliche Kriminalstatistik in: Österreichisches Bundesministerium des Inneren (Hrsg.): Polizeiliche Kriminalstatistik 2018, Entwicklung der Einzeldelikte, die etwa im Bereich der Geldwäscherei i.S.d. § 165 StGB (Verbrechen) für das Jahr 2018 im Vergleich zum Jahr 2017 einen Rückgang i.H.v. 15,4%, im Bereich des schweren Betruges i.S.d. § 147 StGB (Verbrechen) einen Anstieg um 26%, im Bereich der grob fahrlässigen Beeinträchtigung von Gläubigerinteressen i.S.d. § 159 StGB einen Rückgang i.H.v. 25,8% ausweist.

Deliktsbereiche darf diese Konstanz an Meldungen als durchaus erstaunlich bezeichnet werden.

Zwar hat deutlich über die Hälfte der eingegangenen Meldungen, nämlich knapp 58%, keinen Anfangsverdacht bzw. Ermittlungsansatz begründet, doch fällt auch der erhebliche verbleibende Anteil an Meldungen, konkret 42%, mit Anfangsverdacht bzw. Ermittlungsansatz stark ins Gewicht.

Bei knapp 64% der eingegangenen Anzeigen wurde vom Hinweisgeber ein Postkasten errichtet. Dies zeigt zum einen, dass diese Möglichkeit des BKMS®-Systems bereits gerne durch Hinweisgeber genutzt wird, zum anderen jedoch auch, dass die Verbreitung der Kenntnis über die mit entsprechenden Postkästen verbundenen Vorteile und Möglichkeiten noch ausbaufähig sein könnte. Es liegen ausdrücklich keine Daten vor, in wie vielen Fällen von über das BKMS®-System eingebrachten Anzeigen die Kommunikation mit dem Hinweisgeber aufgenommen wurde.[127] Zur besseren Beurteilung der Effektivität des Hinweisgebersystems wäre die Erhebung entsprechender Daten wünschenswert.

Auf der Strafverfolgungsebene zeigt sich, dass Ermittlungsverfahren bei 9,3% der eingegangenen Meldungen eingeleitet wurden. Eine diversionelle Erledigung[128] durch die Staatsanwaltschaft hat in knapp 0,1% der angezeigten Fälle stattgefunden.

Schliesslich ist eine Anklageerhebung in knapp 0,8% aller gemeldeten Sachverhalte erfolgt, von denen wiederum gut die Hälfte, konkret 0,4% der Meldungen, in eine Verurteilung gemündet ist. Der scheinbar niedrige Prozentsatz an Verurteilungen muss vor dem Hintergrund der ohnehin hohen Grundrate an schwer aufzuklärenden Fällen im Bereich des Wirtschaftsstrafrechts gewürdigt werden. Ein geringerer Anteil, 0,1% der Meldungen, wurde durch das Gericht diversionell erledigt.

Keine Daten liegen zur Frage vor, wie zeit- und ressourcenintensiv die Hinweisbearbeitung ist.[129] Zwar wird es je nach Meldung erhebliche Unterschiede geben, jedoch würde schon die Kenntnis über die durchschnitt-

---

127 BMVRDJ, «Effektivität des «Whistleblower-Systems» der WKStA» (Fn. 105), S. 5.
128 Gem. § 198 StPO versteht man unter Diversion den Rücktritt von der Verfolgung durch die StA unter Anordnung einer Diversionsmassnahme unter bestimmten gesetzlich vorgeschriebenen Voraussetzungen; das Verfahren wird ohne Schuldspruch und Verurteilung beendet. Nach Anklageerhebung kann das Gericht das Verfahren diversionell erledigen. Vgl. §§ 209 Abs. 1, 199 StPO. Vgl. zur Diversion insgesamt *S. Seiler*, Strafprozessrecht, 18. Aufl., Wien 2020, Rn. 685 ff.
129 BMVRDJ, «Effektivität des «Whistleblower-Systems» der WKStA» (Fn. 105), S. 4.

liche Bearbeitungsdauer interessante Rückschlüsse zulassen. Eine entsprechende Empirie wäre demnach sehr wünschenswert.

Tabelle 1: Effektivität des WKStA-Hinweisgebersystems (Stichtag: 30.6.2019)

Jahr	Anzeigen BKMS	Meldungen ohne Anfangsverdacht	Einrichtung eines Postkastens	Einleitung eines Ermittlungsverfahrens	Diversion (StA)	Anklageerhebung	Diversion (Gericht)	Verurteilungen	Freispruch
2014	1951	821	587*	352	2	34	4	18	8
2015	976	526	798	81	2	7	1	5	0
2016	1183	724	970	101	2	7	2	1	4
2017	1128	744	831	80	0	3	1	2	0
2018	1168	846	866	36	0	4	0	3	1
-06/2019	652	420	469	3	0	0	0	0	0
Gesamt	7058	4081 (57,8%)	4521 (64,1%)	653 (9,3%)	6 (0,1%)	55 (0,8%)	8 (0,1%)	29 (0,4%)	13 (0,2%)

*Nur Fälle im Zeitraum April bis Dezember 2014 erfasst
Quelle: BMVRDJ, Anfragebeantwortung 3915/AB

Aktuellste Zahlen zu den Meldungen nach Sachgebieten (Abb. 1) stammen aus dem Jahr 2016 und zeigen, dass die Meldungen am relativ häufigsten der Rubrik «Finanzstrafsachen»[130] zuzuordnen sind, mit jeweils geringem Abstand gefolgt von «Korruption» und «Wirtschaftsstrafsachen». Weiter betrifft mehr als ein Siebtel der Meldungen Fälle des «Sozialbetrugs». Mit Ausnahme der relativ häufigen Meldungen von Finanzstrafsachen bestätigt die Verteilung insbesondere mit Hinblick auf die Meldungen im Bereich von Korruption und Wirtschaftsstrafsachen die bereits allgemein angenommene Gewichtung der Sachgebiete, in welchen über Whistleblowing ein Beitrag zur Aufklärung geleistet werden kann. Diese Zahlen sind im Hinblick auf das mit ihnen verbundene Potential, das

---

130 Bei Verdacht des Vorliegens eines nicht in die gerichtliche Zuständigkeit fallenden Finanzvergehens wird das Bundesministerium für Finanzen zwar informiert, allerdings gibt es angesichts der sachlichen Anwendungsbeschränkung des BKMS®-Hinweisgebersystems in diesem Fall keine weitere Rückfragemöglichkeit beim Hinweisgeber: Vgl. BMVRDJ, «Effektivität des «Whistleblower-Systems» der WKStA» (Fn. 105), S. 3.

Dunkelfeld zu erhellen, als besonders wertvoll zu erachten. Auch hier wäre eine regelmässige Erhebung zu begrüssen.

Abb. 1: Meldungen nach Sachgebieten

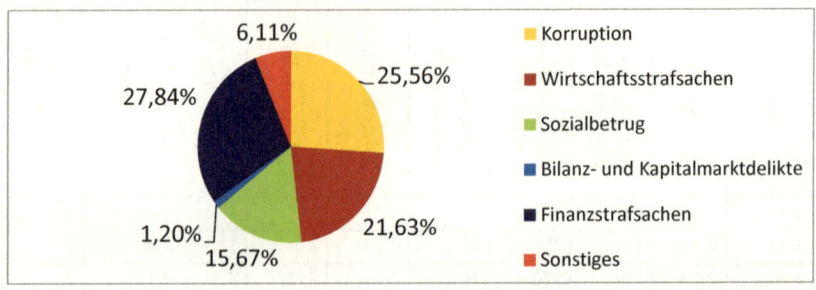

Quelle: WKStA, Das BKMS®-Hinweisgebersystem

F. Fazit

Gegenwärtig verfügt Österreich, wie viele andere Staaten auch, über keine in sich geschlossene, auf einem konsequenten Regulierungsansatz beruhende Whistleblower-Gesetzgebung. Vielmehr finden sich lediglich vereinzelte, zumeist auf EU-Vorgaben zurückzuführende Vorschriften in spezifischen Rechtsbereichen. Der Whistleblower-Schutz erweist sich als fragmentarisch und defizitär. Externe Whistleblower des privaten Sektors sehen sich allerdings weniger dem Risiko einer Strafbarkeit wegen Verletzung einer vertraglichen Geheimhaltungspflicht i.S.d. § 11 Abs. 1 UWG ausgesetzt als vielmehr arbeits- und zivilrechtlichen (Haftungs)Risiken. Der in Umsetzung der EU-Geheimnisschutzrichtlinie geschaffene zivilrechtliche Rechtfertigungsgrund für Whistleblowing i.S.d. § 26d Abs. 3 Ziff. 2 lit. b UWG erweist sich als konturlos und vermag den Erfordernissen eines adäquaten Schutzes von Whistleblowing als Instrument der Rechtsdurchsetzung nicht gerecht zu werden. Die anstehende Umsetzung der EU-Whistleblower-Richtlinie sollte Anlass sein, ein eigenes Stammgesetz zum Schutz von Whistleblowern zu schaffen und die gegenwärtig in einzelnen Materiengesetzen verstreuten Bestimmungen, wie etwa § 26d Abs. 3 Ziff. 2 lit. b UWG, aufzuheben. Hinsichtlich der von der Richtlinie geforderten Einrichtung von Meldesystemen bei Behörden sollte auf die langjährigen Erfahrungen mit dem Hinweisgebersystem bei der Zentralen Staatsanwaltschaft zur Verfolgung von Wirtschaftsstrafsachen und Korruption Bedacht genommen werden. Die für eine Gesamtbeurteilung des Hinweisgebersystems der WKStA und der Identifizierung allfälliger Schwachstellen bzw. Verbesserungsmöglichkeiten notwendige Empirie sollte jedenfalls weiter ausgebaut werden.

Insgesamt sollte externes Whistleblowing nicht schlicht als Ausdruck, Erweiterung oder Weiterentwicklung bestehender (Straf-)Anzeigeformen bzw. -möglichkeiten verstanden werden, sondern als eigenständiger auf einer Gesamtstrategie fussender Regelungsansatz.[131]

---

131 So zu Recht *Kölbel/Herold*, Whistleblowing (Fn. 6), S. 428 und *Herold*, Whistleblower (Fn. 8), S. 56.

„Ne bis in idem" – Bedeutung des Doppelbestrafungsverbots für Unternehmen v.a. im Zusammenhang mit transnationalen Strafverfahren innerhalb der Europäischen Union

Helmut Satzger, LMU München

Inhalt

A. Einleitung und Themenbegrenzung

Dass das Thema „ne bis in idem" im Kontext von Unternehmen große Relevanz besitzt und in den unterschiedlichsten Gestaltungen und Facetten auftaucht, ist nicht zuletzt im Rahmen dieser Veranstaltung bereits mehrfach deutlich geworden. Angesprochen wurde etwa das Problem einer Dopplung unterschiedlicher oder auch nur unterschiedlich benannter Sanktionen *im nationalen Recht* (v.a. in Österreich) sowie die Frage nach der Bedeutung des Doppelbestrafungsverbots *im Konzern*, wo klärungsbedürftig ist, ob die Sanktionierung der Muttergesellschaft eine nachfolgende Bebußung eines Tochterunternehmens auszuschließen vermag. Um sogleich die Erwartungen an diesen Beitrag nicht zu hoch zu schrauben: Eine umfassende Klärung, ja nur Beschreibung aller relevanten Fallgestaltung ist in diesem Rahmen keinesfalls zu leisten.

Die folgenden Ausführungen konzentrieren sich daher auf einen Aspekt von „ne bis in idem", der derzeit besonders relevant ist bzw. sein kann: Es geht um das Doppelbestrafungsverbot von Unternehmen bei transnationaler Strafverfolgung in der EU. Konkret: Wann steht die Sanktionierung eines Unternehmens in einem Mitgliedstaat der nachfolgenden Sanktionierung in einem anderen Mitgliedstaat entgegen.

Nach einigen einleitenden Bemerkungen zum Grundsatz „ne bis in idem", soll die Bedeutung des Doppelverfolgungsverbots für Unternehmen näher beleuchtet werden. Da der EuGH im strafrechtlichen Kontext bislang nur zu Fallgestaltungen mit natürlichen Personen Stellung bezogen hat, stellt sich die spannende Frage, inwieweit bei Strafverfahren gegen Unternehmen Besonderheiten gelten. Damit zusammenhängend will ich auch anreißen, inwieweit „ne bis in idem" auf die insoweit praktisch ungemein wichtige Vermögensabschöpfung Anwendung finden könnte.

B. Das Verbot der Doppelbestrafung („ne bis in idem") allgemein

„Ne bis in idem" – wörtlich „nicht zweimal in derselben Sache" – wird als Doppelbestrafungsverbot, regelmäßig aber bereits als Doppelverfolgungsverbot verstanden.[1] Innerstaatlich gilt es als eine der grundlegenden Säulen der rechtsstaatlich gebotenen Rechtssicherheit, dass eine einmal rechtskräftig gefundene Entscheidung über die Schuld und Strafe einer Person

---

1 *H. Radtke*, in: V. Epping/C. Hillgruber (Hrsg.), BeckOK GG, 42. Edition, GG Art. 103 Rn. 45; Dreier/*Schulze-Fielitz*, GG, Art. 103 Abs. 3 Rn. 25.

im Strafverfahren verbindlich und abschließend ist. Das rechtskräftige Urteil setzt einen Endpunkt. Innerhalb eines Staates soll sich (abgesehen von Wiederaufnahmeverfahren) kein anderes Gericht mehr mit derselben Tat befassen. Darauf muss sich der Abgeurteilte verlassen können, unabhängig davon, ob er verurteilt oder freigesprochen worden ist.

So verstanden ist der „ne bis in idem"-Grundsatz im Ergebnis in allen Staaten der EU anerkannt.[2] In Deutschland ist das Verbot sogar explizit in der Verfassung verankert (in Art. 103 III GG). Gemeint ist damit aber immer nur eine innerstaatlich wirkende Garantie[3], und nur im Bereich des Kriminalstrafrechts.[4] Eine weitere Aburteilung ist nur dann ausgeschlossen, wenn ein Gericht des Staates der Erstverurteilung eine Entscheidung treffen möchte. Darüber gehen auch die dieses Verbot ebenfalls enthaltenden internationalen Übereinkommen nicht hinaus, was sich bereits am Wortlaut der Art. 14 Abs. 7 IPBR sowie Art. 4 des 7. Protokolls zur EMRK ablesen lässt.[5]

C. Doppelbestrafungsverbot im internationalen Kontext

Es ist somit – international betrachtet – offensichtlich durchaus ungewöhnlich, an ein grenzüberschreitendes Doppelbestrafungsverbot zu denken. Es gibt tatsächlich keine allgemeine Regel des Völkerrechts, die es gebietet, die Strafverfolgung gegen eine Person wegen eines Sachverhaltes zu unterlassen, dessentwegen sie bereits in einem anderen Staat verfolgt und rechtskräftig abgeurteilt worden ist. Als Folge hieraus werden ausländische Entscheidungen in Deutschland (und in vielen anderen Staaten) daher grundsätzlich nur im Rahmen der Strafzumessung (§ 51 Abs. 3 StGB) und ggf. zur Ermöglichung einer Verfahrenseinstellung nach § 153c Abs. 2 StPO relevant. Die deutsche Rechtsordnung ist hier – im Vergleich zu be-

---

2 *H. Satzger*, Internationales und Europäisches Strafrecht, 9. Aufl., Baden-Baden 2020, § 10 Rn. 61.

3 *H. Radtke*, in: V. Epping/C. Hillgruber (Hrsg.), BeckOK GG, 42. Edition, GG Art. 103 Rn. 49.

4 Vgl. BVerfGE 12, 62 (66 f.); BVerfGE 75, 1 (15 f.); BVerfG NJW 2012, S. 1202 (1203); s. auch *B. Remmert*, in: Th. Maunz/G. Dürig, Kommentar zum GG, 2019, GG Art. 103 Abs. 3 Rn. 76.

5 *Satzger*, Internationales (Fn. 2), § 10 Rn. 114.

nachbarten Staaten, wo teilweise auch eine ausländische Erstentscheidung die Strafklage verbraucht[6] – eher zurückhaltend.

D. Allgemeines zu „ne bis in idem" in der EU (Art. 54 SDÜ / Art. 50 GRCh)

I. Einheitlicher justitieller Raum

Ein derart national verengtes Verständnis des Verbots der Doppelbestrafung passt aber von vornherein nicht zu den ambitionierten Zielen der Europäischen Union im Hinblick auf eine justitielle Zusammenarbeit. Denn nach dem Vertrag über die Europäische Union (EUV) bildet die EU einen einheitlichen Rechtsraum, in den Worten des Art. 3 Abs. 2 EUV einen „Raum der Freiheit, der Sicherheit und des Rechts ohne Binnengrenzen, in dem [...] der freie Personenverkehr gewährleistet ist".

Daraus folgt eine grundlegende Entscheidung: Ein in *einem* Mitgliedstaat rechtskräftig Abgeurteilter soll, überschreitet er die Grenze eines *anderen* Mitgliedstaats, nicht befürchten müssen, dort abermals mit einem Strafverfahren überzogen zu werden. Dies würde eine Hemmschwelle für den Grenzübertritt darstellen und somit evident die Freizügigkeitsrechte der EU-Bürger behindern.

Gleichwohl bleibt ein grundlegender „Strickfehler": Denn die gegenseitige Anerkennung des Verfahrensabschlusses führt nicht zu einer Verfahrenskonzentration und einer Verhinderung von unkontrollierten Parallelverfahren. Dazu bedarf es dringend einer Zuständigkeitsordnung, wonach festgelegt wäre, welcher Staat von Anfang an für welches Verfahren allein zuständig ist. Da dies bislang nicht geglückt ist, wird nur die Entscheidung im schnellsten Staat rechtskräftig – ein wenig sinnvolles Wettrennen der Strafverfolgungsbehörden ist im Prinzip vorgezeichnet, was es in jedem Fall zu vermeiden gilt.[7]

---

6 Näher *N. Kruck,* Der Grundsatz 'ne bis in idem' im Europäischen Kartellverfahrensrecht, Frankfurt a.M. 2009, S. 1 (127 ff.); *M. Mansdörfer,* Das Prinzip des ne bis in idem im europäischen Strafrecht, Berlin 2004, S. 1 (57 ff.)

7 Ausf. *H. Satzger,* in: Heinrich ua (Hrsg.), Strafrecht als Scientia Universalis – Festschrift für Claus Roxin, Berlin 2011, S. 1515 (1518 f.); *F. Zimmermann,* Strafgewaltkonflikte in der EU, 2014, S. 100 ff. und passim. Zwar existieren ein Rahmenbeschluss zur Vermeidung von Kompetenzkonflikten (ABl.EU 2009 Nr. L 328/42, s. dazu auch den Umsetzungsbericht der Kommission KOM [2014] 313 endg.) und Vorarbeiten hinsichtlich der Übertragung von Strafverfahren (vgl. Ratsdokument 11119/09); eine zufriedenstellende, verbindliche Klärung der Zuständigkeit zur

II. Zwischenstaatliches Verbot der Doppelbestrafung

Die Anerkennung einer grenzüberschreitenden Wirkung einer früheren Bestrafung oder eines früheren Freispruchs aus einem anderen Mitgliedstaat, entspricht dem bei der justitiellen Zusammenarbeit innerhalb der EU generell zur Anwendung kommenden „Prinzip der gegenseitigen Anerkennung", wonach trotz aller Unterschiede im Straf- und Strafprozessrecht der Mitgliedstaaten Entscheidungen der Gerichte und Behörden anzuerkennen sind, und zwar so, als wären sie im eigenen Staat erlassen worden. Dieses Prinzip der gegenseitigen Anerkennung wird mit einem bestehenden gegenseitigen Vertrauen in das jeweils andere Rechtssystem, welches auf übereinstimmenden Werten beruhe, zu begründen versucht.[8]

Die Folge der Anerkennung rechtskräftiger Urteile ist somit eine europaweite Rechtskraftwirkung. Der EuGH hat bereits vielfach die Möglichkeit wahrgenommen, zu dessen Anwendungsbereich und Voraussetzungen im „Strafrecht" Stellung zu nehmen, dabei ging es aber immer um Strafverfahren gegen natürliche Personen. Hier war der EuGH stets bestrebt, den Freizügigkeitsrechten innerhalb der EU größtmögliche Wirksamkeit (i.S.e. *effet utile*) zu verschaffen. Folglich hat er das Verbot der Doppelverfolgung zugunsten des Verurteilten durchgängig weit auslegt. Es existieren zwei Rechtsgrundlagen für dieses europaweite „ne bis in idem".

Erstens zu nennen ist Art. 54 des Schengener Durchführungsübereinkommen (SDÜ) von 1990, welcher mit dem Vertrag von Amsterdam (in Kraft seit 1.5.1999) für alle Mitgliedstaaten verbindlich wurde. Art. 54 SDÜ hat folgenden Wortlaut:

> „Wer durch eine Vertragspartei rechtskräftig abgeurteilt worden ist, darf durch eine andere Vertragspartei wegen derselben Tat nicht verfolgt werden, vorausgesetzt, dass im Fall einer Verurteilung die Sanktion bereits vollstreckt worden ist, gerade vollstreckt wird oder nach dem Recht des Urteilsstaats nicht mehr vollstreckt werden kann."

Die Vorschrift hat demnach vier Voraussetzungen[9]:

- die Entscheidung im anderen Mitgliedstaat muss sich *gegen dieselbe Person* gerichtet haben („wer"),

---

Strafverfolgung – auch im Sinne eines anschließenden Doppelbestrafungsverbots – wird damit aber gerade nicht erreicht.

8 *Satzger*, Internationales (Fn. 2), § 10 Rn. 26.
9 Zum Folgenden m.w.N. *Satzger*, Internationales (Fn. 2), § 10 Rn. 70 ff.

- es muss sich um eine *rechtskräftige Aburteilung* handeln („rechtskräftig abgeurteilt"),
- die abgeurteilte *Tat muss identisch* sein („wegen derselben Tat").
- Weiterhin findet sich – in Abweichung etwa vom deutschen Art. 103 III GG – für den Fall der Verurteilung ein *Vollstreckungselement*: die Sanktion muss „bereits vollstreckt worden" sein, „gerade vollstreckt" werden oder „nicht mehr vollstreckt werden" können.

Zweitens verankert die seit 2009 verbindliche EU-Grundrechtecharta (GrCh) in Art. 50 ebenfalls ein ne bis in idem:

> „Niemand darf wegen einer Straftat, derentwegen er bereits in der Union nach dem Gesetz rechtskräftig verurteilt oder freigesprochen worden ist, in einem Strafverfahren erneut verfolgt oder bestraft werden."

Erkennbar ist der Anwendungsbereich des Art. 50 GrCh aber weiter als Art. 54 SDÜ. Er gewährleistet nicht nur – wie Art. 54 SDÜ – ein transnationales Doppelbestrafungsverbot, sondern schreibt auch, wie die zuvor genannten internationalen Abkommen, das rein innerstaatliche „ne bis in idem" in den Mitgliedstaaten fest. Und vom transnationalen Doppelverfolgungsverbots des Art. 54 SDÜ unterscheidet sich Art. 50 GrCH in einem weiteren Punkt: Er setzt – anders als Art. 54 SDÜ – nicht die Vollstreckung der im anderen Mitgliedstaat zuerst verhängten Strafe voraus. Art. 50 GrCH geht in seinem Gewährleistungsumfang also potentiell weiter. Mittlerweile kann jedoch als geklärt gelten – und ist auch durch den EuGH anerkannt – dass Art. 54 SDÜ als eine nach Art. 52 GRCh zulässige Beschränkung den maßgeblichen Umfang der Garantie des Art. 50 GRCh umreißt. Inwieweit ein Verbot der Doppelbestrafung innerhalb der EU besteht, richtet sich somit auch nach dem Inkrafttreten des Vertrag von Lissabon nach den Voraussetzungen des Art. 54 SDÜ – unter Berücksichtigung der auch früher bereits zu dessen Konkretisierung ergangenen Rechtsprechung.[10]

---

10 Grundlegend hierzu EuGH Urt. v. 27.5.2014 – Rs. C-129/14 PPU „Spasic", Rn. 55 ff. m. Bespr *K. Gaede* NJW 2014, 2990; *F. Meyer*, Transnationaler ne-bis-in-idem-Schutz nach der GRC, HRRS 2014, S. 269 (270).

E. Unternehmen und europäisches Doppelbestrafungsverbot

I. Bestrafung von Unternehmen

Welche Bedeutung hat all dies nun aber für Unternehmen? Innerhalb der EU kennt eine erhebliche Anzahl von Mitgliedstaaten eine Verbandsstrafbarkeit, traditionellerweise v.a. Großbritannien und Irland, aber mittlerweile auch Österreich und die Schweiz.[11] Dort gibt es also echte Strafen für Unternehmen. Diese sind ihrer Art nach zwar in mancher Hinsicht abweichend von Strafen gegenüber natürlichen Personen geregelt – am augenfälligsten ist die Unmöglichkeit von Freiheitsstrafen gegenüber dem Unternehmen als solchem. Jedenfalls finanzielle Sanktionen sind aber ähnlich verhängbar wie gegenüber natürlichen Personen.

Jedoch ist das Sanktionenrecht in Europa in seiner grundlegenden Ausgestaltung nicht durch europäisches Recht harmonisiert.[12] Dies zeigt sich gerade bei der Unternehmensstrafe. In Deutschland wurde diese traditionell v.a. von einer in der Literatur herrschenden Ansicht abgelehnt – nur eine natürliche Person könne im strafrechtlichen Sinn handeln. Und nur gegenüber einer natürlichen Person sei ein Schuldvorwurf dogmatisch möglich. Allerdings ist die Diskussion zu einer Einführung einer Unternehmensstrafe nun auch in Deutschland weit vorangeschritten, es liegt sogar ein konkreter Gesetzesvorschlag vor.[13] Letztlich ist dies aber gar nicht der für das hier zu erörternde Thema entscheidende Punkt. Denn in Deutschland ist es sehr wohl möglich, gegen ein Unternehmen eine Sanktion in Form eines Bußgelds zu verhängen, welche aber eben keine Kriminalstrafe darstellt, sondern eine Verwaltungsstrafe als Folge der Begehung einer Ordnungswidrigkeit ist. Dass auch ein solches Bußgeld in seiner Gravität einer echten Strafe kaum nachsteht, zeigen die im deutschen Dieselskandal gegen Volkswagen, Audi und Porsche verhängten Geldbußen, die jeweils hohe dreistellige Millionenbeträge, ja – im Fall der Volkswagen

---

11 S. zusammenfassend dazu *G. Dannecker/Chr. Dannecker*, Europäische und verfassungsrechtliche Vorgaben für das materielle und formelle Unternehmensstrafrecht, NZWiSt 2016, S. 162 (163).

12 Zu den vielfältigen Unterschieden und nationalen Eigenheiten s. die Länderberichte und Zusammenfassungen bei Satzger (Hrsg.), Harmonisierung strafrechtlicher Sanktionen in der EU, Baden-Baden 2020.

13 Zum Regierungsentwurf eines sog. Gesetzes zur Stärkung der Integrität der Wirtschaft vgl. https://www.bmjv.de/SharedDocs/Gesetzgebungsverfahren/Dokument e/RegE_Staerkung_Integritaet_Wirtschaft.pdf?__blob=publicationFile&v=2 (Stand: Juli 2020)ä

AG – sogar 1 Mrd. Euro betrugen.[14] In den Wirkungen ist *prima facie* ein Unterschied zur Strafe jedenfalls bei finanziellen Sanktionen keinesfalls eindeutig erkennbar, auch wenn nicht übersehen werden darf, dass diese Beträge auch Vermögensabschöpfungen enthalten.

II. Voraussetzungen für ein transnationales „ne bis in idem"

Bei Art. 54 SDÜ und Art. 50 GRCh ist von Unternehmensstrafen nicht die Rede. Deshalb sollen im Folgenden die Voraussetzungen des europarechtlichen ne bis in idem betrachtet werden und dabei, v.a. im Kontext der deutschen Regelung, die Probleme beleuchtet werden, die einer Anwendung des Doppelbestrafungsverbots entgegenstehen könnten.

1. Personenidentität

Das erste Kriterium bezieht sich auf die Person, gegenüber der die Sanktion verhängt wurde. Losgelöst von einer bestimmten Rechtsordnung und der Frage, inwieweit danach „Bestrafungen" von Unternehmen und juristischen Personen überhaupt möglich sind, ist weder Art. 54 SDÜ noch Art. 50 GRCh eine Einschränkung des persönlichen Anwendungsbereichs auf natürliche Personen zu entnehmen. Eine solche Beschränkung wäre – im Kontext des EU-Rechts – auch nicht angezeigt, vielmehr sogar systemfremd. Der EUV hat – wie gesehen – das erklärte Ziel, einen einheitlichen Rechtsraum zu schaffen (vgl. Art. 3 Abs. 2 EUV); zudem bilden die Mitgliedstaaten einen gemeinsamen Binnenmarkt, in dem alle Grundfreiheiten gewährleistet sind (Art. 3 Abs. 3 EUV, 26 Abs. 2 AEUV).

Das ist der rechtliche Hintergrund, vor dem der EuGH explizit auch Art. 54 SDÜ und Art. 50 GRCh auslegt: Wenn somit der Schutz vor einer zweiten Strafverfolgung wegen derselben Tat der Wahrung der Freizügigkeit des einmal abgeurteilten Täters dienen soll,[15] so muss dies für alle Personen gelten, die sich auf die Grundfreiheiten berufen können. Und dies sind, man denke nur an die Warenverkehrsfreiheit, die Dienstleistungsfrei-

---

14 S. dazu https://www.spiegel.de/wirtschaft/unternehmen/vw-dieselaffaere-volkswag en-muss-eine-milliarde-bussgeld-zahlen-a-1212807.html (Stand: Juli 2020).

15 Zum Zusammenhang des „ne bis in idem"-Grundsatzes mit der von der EU angestrebten Binnenmarkt und dem einheitlichen „Raum der Freiheit, der Sicherheit und des Rechts" s. nur beispielhaft EuGH, Rs. C-486/14 - Kossowski, NJW 2016, 2939 (Rn. 44 ff.).

heit oder die Niederlassungsfreiheit, nicht nur natürliche, sondern selbstverständlich auch juristische Personen und Unternehmen.[16]

2. Rechtskräftige Aburteilung im Erststaat

Das Kriterium der „rechtskräftigen Aburteilung" verlangt – auch im Hinblick auf Unternehmen – ein Zweifaches. Eine Aburteilung und die Rechtskraft derselben.

a) Aburteilung

Entgegen dem Wortlaut des Art. 54 SDÜ und des Art. 50 GRCh, in deren Wortlaut jeweils das Wort „Urteil" enthalten ist („abge*urteilt*" bei Art. 54 SDÜ, „ver*urteilt*" bei Art. 50 GRCh), stellt der EuGH im Einklang mit der bereits aufgezeigten weiten Interpretation des europäischen „ne bis in idem"[17] gerade nicht darauf ab, ob eine Entscheidung eines Gerichts ergangen ist. Vielmehr genügt es seiner Ansicht nach, dass es sich bei der Erstentscheidung um eine verfahrensbeendende Entscheidung einer zur Mitwirkung an der Strafrechtspflege berufenen Behörde – und eben nicht notwendigerweise eines Gerichts! – handelt.[18] Deshalb ist es also etwa unschädlich, dass die Geldbuße in Höhe von 1 Mrd. Euro gegen die VW AG im Diesel-Skandal „nur" von der Staatsanwaltschaft Braunschweig – und nicht von einem Gericht – ausgesprochen wurde.

Nach dem bislang Gesagten muss die Entscheidung jedenfalls in einem „Strafverfahren" ergehen. Der Begriff der Strafe ist ein zentrales Problem. Der EuGH legt diesbezüglich wiederum ein *autonomes und weites Verständnis* zugrunde, wobei er sich im Ergebnis an der ebenfalls autonomen Be-

---

16 Vgl. auch *H. Satzger* in: H. Satzger/W. Schluckebier/G. Widmaier, StPO, 4. Aufl., Köln 2020, Art. 54 SDÜ, Rn. 2; so auch allgemein aus rechtsvergleichender Sicht zu „ne bis in idem" A. *Eser*, in: U. Sieber/H. Satzger/B. v. Heintschel-Heinegg (Hrsg.), Europäisches Strafrecht, 2. Aufl., Baden-Baden 2014, § 36 Rn. 50

17 Deshalb wurden auch staatsanwaltschaftliche Einstellungsverfügungen vom EuGH als „Aburteilung" anerkannt, jedenfalls wenn sich ein Element der Ahndung (nicht notwendigerweise eine Geldzahlung) erkennen lässt und eine Ermittlung in der Sache vorausgegangen war, EuGH, Rs. C-486/14 – Kossowski, NJW 2016, 2939; ausf. SSW-StPO/*Satzger*, (Fn. 16), Art. 54 SDÜ, Rn. 20.

18 Grundlegend EuGH, verb. Rs. C-187/01 und C-385/01 – Gözütok/Brügge, Slg. 2003, I-1345 (Rn. 28).

griffsbestimmung des EGMR orientiert, die dieser benutzt, um festzustellen, in welchen nationalen Verfahren strafrechtliche Garantien (wie etwa der „fair trial"-Grundsatz oder die Unschuldsvermutung) anwendbar sind. Vergleichbar mit der Begriffsbestimmung nach der sog. *Engel*-Rechtsprechung des EGMR[19] sind Strafverfahren nicht nur solche im Hinblick auf die Verhängung einer Kriminalstrafe. Vielmehr kann sich der strafrechtliche Charakter des Verfahrens – alternativ – aus folgenden drei Merkmalen[20] ergeben:

(1) Bereits im innerstaatlichen Recht wird die betreffende Sanktion dem Strafrecht zugewiesen.

(2) Die Art der Zuwiderhandlung ist in dem Sinn „strafrechtlich", dass die Sanktion zumindest auch repressiven Charakter hat.

(3) Nach Art und Schwere der angedrohten Sanktion ist die Sanktion „strafrechtlich", da den Beschuldigten eine schwerwiegende Konsequenz (insbes. Freiheitsstrafe oder hohe finanzielle Einbuße) trifft.

Unter Zugrundelegung dieser Grundsätze ist der Anwendungsbereich des Verbots der Doppelbestrafung potentiell natürlich weit und völlig unabhängig von der Frage, ob es ein Unternehmens-Kriminalstrafrecht im jeweiligen Staat gibt. Auch ein Ordnungswidrigkeitenverfahren nach deutschem Recht ist somit unzweifelhaft ein strafrechtliches Verfahren in diesem europäischen Sinn[21], ebenso wie jedes vergleichbar ausgestaltete Verwaltungsstrafverfahren anderer Mitgliedsstaaten.

b) Rechtskraft der Aburteilung

Rechtskräftig i.S.d. Art. 54 SDÜ und Art. 50 GRCh ist die Erstentscheidung, wenn sie die Strafklage endgültig verbraucht.[22] Dies prüft der EuGH anhand des nationalen Rechts des Erstentscheidungsstaats.[23]

---

19 S. EGMR Engel u.a./.Niederlande, Urt. v. 08.06.1976 – 5100/71, 5101/71, 5102/71, 5354/72, 5370/72, Series A22, Rn. 82.

20 S. zu diesen Merkmalen nur *Satzger*, Internationales (Fn. 2), § 10 Rn. 78; speziell zu Steuerzuschlägen vgl. EuGH, Rs. C-617/10 – Åkerberg Fransson, NJW 2013, 1415 ff. (Rn. 32 ff.); zuvor bereits EuGH, Rs. C-489/10 – Bonda (Rn. 37).

21 EGMR Öztürk./.Deutschland, Urt. v. 21.02.1984 – 8544/79, NJW 1985, 1273.

22 EuGH, verb. Rs. C-187/01 und C-385/01 – Gözütok/Brügge, Slg. 2003, I-1345 (Rn. 30).

23 Zuletzt EuGH, Rs. C-398/12 – M, NJW 2014, 3010 (Rn. 36) sowie EuGH, Rs. C-486/14 – Kossowski, NJW 2016, 2939 (Rn. 35); zuvor schon besonders deutlich EuGH, Rs. C-261/09 – Mantello, Slg. 2010, I-11477 (Rn. 46).

Auch diese Voraussetzung ist – entsprechend dem weiten Strafbegriff – extensiv zu verstehen. Der „ne bis in idem"-Grundsatz ist zwar dann nicht einschlägig, wenn nach nationalem Recht eine jederzeitige Fortführung oder Wiederaufnahme des Verfahrens möglich ist. Wenn das nationale Recht des Erstverfolgerstaats aber einen Strafklageverbrauch oder eine Bestandskraft der Entscheidung vorsieht, soll grundsätzlich auch das Verbot der Doppelbestrafung greifen.[24]

Allerdings ist dies letztlich nicht ganz stimmig. Eine 100%ige Bindung an die Bewertungen des Erstentscheidungsstaates passt nicht zum – ansonsten vom EuGH betonten und m.e. völlig überzeugenden – europarechtlich-autonomen Begriffsverständnis der Voraussetzungen des europäischen „ne bis in idem". Es wäre also überzeugender zu argumentieren, dass sich die Frage der Rechtskraft immer aus Sicht des EU-Rechts beurteilt, wenngleich es insoweit durchaus sinnvoll erscheint, der Rechtskraftwirkung nach dem Recht des Erstentscheidungsstaates eine (durchaus starke) indizielle Bedeutung beizumessen. Jedoch muss im Ergebnis stets die Möglichkeit verbleiben, in begründeten Ausnahmefällen von der nationalen „Rechtskrafteinstufung" abzuweichen.[25]

3. Identität der Tat

Im Zusammenhang mit der Unternehmensverantwortlichkeit ist es allerdings weit schwieriger, den Tatbegriff korrekt zu bestimmen. Dieser ist aber zentral für die Frage, wieweit „ne bis in idem" hier reicht. Auch insoweit hat der EuGH konsequenterweise eine autonome Definition geprägt und – wegen des Zusammenhangs mit den Freizügigkeitsrechten – überzeugend ein extensives Verständnis befürwortet.

Die Beurteilung des Tatbegriffs erfolgt danach tatsachenorientiert im Sinne eines *„idem factum"*. Einziges maßgebendes Kriterium ist danach „die Identität der materiellen Tat, verstanden als das Vorhandensein eines Komplexes konkreter, unlösbar miteinander verbundener Umstände", als ein „Komplex von Tatsachen, die in zeitlicher und räumlicher Hinsicht sowie nach ihrem Zweck unlösbar miteinander verbunden sind."[26] Keine Rolle spielt demgegenüber die rechtliche Bewertung der Tat und somit die Frage, ob jeweils in den Mitgliedstaaten die gleichen oder wenigstens ver-

---

24 Vgl. EuGH, Rs. C-491/07 – Turanský, Slg. 2008, I-11039 (Rn. 35 f.).
25 Ausf. dazu *Satzger*, Internationales (Fn. 2), § 10 Rn. 80.
26 Dazu m.w.N. SSW-StPO/*Satzger*, (Fn. 16), Art. 54 SDÜ, Rn. 30.

gleichbare Tatbestände erfüllt sind, so dass der Vorgang des Über-die-Grenze-Bringens von Drogen eine Tat ist, selbst wenn sie im einen Staat als Ausfuhr von Betäubungsmitteln, im anderen als Einfuhr dieser Stoffe unter Strafe steht.[27]

Komplizierter wird es nun aber bei Unternehmen und bei der Frage, was die maßgebliche Tat des Unternehmens ist. Jede Tat hat einen Täter. Bei der Anwendung des europäischen „ne bis in idem" auf juristische Personen wäre dieser Täter dann die juristische Person. Unabhängig davon, ob eine Rechtsordnung eine Unternehmensstrafe oder „nur" eine Verantwortung nach Verwaltungsstrafrecht kennt, muss stets berücksichtigt werden, dass letztlich nie das Unternehmen *selbst* unmittelbar handelt, sondern immer nur natürliche Personen, deren Verhalten dann je nach Rechtsordnung über bestimmte Zurechnungsnormen dem Unternehmen zugerechnet wird. Das muss auch und gerade dann besonders berücksichtigt werden, wenn die „Tat" – wie vom EuGH vorgegeben – faktisch definiert wird.[28]

Betrachtet man die verantwortungsbegründenden Normen des Ordnungswidrigkeitenrechts in Deutschland, so beruht zunächst die Vorschrift des § 30 OWiG darauf, dass dem Unternehmen das Verhalten der Leitungspersonen wie eigenes zugerechnet wird. Nach dieser Vorschrift kann eine Geldbuße gegen das Unternehmen festgesetzt werden, wenn eine Leitungsperson oder ein Repräsentant des Unternehmens

> *„eine Straftat oder Ordnungswidrigkeit begangen (hat), durch die Pflichten, welche die juristische Person ... treffen, verletzt worden sind oder die juristische Person ... bereichert worden ist oder werden sollte."*[29]

---

27 EuGH, Rs. C-436/04 – Van Esbroeck, Slg. 2006, I-2333 (Rn. 36-38).
28 Beachte dazu SSW-StPO/*Satzger* (Fn. 16), Art. 50 GRCh/Art. 54 SDÜ Rn. 31.
29 Der vollständige Wortlaut des § 30 Abs. 1 OWiG lautet:
(1) Hat jemand
1. als vertretungsberechtigtes Organ einer juristischen Person oder als Mitglied eines solchen Organs,
2. als Vorstand eines nicht rechtsfähigen Vereins oder als Mitglied eines solchen Vorstandes,
3. als vertretungsberechtigter Gesellschafter einer rechtsfähigen Personengesellschaft,
4. als Generalbevollmächtigter oder in leitender Stellung als Prokurist oder Handlungsbevollmächtigter einer juristischen Person oder einer in Nummer 2 oder 3 genannten Personenvereinigung oder
5. als sonstige Person, die für die Leitung des Betriebs oder Unternehmens einer juristischen Person oder einer in Nummer 2 oder 3 genannten Personenvereinigung verantwortlich handelt, wozu auch die Überwachung der Geschäftsführung

Bildlich gesprochen handelt also das Unternehmen, das selbst nicht handeln kann, durch seine Repräsentanten. In der Konsequenz dieser Zurechnungskonstruktion liegt es, die Tat einer Leitungsperson, die dem Unternehmen als „eigenes Handeln" zugerechnet wird, als die Tat *des Unternehmens* i.S.d. Art. 54 SDÜ, 50 GRCh anzusehen.

Nun ist aber zu berücksichtigen, dass dem Unternehmen über § 30 OWiG nicht nur isoliert jeweils *eine* Handlung oder Unterlassung zugerechnet wird. Vielmehr handelt das Unternehmen ja gerade *durch eine Vielzahl von Mitarbeitern*, die *zu unterschiedlichen Zeitpunkten* und *an verschiedenen Orten* für das Unternehmen agieren.[30]

Wollte man nun als „Tat" – auch im Sinne der Art. 54 SDÜ / Art. 50 GRCh – nur die einzelne Handlung der jeweiligen natürlichen Person, also v.a. die konkrete Ausführung der Anweisung einer Leitungsperson durch einen untergebenen Mitarbeiter betrachten, so würde dies dazu führen, dass bei einer komplexen Anweisung, die eine Ausführungshandlung mehrerer Untergebener impliziert, jede dieser Mitarbeiterhandlungen eine gesonderte Handlung darstellte, die dann – jeweils isoliert – dem Unternehmen zugerechnet werden müsste. Dies würde im Ergebnis bedeuten, dass selbst dann, wenn auf oberster Leitungsebene die Verfolgung einer bestimmten Unternehmensstrategie „nach unten" angewiesen wird, durch jede weitere Anweisung zur Umsetzung auf niedrigeren Leitungsebenen und – erst recht – durch die konkreten Umsetzungshandlungen der angewiesenen Mitarbeiter eine Vielzahl von isolierten Handlungen dem Unternehmen als *voneinander unabhängige eigene Handlungen* zugerechnet würden. Das Unternehmen würde also genauso behandelt, als hätte die oberste Leitungsebene jeweils eine neue, gesonderte Anweisung an jeden einzelnen Vorgesetzten und jeden einzelnen weisungsunterworfenen Mitarbeiter erteilt – gleich so als hätten all diese Akte keinerlei Beziehung zueinander.

Diese Lösung wäre aber ganz offensichtlich unzutreffend. Das Unternehmen handelt eben durch Leitungspersonen und untergebene Mitarbeiter, durch welche das Unternehmen – welches selbst nicht unmittelbar

---

oder die sonstige Ausübung von Kontrollbefugnissen in leitender Stellung gehört,
eine Straftat oder Ordnungswidrigkeit begangen, durch die Pflichten, welche die juristische Person oder die Personenvereinigung treffen, verletzt worden sind oder die juristische Person oder die Personenvereinigung bereichert worden ist oder werden sollte, so kann gegen diese eine Geldbuße festgesetzt werden.

30 Dazu und zum Folgenden SSW-StPO/*Satzger* (Fn. 16), Art. 50 GRCh/Art. 54 SDÜ Rn. 31.

handeln kann – repräsentiert wird. Dieser notwendige innere Zusammenhang, der durch die Zurechnungsnormen widergespiegelt wird, muss aber auch bei der Beurteilung des Tatbegriffs im Auge behalten werden. Das Unternehmen ist im Ergebnis ebenso zu behandeln als sei es eine natürliche Person „mit vielen Armen und Beinen", die jeweils an unterschiedlichen Orten und zu unterschiedlichen Zeiten Handlungen für das Unternehmen ausführen. Immer handelt aber das Unternehmen in Umsetzung des im Unternehmen gefassten Entschlusses. Dieses „Bild" verdeutlicht, dass die Vielzahl der einzelnen für das Unternehmen auf verschiedenen Ebenen erbrachten Handlungen eine Einheit bilden, jedenfalls insoweit als der Zurechnungszusammenhang i.S.v. § 30 OWiG nicht unterbrochen ist.

Dem kann nur dadurch Rechnung getragen werden, dass das, was bei Unternehmen eine „Tat" ausmacht, *aus objektiver Unternehmenssicht* beurteilt wird. Entscheidend für den Tatbegriff sind also nicht die einzelnen Akte einer oder mehrerer Leitungspersonen oder deren Untergebener. Vielmehr ist insgesamt danach zu fragen, welche gem. § 30 OWiG zurechenbaren Verhaltensweisen (welcher natürlichen Person auch immer) für das Unternehmen objektiv ein „einheitliches geschichtliches Ereignis" bzw. in den Worten des EuGH einen „Komplex konkreter unlösbar miteinander verbundener Umstände" darstellen.[31]

4. Rechtsgutsidentität

Denkt man an das EU-Kartellrecht, so fällt auf, dass die weitere dort in ständiger Rechtsprechung vom EuGH vorausgesetzte „Identität des Rechtsguts" hier keine Voraussetzung ist. Dieser Gegensatz muss verwundern, wenn man bedenkt, dass auch Sanktionen des Kartellrechts nach dem bisher Gesagten klar dem Strafrecht i.S.d. Art. 50 GRCh zuzurechnen sind. Zwar hält der EuGH im Kartellrecht gleichwohl an der Rechtsgutidentität als zusätzlicher Voraussetzung fest;[32] Die GAe Kokott und Wahl haben sich aber bereits – m.E. sehr überzeugend – für einen Abschied von dieser nicht recht einleuchtenden Rspr. ausgesprochen.[33]

---

31 So bereits SSW-StPO/*Satzger* (Fn. 16), Art. 50 GRCh/Art. 54 SDÜ Rn. 31.
32 Zusammenfassend *G. Hochmayr*, in: M. Pechstein/C. Nowak/U. Häde (Hrsg.), Frankfurter Kommentar zu EUV, GRC und AEUV, Bd. 1, Tübingen 2017, GRC Art. 50 Rn. 11.
33 GA *J. Kokott*, Schlussanträge in C-17/10, Toshiba, Rn. 122, 124; GA *Wahl*, Schlussanträge in C-617/17, Powszechny Zakład Ubezpieczeń na Życie S.A., Rn. 43 f.

5. Vollstreckungselement

Zum Vollstreckungselement nur ganz kurz. Wie gesehen bleibt diese Voraussetzung des europäischen „ne bis in idem" auch nach dem Inkrafttreten des Art. 50 GrCh relevant. Geht es um finanzielle Sanktionen, bereitet die Beurteilung des Vollstreckungselements regelmäßig wenig Probleme, weil die finanzielle Sanktion erst dann vollstreckt ist, wenn der geschuldete Betrag beglichen ist. Bei einer Zahlung in Raten lässt sich vertreten, dass die Sanktion – solange die Raten ordnungsgemäß beglichen werden – von der ersten bis zur letzten Rate „gerade vollstreckt" wird.

F. *Vermögensabschöpfung und Art. 54 SDÜ / Art. 50 GRCh*

Abschließend soll noch – notwendig kurz – ein bislang ungelöstes, jedoch praktisch höchst relevantes Problem angesprochen werden. Wenn ein Unternehmen im Erstentscheidungsstaat verurteilt worden ist und ein anderer Staat in der Folge vermögensabschöpfende Maßnahmen wegen derselben Tat anordnen möchte, greift dann auch der „ne bis in idem" – Grundsatz, mit der Folge, dass keine Einziehung der Taterträge mehr möglich ist?

I. Vermögensabschöpfung als Strafe i.S.v. Art. 54 SDÜ / Art. 50 GRCh

Entscheidend ist – nach dem bisher Gesagten – ob die Vermögensabschöpfung im Kontext des europäischen Doppelverfolgungsverbots als „Strafe" anzusehen ist.[34]

Dass vermögensabschöpfende Maßnahmen so wie etwa nach der Rspr. in Deutschland grundsätzlich nicht als Strafe betrachtet werden, ist erst einmal nicht von Relevanz. Denn natürlich kann das europäisches Begriffsverständnis zu – gegenüber dem nationalen Recht – abweichenden Einstufungen führen. In Deutschland hat sich dies besonders deutlich am

---

34 Zutr. *M. Rübenstahl/H. Schilling*, Doppelter Verfall? – Zur Frage mehrfacher Vermögensabschöpfung bei Straftaten mit Auslandbezug, HRRS 2008, S. 492 (497); *M. Böse*, in: H. Grützner/P.-G. Pötz/C. Kreß/N. Gazeas, 2019, Internationaler Rechtshilfeverkehr in Strafsachen, § 94 IRG Rn. 12; *J. Kappel/J. Ehling*, Wie viel Strafe ist genug? - Deutsche Unternehmen zwischen UK Bribery Act, FCPA und StGB, BB 2011, S. 2115 (2120).

Beispiel der Sicherungsverwahrung gezeigt, die der EGMR im Gegensatz zum BVerfG als „Strafe" einstuft.[35]

II. Meinungsstand

Trotz unterschiedlicher Ansätze in der Literatur ist meiner Ansicht nach allein überzeugend, dass die vom EuGH immer wieder betonte Funktion des Art. 54 SDÜ, in einem Raum der Freiheit, der Sicherheit und des Rechts die effektive Ausübung der Grundfreiheiten zu sichern, in gleichem Maße auch bei Einziehungsentscheidungen greifen muss.[36] Denn eine grenzüberschreitende wirtschaftliche Betätigung wäre erheblichen Hindernissen ausgesetzt, wenn auch nach einer solchen rechtskräftigen Aburteilung weiterhin die Anordnung einer Einziehung auf Grundlage des Bruttoprinzips mit ihrer ggf. enormen wirtschaftlichen Tragweite zu befürchten wäre.

Die Richtigkeit der Überlegung, dass Art. 54 SDÜ und Art. 50 GRCh auch nachfolgende Vermögensabschöpfungsmaßnahmen ausschließen müssen, wird auch durch einige EU-Rechtsakte bestätigt, die den „ne bis in idem"-Grundsatz mit Einziehungsentscheidungen in Verbindung bringen.[37] Darüber hinaus spricht die jüngere Rechtsprechung des EGMR – insbesondere in der Rechtssache *Sud Fondi ./. Italien*[38] – trotz der unterschiedlichen Interpretationen, die dieses Urteil erfahren hat, letztlich doch dafür, dass auch vermögensabschöpfende Maßnahmen strafrechtlichen

---

35 EGMR M./.Deutschland, Urt. v. 17.12.2009 – 19359/04, EuGRZ 2010, 25 ff., Rn. 124 ff.; bestätigt durch EGMR Kallweit./.Deutschland, Urt. v. 13.01.2011 – 17792/07, EuGRZ 2011, 255, (262), Rn. 66 ff.; EGMR Mautes./.Deutschland, Urt. v. 13.01.2011 – 20008/07; EGMR Schummer./.Deutschland, Urt. v. 13.01.2011 – 42225/07; zum Ganzen s. *M. Pösl*, Die Sicherungsverwahrung im Fokus von BVerfG, EGMR und BGH, ZJS 2011, S. 144 f.

36 Ausf. *Rübenstahl/Schilling*, Doppelter Verfall (Fn. 3434), S. 492 (497 f.); *Kappel/Ehling*, Wie viel Strafe (Fn. 34), S. 2115 (2120); aufgeschlossen für diese Argumentation auch *H. Radtke*, in: M. Böse (Hrsg.), Enzyklopädie Europarecht Band 9: Europäisches Strafrecht, Baden-Baden 2013, § 12 Rn. 43.

37 So räumt Art. 8 Abs. 2 lit. a des EU-Rahmenbeschlusses über die gegenseitige Anerkennung von Einziehungsentscheidungen (Rahmenbeschluss 2006/783/JI vom 6. Oktober 2006, ABl.EU Nr. L 328 vom 24.11.2006) dem Vollstreckungsstaat ausdrücklich eine Ablehnungsmöglichkeit ein, wenn die Einziehung gegen den Grundsatz „ne bis in idem" verstoßen würde.

38 EGMR, „Sud Fondi SRL ua ./. Italien", Urt. v. 20.1.2009, Nr. 75909/01.

Charakter im Sinn der EMRK und folglich auch im Sinne der Art. 54 SDÜ / Art. 50 GRCh haben.

G. Fazit

Zusammenfassend lässt sich somit sagen:

1. Die Garantie des „ne bis in idem" ist sinnvollerweise durch eine Zuständigkeitsregelung zu ergänzen, um allgemein ein Wettrennen der Strafverfolgungsbehörden und Doppelverfahren zu vermeiden.
2. Auch Unternehmen sind Adressaten der Freizügigkeitsrechte im Binnenmarkt und müssen sich als solche auf Art. 54 SDÜ und Art. 50 GRCh berufen können. Hierbei ist es irrelevant, ob es um echte Verbandsstrafen oder Verwaltungssanktionen gegen Unternehmen geht. Für die Frage, ob eine identische Tat vorliegt ist auf eine objektiv unternehmensbezogene Betrachtung zurückzugreifen, um festzustellen, was aus dieser Perspektive – unabhängig vom handelnden Individuum – *eine* Tat des Unternehmens darstellt.
3. Auch Vermögensabschöpfungsmaßnahmen können grundsätzlich als „Strafen" im Sinn des europäischen „ne bis in idem" angesehen werden; auch insoweit wird man ein Eingreifen des „ne bis in idem"-Grundsatzes nicht von vornherein verneinen dürfen.

Waffengleichheit und Digitalisierung

Bernhard Weratschnig

Inhalt

A. Einleitung

Speziell *wirtschaftsstrafrechtliche Großverfahren sind ohne digitale Inhalte* (Daten) *nicht mehr bewältigbar*: Daten werden einerseits in elektronischen (Ermittlungs-)Akten bearbeitet und andererseits werden in Wirtschaftsstrafsachen häufig Durchsuchungen von Orten (Durchsuchung von Geschäfts-

oder Betriebsräumlichkeiten) als Ermittlungsmaßnahme angewendet[1] und dabei umfassend elektronische Daten sichergestellt, die regelmäßig ein Datenvolumen von mehreren Terabytes erreichen.

Daran knüpft sich die Frage, durch welche Vorgänge im Strafverfahren relevante Informationen von nicht relevanten getrennt werden sollen. Dazu müssen die sichergestellten Daten zunächst forensisch aufbereitet werden, eine entsprechende Suchsoftware angeschafft bzw bereitgestellt sein und uU müssen auch noch verschlüsselte Daten (oder auch Geräte wie Mobiltelefone) entsprechend entsperrt (entschlüsselt) werden. Auch der Faktor Zeit spielt eine nicht unwesentliche Rolle, zumal im Strafverfahren das allgemeine Beschleunigungsgebot (§ 9 öStPO) beachtet und jede unnötige Verzögerung vermieden werden muss.[2]

Die Konzeption der österreichischen Strafprozessordnung sieht wirtschaftliche Großverfahren nicht als den Regelfall an und diese sprengen oft den Rahmen des praktisch Umsetzbaren: Speziell bei der Sicherstellung von Daten (im Zuge einer Durchsuchung von Orten (Hausdurchsuchungen)) in Geschäfts- oder Betriebsstätten oder auch in Privaträumlichkeiten werden die Weichen für das gesamte weitere Verfahren gestellt. Es müssen sehr rasch und in einer hektischen Umgebung Entscheidungen getroffen werden, welche Daten sichergestellt werden sollen, und wie eine (sinnvolle und technisch mögliche) Einschränkung des Umfanges der Sicherstellung bereits vor Ort getroffen werden kann, was oft auch (technisch) nicht möglich ist.[3] Diese Ausgangslage umreißt auch das Spannungsverhältnis in dem sich Strafverfolgungsbehörden einerseits und Beschuldigte andererseits befinden. Die verfahrensrechtlichen Garantien des Art. 6 EMRK sollen diese gegensätzlichen Interessen – unter dem Blickwinkel der Waffengleichheit – entsprechend ausgleichen.

Bereits bei der Sicherstellung vor Ort zeigt sich, ob es eine Waffengleichheit zwischen dem Beschuldigten und den Strafverfolgungsbehörden gibt, zumal die faktische Sicherstellung der Daten durch die Strafverfolgungsbehörden nicht verhindert werden kann; erst im Zuge des Beschwerdeverfahrens wird entschieden, ob die Anordnung der Durchsu-

---

1 *I. Zerbes*, Durchsuchung und Beschlagnahme in Wirtschaftsstrafsachen, ÖJZ 2012, S. 845.
2 Vgl. auch *Zerbes*, Durchsuchung (Fn 1), S. 845 (852), die auf Probleme der Ressourcen bei den Ermittlungsbehörden hinweist.
3 *N. Wess/ M. Machan*, Akteneinsicht in sichergestellt, aber noch nicht als verfahrensrelevant erkannte Unterlagen und elektronische Daten?, in: P. Lewisch (Hrsg.), Jahrbuch Wirtschaftsstrafrecht und Organverantwortlichkeit 2016, S. 167.

chung den gesetzlichen Anforderungen entspricht und ob die sichergestellten Daten auch für das Strafverfahren verwertet werden dürfen.

Der vorliegende Beitrag soll das Thema *Waffengleichheit und Digitalisierung* anhand der Rechtsprechung der Oberlandesgerichte zum Thema *Sicherstellung von (elektronischen) Daten* beleuchten; im Folgenden soll untersucht werden, ob die Regelungen der öStPO in Ansehung des *Rechtes auf
Akteneinsicht* durch die Rechtsprechung der Oberlandesgerichte (kurz:
OLG) diesen (verfahrensrechtlichen) *Garantien entsprechen* und gleichzeitig
skizzieren, welche *Schwierigkeiten und Herausforderungen in Verfahren gegen
Verbände* bestehen.

B. Allgemeines zur Waffengleichheit im Ermittlungsverfahren

Ein zentraler Bestandteil des Fairnessgebotes des *Art 6 EMRK* ist der
Grundsatz der Waffen- und Chancengleichheit, wobei im Strafprozess der Anklagebehörde eine Sonderstellung zukommt (auch wenn sie an das Legalitätsprinzip gebunden ist, so vertritt sie doch den Strafanspruch des Staates
und leitet der Staatsanwalt auch das Ermittlungsverfahren (vgl. §§ 20, 91
öStPO)).[4] Das bedeutet, dass *alle Beteiligten in einem Verfahren gleich behandelt werden müssen* (was auch eine verfahrensrechtliche Gleichstellung zwischen Anklagebehörde und Angeklagtem voraussetzt).[5] In Strafsachen
muss daher eine Waffengleichheit zwischen der Vertretung der Anklage
und dem Beschuldigten bestehen; die Anklagebehörde muss den Beschuldigten (grundsätzlich) über alle in ihrer Hand befindlichen Beweismittel,
die zur Be- als auch Entlastung des Beschuldigten herangezogen werden
können, informieren.[6] Jedoch zielt die *Waffengleichheit im Strafverfahren
nicht auf eine Gleichheit, sondern auf eine vernünftige Balance zwischen Befugnissen der Anklagebehörde und der Verteidigung ab* und ist schlussendlich Er-

---

4 *C. Grabenwarter*, in: K. Korinek/M. Holoubek/C. Bezemek/C. Fuchs/A. Martin/E.
   Zellenberg (Hrsg.), Kommentar zu den Grundrechten II/1 Art 6 EMRK Rn. 79 ff;
   F. Matscher, Nachholbedarf im österreichischen Strafverfahrensrecht?, ÖJZ 2002,
   S. 741 (744).
5 Vgl. *L Khakzadeh-Leiler*, Die Grundrechte in der Judikatur des Obersten Gerichts-
   hof S. 233.
6 *J. Meyer-Ladewig /S. Harrendorf /S. König*, in: J. Meyer-Ladewig/M. Nettesheim/S.
   von Raumer (Hrsg.), Europäische Menschenrechtskonvention[4]Art. 6 Rn. 106 f.; *G.
   Marx*, in: G. Heißl (Hrsg.), Handbuch Menschenrechte, Kap. 26 Rn. 29 f.; *T. Kaps*,
   Parteistellung und Akteneinsicht in Kartellsachen, ÖBl 2017, S. 8.

gebnis eines Abwägungsvorganges, der individualrechtlichen Position des Bürgers und des staatlichen Strafverfolgungsinteresses.[7]

Im Ermittlungsverfahren steht der Staatsapparat (Gericht, Staatsanwaltschaft, Kriminalpolizei) dem Bürger gegenüber; deshalb ist es wesentlich, dass der *Beschuldigte auch die Möglichkeit erhalten muss, sich über das Ergebnis der Ermittlungen zu unterrichten* (EMRK weist nicht ausdrücklich darauf hin, dass ein Zugang zu den Akten der Anklagebehörde zu ermöglich ist, dies wird aber aus Art. 6 Abs. 3 lit b EMRK abgeleitet). Dh der Beschuldigte muss daher (wie die Staatsanwaltschaft) über alle be- und entlastenden Ermittlungsergebnisse verfügen können. Bestehen diese Dokumente, dann muss Zugang gewährt werden.[8] Ein solches weitgehendes Akteneinsichtsrecht kann aber aus besonderen Gründen eingeschränkt werden, wie etwa aus Gründen der nationalen Sicherheit, aus Zeugenschutzerwägungen oder wenn fundamentale Rechte dritter Individuen betroffen sind.[9]

C. Sicherstellung von Daten

I. Allgemeines

Die Rechtsgrundlage für die Sicherstellung von Daten – wobei in Ansehung von Daten im Wesentlichen keine Sonderregelungen getroffen werden – finden sich in den §§ 109 ff öStPO. Eine *Sicherstellung* (das ist die Erlangung tatsächlicher Verfügungsmacht über Gegenstände und auch das vorläufige Drittverbot (Verbot der Herausgabe von Gegenständen oder Vermögenswerten)) ist zulässig, wenn sie aus *Beweisgründen* (§ 110 Abs. 1 Z 1 öStPO), zur *Sicherung privatrechtlicher Ansprüche* (§ 110 Abs. 1 Z 2 öStPO) oder zur *Sicherung der Konfiskation*, des *Verfalls*, des *erweiterten Verfalls*, der *Einziehung* oder einer anderen gesetzlich vorgesehenen *vermögensrechtlichen Anordnung* (§ 110 Abs. 1 Z 3 öStPO) erfolgt.

---

7 *H.-H. Kühne,* in: K. Pabel/S. Schmahl (Hrsg.), Internationaler Kommentar zur Europäischen Menschenrechtskonvention, Art. 6 Rn. 372; *R. Klaushofer,* in: D. Merten/H.-J. Papier (Hrsg.), Handbuch der Grundrechte: Grundrechte in Österreich VII/1[2] § 18 Rn. 62; m.w.N. VfG, G 137/11.

8 *A. Stuefer* sieht die Waffengleichheit beim Recht auf Akteneinsicht bereits dadurch beeinträchtigt, dass Beschuldigte (trotz Akteneinsicht) nicht den gleichen Zugang zu den Ermittlungsakten hätten, weil den Beschuldigten (im Falle einer Aktenabschrift) Kosten entstünden; vgl. *A. Stuefer,* Akteneinsicht – noch lange keine Waffengleichheit: Eine Kritik aus der Sicht der Verteidigung, JSt 2013, S. 118.

9 Vgl. m.w.N. *Kühne* (Fn. 7), Art. 6 Rn. 517.

Hier relevant ist die *Sicherstellung aus Beweisgründen* (§ 110 Abs. 1 Z 1 öStPO). Die Sicherstellung ist zulässig, wenn die Gegenstände (darunter fallen auch Daten) zu Beweiszwecken in einem bestimmten Verfahren erforderlich (beweisrelevant) sind. Dazu ist nötig, dass der Gegenstand, um den es geht, auch geeignet ist, das Beweisthema zu führen. Er muss entweder selbst beweisrelevant sein oder es müssen sich beweisrelevante Spuren auf diesem Gegenstand befinden. Seine Bedeutung für die konkrete Untersuchung muss nachvollziehbar sein, andernfalls ist die Sicherstellung unzulässig.[10]

Jede Sicherstellungsanordnung muss umschreiben, *welche verfahrensrelevanten Informationen (Daten) zu welchem Beweisthema erforderlich sind.* Dabei genügt eine demonstrative Umschreibung des Gesuchten und das Anführen der Annahmen, wo sich diese befinden (die Anordnung muss darüber hinaus auch verhältnismäßig und erforderlich sein, vgl. § 5 öStPO). Im Zuge des Vollzuges einer Sicherstellung kann aufgrund der umfassenden Datenmengen vor Ort nicht entschieden und aussortiert (selektiert) werden, welche Daten konkret verfahrensrelevant sind; *vor Ort kann im Wesentlichen nur geprüft werden, ob die Sicherstellung von Daten vom Umfang der Anordnung gedeckt ist.*

II. Sicherstellung von Daten

1. Bezogen auf den Umfang

Zum Umfang der vor Ort sicherzustellenden Daten stellte die Rechtsprechung klar, dass zunächst nur eine *„Grobsichtung"* der Daten erforderlich ist. Dazu führt das OLG Wien konkret aus[11]:

„Da es aber praktisch nicht durchführbar wäre, vor Ort eine Unzahl an Daten händisch auf ihre Relevanz zu durchsuchen, ist diese zunächst erfolgte ungefilterte *Mitnahme sämtlicher potentiell relevanter Daten aus diesem Programm erforderlich gewesen*, um dem Sicherstellungsauftrag gerecht zu werden. Auch bei der Sicherstellung von körperlichen Unterlagen verhält es sich im Übrigen nicht anders, können doch Unterlagen *vor Ort oftmals nur grob* (etwa nach der äußeren Beschriftung von Aktenordnern) gefiltert

---

10 A. *Tipolt/I. Zerbes*, in: H. Fuchs/E. Ratz, WK StPO § 110 Rn. 5; C. *Kroschl* in: G. Schmölzer/T. Mühlbacher, StPO I § 110 Rn. 4; *H. Hinterhofer/B.-P. Oshidari*, System des österreichischen Stafverfahrens, Rn. 7.172.
11 OLG Wien, AZ 18 Bs 196/15b.

werden, ohne dass bereits eine punktgenaue Sondierung erfolgen kann. Daran schließt sich ein oft langwieriger Prozess an, in welchem relevantes Beweismaterial vom übrigen Material, das für das Strafverfahren nicht erforderlich ist, separiert wird. *Anders würde bei Durchsuchungs- und Sicherstellungsanordnungen bezogen auf komplexere Sachverhalte und einen größeren Fundus an Gegenständen dem Zweck der Maßnahme in vertretbarer Zeit, mit schicklichem Aufwand und möglichst gering gehaltener Beeinträchtigung der Betroffenen dem Zweck auch gar nicht entsprochen werden können...*"

In einer Folgeentscheidung geht das OLG Wien noch einen Schritt weiter und gesteht den Ermittlungsbehörden (aus praktischen Überlegungen) auch zu, dass auch *„das volle Absaugen von elektronischen Daten ohne Aussonderung vor Ort zulässig"* ist.[12]

Im *Ergebnis* bedeutet dies, dass seitens der Strafverfolgungsbehörden immer *mehr Daten sichergestellt werden dürfen*, also auch solche, die *keine Verfahrensrelevanz aufweisen*. Dadurch folgt die Rechtsprechung einer praktischen Notwendigkeit (und nimmt auch eine Abwägung der Interessen vor), weil eine genaue Sichtung der Daten auf ihre Relevanz für das Verfahren idR sehr langwierig und aufwändig ist und daher ein Vollzug einer Sicherstellungsanordnung nicht besonders schonungsvoll durchgeführt werden könnte (vgl. § 121 Abs. 3 öStPO, wonach bei der Durchführung einer Durchsuchung Aufsehen, Belästigungen und Störungen auf das unvermeidbare Maß zu beschränken sind).

2. Bezogen auf die Zeit

Dem Gebot der Verhältnismäßigkeit und Erforderlichkeit (§ 5 öStPO) von Zwangsmaßnahmen entsprechend, muss in Sicherstellungsanordnungen auch genau festgelegt sein, über welchen verfahrensrelevanten Zeitraum elektronische Daten sicherzustellen sind. Dieser Zeitraum hängt – von den Umständen des Einzelfalles – im Wesentlichen vom Tatzeitraum ab und wirkt in der Regel auch nach, weil Beschuldigte nach Tatbegehung noch miteinander kommunizieren bzw Informationen austauschen.

Dazu führt das OLG Wien wie folgt aus[13]:

„Bei der Durchsuchung sind Aufsehen, Belästigungen und Störungen auf das unvermeidbare Maß zu beschränken (§ 121 Abs. 3 StPO). Diesem Gebot folgen die Ermittler, indem Daten von Computern „abgesaugt"

---

12 OLG Wien, AZ 17 Bs 213/18m.
13 OLG Wien, AZ 17 Bs 370/14g.

werden, indem die Festplatten „gespiegelt" werden, denn nur so kann die Beschlagnahme des Computers bzw. der Festplatte selbst verhindert werden. Soweit der Beschuldigte nun in seiner Stellungnahme zur Äußerung der Staatsanwaltschaft vermeint, es sei der Steuerfahndung doch jedenfalls zumutbar, Programme zu verwenden, die Daten nur nach dem Datum der Entstehung oder Veränderung bereits vorgesichtet „abgesaugt werden" ist ihm zwar beizupflichten, zumal ein derartiges Programm gewiss unschwer erstellt werden könnte. *Das Datum der Entstehung oder Veränderung einer Datei richtet sich aber danach, welches Datum systemintern im Computer eingegeben ist und kann jederzeit leicht verändert werden, sodass hier einer Manipulation Tür und Tor geöffnet wäre."*

Auch in dieser Entscheidung respektiert die Rechtsprechung faktische (praktische) Gegebenheiten, nämlich dass elektronische Daten auch sehr leicht manipuliert werden können und das Datum als Kriterium nicht besonders valide ist.

III. Zwischenergebnis

Die Rechtsprechung des OLG Wien zeigt, dass die Möglichkeiten des Beschuldigten bei der Sicherstellung von elektronischen Daten beschränkt sind. *Vor Ort findet lediglich eine „Grobsichtung" der Daten statt* und der vorhandene Datenbestand kann daher sehr umfassend sichergestellt werden; eine Begrenzung liegt einzig im Umfang der Sicherstellungsanordnung.

Auch eine vor Ort – von den Verteidigern häufig geforderte – *Filterung anhand festzulegender Suchworte,* wäre zwar technisch umsetzbar, birgt aber eine nicht unerhebliche Gefahr eines Beweismittelverlustes in sich. *Es besteht die Gefahr, dass gelöschte, verschlüsselte oder komprimierte Dateien nicht erfasst bzw gefunden und somit auch nicht sichergestellt werden können;* eine Erkennung von Textpassagen in Bildern (zB jemand fotografiert einen Vertrag) wäre durch eine Filterung mit Suchworten nicht möglich, weshalb in der Praxis eine derartige Filterung idR auch nicht gemacht wird. Ebenso kann durch eine Filterung nach zeitlichen Kriterien – wie oben angesprochen – aus der Sicht der Strafverfolgungsbehörden ein Beweismittelverlust herbeigeführt werden.

D. Recht auf Akteneinsicht in sichergestellte Daten

I. Allgemeines

Nach der erfolgten Sicherstellung der Daten stellt sich die Frage, was mit diesen geschieht. Die zunächst nur grob gesichteten Daten sind entsprechend aufzubereiten und im Zuge einer Feinprüfung zu sichten und auszuwerten. Dieser Sichtungsvorgang kann mitunter auch sehr lange dauern und hängt im Wesentlichen von den verfügbaren Ressourcen, dem Umfang der sichergestellten Daten und der Komplexität der Materie ab.[14]

Für den *Beschuldigten und seine Verteidigung ist die Kenntnis der von der Sicherstellung betroffenen Unterlagen sowie elektronischen Daten eine unabdingbare Voraussetzung für eine sachgerechte Verteidigung,* zumal gerade in Wirtschaftsstrafsachen dem Urkundenbeweis ein entsprechendes Gewicht eingeräumt wird. Deshalb ist aus Sicht der Verteidigung eine *rasche Kenntnis für eine effektive Verteidigung erforderlich,* um ein *Informationsdefizit* gegenüber den Strafverfolgungsbehörden – auch im Lichte der Waffengleichheit – *auszugleichen.*[15]

Einem solchen Informationsdefizit soll das Recht auf Akteneinsicht entgegenwirken; dieses Recht ist in § 51 Abs. 1 öStPO wie folgt festgelegt:

§ 51. (1) Der *Beschuldigte ist berechtigt,* in die der Kriminalpolizei, der Staatsanwaltschaft und dem Gericht vorliegenden *Ergebnisse des Ermittlungs- und des Hauptverfahrens Einsicht zu nehmen.* Das Recht auf Akteneinsicht berechtigt auch dazu, Beweisgegenstände in Augenschein zu nehmen, soweit dies ohne Nachteil für die Ermittlungen möglich ist.

Nach dem Gesetzestext ist unklar, in welchem *Umfang das Recht auf Akteneinsicht* dem Beschuldigten zusteht, insbes ob auch sichergestellte Daten, *als Ergebnisse des Ermittlungsverfahrens (mit)umfasst* sind. Die Gesetzesmaterialien geben dazu keinen näheren Aufschluss, weshalb diese Frage die Rechtsprechung (unterschiedlich) löste.[16]

---

14 Vgl. auch *Wess/Machan,* in: Lewisch (Hrsg.), Jahrbuch 2016, (Fn. 3), S. 167 (167 f).

15 *R. Soyer/A. Stuefer,* in: H. Fuchs/E. Ratz, WK StPO §§ 51 – 53 Rn. 1 f.; *Wess/Machan,* in: Lewisch (Hrsg.), Jahrbuch 2016, (Fn. 3), S. 167 (168); *M. Schmieder/N. Wess,* Ermittlungsverfahren in Wirtschaftsstrafsachen aus Verteidigersicht, in: R. Kert/G. Kodek (Hrsg.), Das große Handbuch Wirtschaftsstrafrecht (2016) Rn. 19.16 f.

16 *Soyer /Stuefer* (Fn. 15), §§ 51 – 53 Rn. 4 f.; *Wess/Machan,* in: Lewisch (Hrsg.), Jahrbuch 2016, (Fn. 3), S. 167 (171).

Dies ist insofern von praktischer Bedeutung, als in die *Ergebnisse des Ermittlungsverfahrens* Einsicht genommen und *eine Kopie der Unterlagen und elektronischen Datenträger* angefertigt, ein *Beweisgegenstand hingegen nur in Augenschein* genommen werden kann, wenn kein Nachteil für die Ermittlungen zu befürchten ist (Vernichtung oder Beeinträchtigung einer Spur).[17]

Ebenso unklar ist, ob das in § 51 Abs. 1 zweiter Satz öStPO normierte Recht, Beweisgegenstände in Augenschein zu nehmen, eine bloße Klarstellung bzw Konkretisierung des Rechtes auf Einsicht in die Ergebnisse des Ermittlungs- oder Hauptverfahrens ist. Die Gesetzesmaterialien führen dazu aus, dass unter dem Begriff „Ergebnisse des Ermittlungsverfahrens" die Bestimmungen des 4. Abschnittes des 6. Hauptstückes über die Protokollierung konkretisiert werden; Ergebnisse sind demnach Vorbringen von Parteien und andere bedeutsame Vorgänge, die schriftlich festzuhalten sind und die Aufnahme von Beweisen zu protokollieren ist.[18] Daraus ist abzuleiten, dass (sichergestellte) Beweisgegenstände keine „Ergebnisse des Ermittlungsverfahrens" sind.[19]

Im Folgenden sollen die wesentlichen gerichtlichen Erkenntnisse zu diesem Thema (Umfang der Akteneinsicht) – auch im Lichte der Waffengleichheit – (chronologisch) dargestellt werden:

II. Kein Recht des Beschuldigten auf ein forensisches Suchprogramm[20]

Ausgangspunkt für diese Entscheidung bildete der Umstand, dass im Zuge einer Durchsuchung umfangreiche elektronische Daten sichergestellt wurden. Der Verteidiger eines Beschuldigten beantragte, ihm Akteneinsicht zu gewähren und Auskunft darüber zu erteilen, wo und in welcher Datei sich die (für die Verteidigung relevanten) sichergestellten Mails (einer Mitbeschuldigten) befinden und dass diese vollständig eingesehen bzw elektronisch kopiert und übermittelt werden. Der Verteidiger führte aus, dass aufgrund des Datenumfanges die Bezeichnung der einzelnen Daten nicht möglich und darüber hinaus unpraktikabel und zT undurchführbar sei,

---

17   Vgl. EBRV 25 BlgNR 22. GP 70; *Soyer /Stuefer* (Fn. 15), §§ 51 – 53 Rn. 5.

18   EBRV 25 BlgNR 22. GP 70 f.

19   Vgl. *Wess/Machan*, in: Lewisch (Hrsg.), Jahrbuch 2016, (Fn. 3), S. 171 ff., die in Ansehung des Umfanges der Akteneinsicht zwischen „Ergebnissen des Ermittlungsverfahren" und der Inaugenscheinnahme von Beweisgegenständen differenzieren.

20   OLG Wien, 19 Bs 160/14i.

die Akteneinsicht müsste tagelang in den Amtsräumen der Staatsanwalt-schaft ausgeübt werden; deshalb habe der Verteidiger auch ersucht, ihm ein Suchsystem zur Verfügung zu stellen (Anm: „Intella" und nicht einen bloßen „pst-viewer"); dies im Lichte der Waffengleichheit.[21]

Die Staatsanwaltschaft entsprach diesem Antrag der Verteidigung nicht. Das OLG Wien sprach dazu aus, dass das Recht auf Akteneinsicht durch die Staatsanwaltschaft nicht verweigert wurde; die Staatsanwaltschaft hat den Beschwerdeführer – nach Vorankündigung – Einsicht in die sicherge-stellten Unterlagen gewährt [Anm.: in Ergebnisse des Ermittlungsverfah-rens]. Durch das Nichtgewähren des Suchprogrammes „Intella" [Anm.: ein spezielles forensisches Suchprogramm, wofür die Staatsanwaltschaft Li-zenzgebühren entrichtete] wurde das Recht auf Akteneinsicht nicht einge-schränkt. Die Verwendung des Programmes „Intella" mag aus praktischen Erwägungen zur Arbeitsminimierung wünschenswert sein, ein subjektives Recht auf Zurverfügungstellung desselben besteht jedoch nicht.

Nach dem Inhalt dieser Entscheidung ist eine *gesonderte „Aufbereitung des Aktes" durch ein spezielles Software-Programm zur Erleichterung einer Ak-teneinsicht für die Erfüllung des Grundsatzes der Waffengleichheit nicht erfor-derlich;* auch auf (für die Verteidigung) relevante Inhalte muss nicht hinge-wiesen werden.[22]

In einer weiteren Entscheidung sprach das OLG Wien aus, dass auch die bei der Wirtschafts- und Korruptionsstaatsanwaltschaft (von den dortigen Wirtschaftsexperten nach § 2a Abs. 5 Staatsanwaltschaftsgesetz (StAG)) ver-wendete *„ACL-Software"* (eine spezielle Software für die Analyse von Buch-haltungsdateien) dem *Beschuldigten nicht zur Verfügung gestellt* werden muss.[23]

---

21 Anzumerken ist, dass in diesem Fall die Staatsanwaltschaft dem Beschuldigten Einsicht in das sichergestellten Datenmaterial gewährte; ein gänzliches Kopieren des sichergestellten Datenmaterials wäre mit erheblichen Kosten verbunden ge-wesen, weil für jede Datei eine Gebühr zu entrichten wäre.
22 OLG Wien, 19 Bs 160/14i; bereits in einer älteren Entscheidung wurde erkannt, dass eine vom Richter vorgenommene bessere Aufbereitung des physischen Straf-aktes durch Karteiblätter nicht auch dem Beschuldigten zur Verfügung gestellt werden muss; OLG Innsbruck, 7 Bs 138/94.
23 OLG Wien, 20 Bs 174/16h.

III. Einsicht des Beschuldigten in sichergestellte Daten[24]

Ausgangspunkt dieser Entscheidung bildete die Sicherstellung einer Festplatte mit einem Backup des Exchange-Servers einer Notariatskanzlei (Opfer eines widerrechtlichen Zugriffes auf das Computersystem). Die Verteidigung beantragte die Ausfolgung einer Kopie dieser (sichergestellten) Festplatte. Die Staatsanwaltschaft gab diesem Antrag nicht statt. Die Staatsanwaltschaft führte aus, dass datenschutzrechtliche Gründe dem entgegenstünden; erst nach erfolgter Auswertung und Prüfung der Ergebnisse sollte festgelegt werden, ob und wenn ja, welche Daten zum Akt genommen werden. Dagegen wurde ein Einspruch wegen Rechtsverletzung erhoben, dem das Gericht nicht Folge gegeben hat. Im Beschwerdeverfahren führte das OLG Linz dazu wie folgt aus:

Recht auf Akteneinsicht samt Ausfolgung von Kopien ist ein subjektives Recht des Beschuldigten und darf nur in den gesetzlich vorgesehenen Fällen eingeschränkt werden. Die Voraussetzungen für eine Ausnahme der Akteneinsicht nach § 51 Abs. 2 öStPO lagen gegenständlich nicht vor.

Konkret führt das OLG Linz aus:

> *„Recht besehen handelt es sich also auch bei der aktuell angesprochenen, unzweifelhaft bereits als Ergebnis einer kriminalpolizeilichen Sicherstellung "vorliegenden" und damit zum Akteninhalt gehörigen (externen) Festplatte mit dem Backup eines Exchange-Servers der Notariatskanzlei Dris. H*****, jedenfalls im Umfang der hier relevanten Informationen, um die schriftliche Verkörperung von Gedankeninhalten, hinsichtlich derer der Beschwerdeführerin das – aus ihrem uneingeschränkten Akteneinsichtsrecht abgeleitete – Recht auf Herstellung und Herausgabe einer Kopie zuzubilligen ist."*

Das OLG Linz sieht daher im Ergebnis in den sichergestellten elektronischen Daten (analog) ein Ergebnis eines Ermittlungsverfahrens und nicht bloß einen Augenscheingegenstand.[25] Auf den von der Staatsanwaltschaft ins Treffen geführten Umstand des Datenschutzes (auch von unbeteiligten Dritten (Mandanten des Notars)), wurde in dieser Entscheidung nicht näher eingegangen.

---

24 OLG Linz, 8 Bs 171/14z.
25 Vgl. *Soyer /Stuefer* (Fn. 15), §§ 51 – 53 Rn. 6, die dieser Entscheidung im Sinne einer effektiven Umsetzung der Konventionsgarantien zustimmen.

IV. Keine Einsicht des Beschuldigten in sichergestellte Daten[26]

Ausgangspunkt dieses Verfahrens bildet eine Sicherstellung von physischen Unterlagen als auch von zahlreichen Speichermedien mit elektronischen Daten. Mit der forensischen Sicherung der Daten wurde ein externer Unternehmer (IT-Dienstleister) beauftragt; dieser stellte auch ein Suchportal für die Kriminalpolizei und Staatsanwaltschaft zur Verfügung. Ein Beschuldigter in diesem Verfahren beantragte, ihm auch Akteneinsicht in die bei diesem Dienstleister befindlichen Daten zu gewähren. Dem entsprach die Staatsanwaltschaft nicht und der Beschuldigte erhob einen Einspruch wegen Rechtsverletzung.

In dieser – durchaus als grundlegend zu bezeichnenden – Entscheidung des OLG Wien hielt dieses ausdrücklich fest, dass *Unterlagen und Daten nicht schon durch die bloße (vorläufige) Sicherstellung*, die bloß eine Erlangung des Gewahrsams darstellt, *zu Bestandteilen des Ermittlungsaktes werden*.

Auch dem Aspekt der Verhältnismäßigkeit und der gebotenen Wahrung schutzwürdiger Interessen Dritter (§ 74 öStPO; personenbezogene Daten) kommt der von der Kriminalpolizei bzw Staatsanwaltschaft zunächst und ohne Beteiligung des Beschuldigten vorzunehmenden Prüfung der Verfahrensrelevanz Bedeutung zu. *Auch ein faires Verfahren* (Art 6 EMRK) *wird eingehalten, da die sichergestellten Datenträger bis zum Abschluss ihrer Prüfung weder zum Vorteil noch zum Nachteil Verwendung finden.*

Als Ergebnisse des Ermittlungsverfahrens iSd § 51 Abs. 1 öStPO sind daher nur solche Daten zu verstehen, die *nach Prüfung* (durch die Strafverfolgungsbehörden) als verfahrensrelevant eingestuft und *zum Ermittlungsakt genommen werden*. Eine Beteiligung des Beschuldigten an diesem Prozess (Sichtungsvorgang) ist hingegen im Gesetz nicht vorgesehen.[27] Davon ist bei allen physisch oder elektronisch zum Akt genommenen Daten auszugehen.[28]

Dass sichergestellte Daten allenfalls Beweisgegenstände, die vom Akteneinsichtsberechtigten in Augenschein genommen werden können, darstellen, wurde mit dieser Entscheidung verneint, da in Ansehung dieser Daten noch nicht entschieden ist, ob sie (überhaupt) Eingang in den Ermittlungs-

---

26 OLG Wien, 17 Bs 42/16z; vgl. auch OLG Wien, 18 Bs 280/16g.
27 OLG Wien, 17 Bs 42/16z.
28 Ablehnend *Wess/Machan* in: Lewisch, Jahrbuch 2016, (Fn. 3), S. 167 (174 ff.), die sichergestellten Daten als Beweisgegenstände i.S.d. § 51 Abs. 1 zweiter Satz öStPO auffassen, in die vom Akteneinsichtsberechtigten eingesehen werden dürfen; diese werden im Zeitpunkt der Sicherstellung Bestandteil des Ermittlungsaktes.

akt finden, weshalb es sich auch nicht um einen „Beweisgegenstand" i.S.d. § 51 Abs. 1 zweiter Satz öStPO handelt.[29]

V. Zwischenergebnis

Dieser Entscheidung des OLG Wien[30], auf die die folgenden Entscheidungen referenzierten, ist zuzustimmen. Es obliegt den Strafverfolgungsbehörden (die auch zur Objektivität nach § 3 öStPO verpflichtet sind) die Selektion der für das Verfahren relevanten Informationen (Daten) vorzunehmen. Erst wenn diese gesichtet bzw ausgewertet und mit einem Bericht zum Ermittlungsakt genommen werden, unterliegen diese der Akteneinsicht. Dadurch wird den Strafverfolgungsbehörden ein Informationsvorsprung gegenüber den Beschuldigten eingeräumt. Auch betont die Rechtsprechung, dass auch nicht über eine mögliche Beschränkung der Akteneinsicht entschieden werden kann, bevor die Staatsanwaltschaft überhaupt wissen kann, ob einer der Gründe des § 51 Abs. 2 öStPO vorliegt; dies kann erst nach erfolgter Auswertung und Kenntnis des Inhaltes des Datenmateriales beurteilt werden.

Wie bereits eingangs erwähnt, werden in den einzelnen Verfahren sehr umfangreich Datenbestände sichergestellt; der Inhalt dieses Datenbestandes gelangt den Strafverfolgungsbehörden erst nach einem sehr umfangreichen Sichtungsprozess zur Kenntnis. Würde man den Verfahrensparteien (Beschuldigte, Opfer), die sehr unterschiedliche Interessenslagen ausweisen können, Einsicht in den sichergestellten Datenbestand (zB Chatverläufe auf dem Mobiltelefon eines Beschuldigten) gewähren, dann könnte diesen idR personenbezogene Daten zur Kenntnis gelangen, die nicht verfahrensrelevant sind, aber in schutzwürdige Interessen eines unbeteiligten Dritten (zB Gesprächsinhalte mit einem Beschuldigten, die ausschließlich privater Natur sind) eingreifen.

E. Auswirkungen für Verbände

Für Verbände stellt sich das Problem der sichergestellten Daten in einem komplexeren Umfeld, zumal einerseits größere Datenmengen und andererseits auch sehr viele Daten von Dritten (Kundendaten, E-Mail-Korre-

---

29 Vgl. auch OLG Wien, 20 Bs 351/16p.
30 OLG Wien, 17 Bs 42/16z.

spondenz etc) sichergestellt werden, mitunter auch Geschäfts- oder Betriebsgeheimnisse.

Dabei bestehen folgende unterschiedliche Ausgangslagen (im Vergleich zum Individualbeschuldigten) bei der Sicherstellung von elektronischen Daten:

- Während der Individualbeschuldigte idR weiß bzw auch leicht feststellen kann, welcher Datenbestand von der Sicherstellung betroffen ist, kann ein Verband dieses mögliche Risikopotenzial nicht so rasch abschätzen. Der Verband kann idR nicht so leicht feststellen, welcher Datenumfang von den Strafverfolgungsbehörden mitgenommen bzw elektronisch „abgesaugt" wurde; dies wird die Einleitung einer internen Untersuchung erforderlich machen, mitunter auch unter Beiziehung privater Datenforensiker.
- Der Individualbeschuldigte kann wesentlich schneller eine Verteidigungsstrategie entwickeln und das mögliche Risiko besser einschätzen; ein Verband kann nicht so schnell mit einer entsprechenden Verteidigungsstrategie reagieren, was gerade die Entscheidung des Verbandes, mit den Behörden zu kooperieren, erschwert (dies in Ansehung der (weitreichenden) Möglichkeit des staatsanwaltschaftlichen Verfolgungsermessens (§ 18 Verbandsverantwortlichkeitsgesetz (VbVG)) oder der Diversion (§ 19 VbVG). Überhaupt ist – aufgrund diffizilerer Interessenslagen eine Verteidigung eines Verbandes schwieriger.[31] Häufig ist der Verband zum (frühen) Zeitpunkt der Sicherstellung noch (nicht) als Beschuldigter erfasst; diese Stellung kann sich erst in weiterer Folge durch die Auswertung der Unterlagen ergeben.
- Anders als beim Individualbeschuldigten können im Zuge einer Sicherstellung von elektronischen Daten auch umfangreiche personenbezogene Daten von unbeteiligten Dritten sowie Geschäfts- oder Betriebsgeheimnisse betroffen sein. Auch datenschutzrechtliche Erwägungen könnten beim Verband eine entsprechende Rolle spielen.

---

31 Vgl. *S. Schumann/T. Knierim*, Wettbewerb im Unternehmensstrafrecht: Individual-vs. Verbandsverteidigung, NZWiSt 2016, S. 194 ff.; *R. Soyer*, Herausforderungen an die Verteidigung bei gleichzeitigen Ermittlungen gegen Verband und Individuum, in: M. Henssler/E. Hoven/M. Kubiciel/T. Weigend (Hrsg.), Grundfragen eines modernen Verbandsstrafrechts, S. 129 ff.; *R. Soyer*, Verteidigung von Unternehmen, in: R. Kier/N. Wess (Hrsg.), Handbuch Strafverteidigung, Kap. 20, S. 503 ff (insbes Rn. 20.49 ff, S. 518 ff.).

Daraus zeigt sich, dass der *Informationsvorsprung der Strafverfolgungsbehörden* in Ermittlungsverfahren *gegen Verbände* idR ein *viel größerer ist*, als in Verfahren gegen Individualbeschuldigte.

F. Fazit: Wird das Gebot der Waffengleichheit ausreichend berücksichtigt?

Die Rechtsprechung der OLG zeigt, dass im Umgang mit großen Datenmengen und den darin befindlichen (elektronischen) Inhalten eine uneingeschränkte Akteneinsicht zu weit gehen würde. Auch im Lichte der Waffengleichheit schafft die Digitalisierung hier nicht einen anderen Ausgangspunkt (als wenn Container von gedrucktem Papier sichergestellt worden wären). Auch in diesem Fall kann Einsicht nur in jene Unterlagen genommen werden, die nach einem erfolgten Sichtungsprozess zum Ermittlungsakt genommen wurden.

Der von der Rechtsprechung vorgenommene Abwägungsprozess zwischen der Position des Beschuldigten und seinem Interesse, möglichst rasch umfassende Kenntnis zu erlangen und dem staatlichen Interesse auf effektive Strafverfolgung erfolgte mehrschichtig; einerseits soll eine Sicherstellung möglichst rasch und schonungsvoll erfolgen (§ 121 Abs 3 öStPO) und andererseits sollen auch schutzwürdige Interessen (Recht auf Datenschutz) entsprechend berücksichtigt werden. Um dies zu erreichen, wird auch ein (temporärer) Informationsvorsprung der Strafverfolgungsbehörden in Kauf genommen.

Durch diesen Wissensvorsprung können die Strafverfolgungsbehörden (grundsätzlich) steuern, wann ein Bericht über die Auswertung zum Ermittlungsakt genommen wird.[32] Solche „Auswertungsberichte" sind von der Staatsanwaltschaft sogleich zum Ermittlungsakt zu nehmen (vgl. § 34c StAG; § 8 DV-StAG); liegen Gründe für eine Ausnahme von der Akteneinsicht (nach § 51 Abs. 2 öStPO) vor, dann kann – bis längstens vor Beendigung des Ermittlungsverfahrens – die Einsicht in einen solchen Bericht verwehrt werden. Wesentlich ist, dass nur durch die *Auswertungen zum Ermittlungsakt genommenen Beweisergebnisse für das Verfahren relevant* sind.

Das *Gebot der Waffengleichheit* wird es aber erforderlich machen, dass den Akteneinsichtsberechtigten (Beschuldigten, Privatbeteiligten) jedenfalls in einer *angemessenen Zeit vor Entscheidung über die Beendigung des Er-*

---

32 Dauert der Sichtungsvorgang der Strafverfolgungsbehörden zu lange, so kann der Beschuldigte die Vereltzung des Beschleunigungsgebotes relevieren; OLG Wien, 18 Bs 280/16g.

mittlungsverfahrens (Einstellung, Diversion, Anklage) die *Gelegenheit gegeben werden muss*, in den Auswertungsbericht *Einsicht zu nehmen* und allenfalls entsprechende Anträge (insbesondere Beweisanträge nach § 55 öStPO) zu stellen.

Auch dem Einwand, die Strafverfolgungsbehörden würden dadurch überwiegend nur belastendes aber zuwenig entlastendes Material zum Ermittlungsakt nehmen, kann begegnet werden, indem einerseits für die Kriminalpolizei und die Staatsanwaltschaft das Gebot der Objektivität (§ 3 öStPO) gilt und andererseits der Beschuldigte durch das Stellen entsprechender Beweisanträge (oder Vorlage von entsprechender Unterlagen aus dem eigenen Datenmaterial) dafür Sorge tragen kann, dass auch entlastende Umstände zum Akt genommen werden. In Ansehung des eigenen Datenbestandes (Ausnahme wohl bei Verbänden) verfügt der Beschuldigte über einen Wissensvorsprung gegenüber den Strafverfolgungsbehörden. Es wird aber nicht verkannt, dass gerade bei komplizierten Sachverhalten oder bei Spezialmaterien es mitunter schwierig sein kann, aus dem Datenmaterial die richtigen Schlüsse zu ziehen; aber auch in solchen Fällen kann im Ermittlungsverfahren die Beiziehung eines Sachverständigen vom Beschuldigten (auch bei Gericht) beantragt werden.

Das *Gebot der Waffengleichheit* wird im Umgang von digitalen Inhalten somit von der Rechtsprechung *ausgewogen berücksichtigt*, denn es darf auch nicht vergessen werden, dass *nur die zum Akt genommenen Auswertungsergebnisse für das* weitere *Verfahren relevant sind.*

Waffengleichheit und Digitalisierung

Magdalena Heyder und Flavio Romerio

Inhalt

A. Zeichen der Zeit

Geräuschvoll gehen sie hierzulande durch die Medien – die Berichte zu den Untersuchungen von Strafbehörden in komplexen Wirtschaftsfällen. Viel Aufmerksamkeit fanden die grossen internationalen Korruptions- und Geldwäschereiskandale rund um den Weltfussballverband Fifa, den halbstaatlichen brasilianischen Erdölkonzern Petrobras und den malaysischen Staatsfonds 1MDB. Mit regem Interesse verfolgt wurden aber auch nationale Skandale wie die Ermittlungen zum Anlagebetrug des Vermögensverwalters ASE und die Untersuchung von mutmasslichen Verfehlungen des ehemaligen CEO Pierin Vincenz bei der Führung der Geschäfte der Raiffeisen Bank.

Die Strafuntersuchungen komplexer Wirtschaftsdelikte gehen typischerweise mit einer beispiellosen Datenflut einher, die die Verfahrensbeteiligten bewältigen müssen. Es werden etwa ganze E-Mail-Postfächer von Personen in einem bestimmten Zeitraum untersucht, d.h. nicht mehrere Hundert, sondern Millionen von E-Mails. Werden Datenmengen dieser Grössenordnung Teil des Strafverfahrens, entsteht die Problematik, dass die Regeln der Strafgesetze darauf nicht zugeschnitten sind und die Verfahrensbeteiligten nicht über die gleichen Möglichkeiten verfügen, um diese Datenmengen zu bewältigen. Dieser Beitrag befasst sich daher mit der Frage, wie es angesichts grosser Datenmengen eigentlich um die Waffengleichheit im Strafverfahren steht.

Zwei Entwicklungen verleihen dem Thema Waffengleichheit im Umgang mit grossen Datenmengen Bedeutung: Zum einen führen die Strafbehörden empirisch vermehrt Verfahren, in denen es um komplexe Wirtschaftsdelikte geht. Zum anderen wachsen die Datenmengen generell weltweit rasant an.

Es gibt keine Statistik oder Studien, welche die Entwicklung der Wirtschaftskriminalität in der Schweiz umfassend aufzeigen. Immerhin enthalten die Kriminalstatistik kantonaler Polizeibehörden und die Strafurteilsstatistik des Bundes, wenn auch nicht spezifisch, Angaben zu Wirtschaftsdelikten. Von grösseren Beratungsunternehmen werden zudem mittels Befragungen private Studien zu Untersuchungen von Wirtschaftskriminalität in Unternehmen veröffentlicht.[1] Gegenstand von Wirtschaftsstrafverfahren sind kriminelle Verhaltensweisen unterschiedlichster Natur – neben den erwähnten öffentlichkeitswirksamen Korruptions- und Geldwäschereifällen sind Betrug (Art. 146 StGB[2]), Veruntreuung (Art. 138 StGB) und ungetreue Geschäftsbesorgung (Art. 158 StGB) klassische Wirtschaftsstraftaten. Als neues bedeutsames Risiko wird die Cyberkriminalität wahrgenom-

---

1 Vgl. zum Beispiel die *„Globale Umfrage zur Wirtschaftskriminalität 2018 – Schweizer Erkenntnisse"* von PricewaterhouseCoopers (PwC) basierend auf einer globalen Umfrage von Unternehmen im Zeitraum Juni-September 2017; verfügbar unter: https://www.pwc.ch/de/publications/2018/globale-umfrage-zur-wirtschaftskriminal itaet-2018.pdf; ferner PwC's *„Global Economic Crime and Fraud Survey 2020, Fighting fraud: A never-ending battle"*, verfügbar unter: https://www.pwc.com/gx/en/servi ces/advisory/forensics/economic-crime-survey.html.
2 Schweizerisches Strafgesetzbuch vom 21. Dezember 1937 (SR 311).

men. Die Hochschule Luzern kommt gestützt auf eigene Auswertungen der genannten Quellen für die drei klassischen Wirtschaftsstraftaten Betrug, Veruntreuung und ungetreue Geschäftsbesorgung zum Ergebnis, dass sich im Zeitraum 2009 bis 2018 ein klarer Trend der stetigen Zunahme der polizeilich registrierten Fälle erkennen lässt, bei einer vergleichsweise konstant tiefen Zahl von Verurteilungen.[3]

In den Untersuchungen komplexer Wirtschaftsdelikte geht es nicht nur um die Strafbarkeit von Managern und Angestellten, sondern regelmässig auch um die Strafbarkeit der Unternehmen selbst. Gemäss Schweizerischem Strafgesetzbuch setzt die Strafbarkeit eines Unternehmens immer ein Organisationsdefizit voraus (Art. 102 StGB). Die Abklärungen dazu, ob dem Unternehmen ein Organisationsdefizit vorzuwerfen ist, sind oft besonders datenintensiv. Ganz anders ist die Datenlage in Untersuchungen von Gewaltdelikten wie einem Raubüberfall oder einem Tötungs- oder Sexualdelikt. Hier gibt es allenfalls einige Bildaufzeichnungen oder Telefonie-Randdaten, im Vergleich zu komplexen Wirtschaftsdelikten jedenfalls aber nur wenig Daten.

Hinzukommt die noch nie dagewesene Entwicklung, dass die Datenmengen in- und ausserhalb von Unternehmen in den letzten Jahren allgemein und weltweit rasant wachsen. Die untenstehende Grafik illustriert das weltweite Wachstum der vergangenen zehn Jahre und die Prognose für das zu erwartende künftige Wachstum bis 2025. Die Datenmenge hat in den letzten zehn Jahren bereits stark zugenommen (von unter 5 auf rund 50 Zetabytes). Gemäss den Prognosen ist jedoch damit zu rechnen, dass das Wachstum in Zukunft zunehmend exponentiell verlaufen wird. Zentral ist die Erkenntnis, dass wir gemäss den aktuellen Prognosen erst am Anfang des exponentiellen Datenwachstums stehen und der grosse sprunghafte Anstieg noch bevorsteht.

---

3 *C.-V. Brunner*, *S. Gau* und *S. Brun*, Entwicklung der Wirtschaftskriminalität, Blog Economic Crime der Hochschule Luzern – Wirtschaft, Institut für Finanzdienstleistungen Zug IFZ; verfügbar unter: https://blog.hslu.ch/economiccrime/2019/09/16/entwicklung-der-wirtschaftskriminalitaet/.

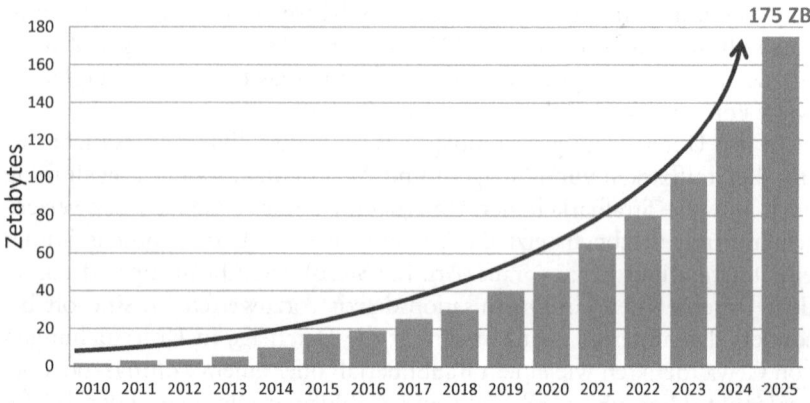

Annual Size of the Global Datasphere

Abbildung basierend auf dem IDC White Paper, Data Age 2025, The Digitalization of the World, From Edge to Core of November 2018, Figure 1, S. 6.[4]

Während also komplexe Wirtschaftsstrafverfahren bereits heute besonders datenintensiv sind, ist aufgrund des allgemeinen weltweiten Datenwachstums damit zu rechnen, dass sich diese Datenintensität in Zukunft weiter akzentuiert. Der Blick in die Strafprozessordnung zeigt, dass deren Regeln auf diese digitale Datenflut nicht zugeschnitten sind. Sie stammen aus einer analogen Welt und sind für analoge Fälle konzipiert. Dieses Manko tangiert auch die Waffengleichheit unter den Verfahrensbeteiligten, weil sie für den Umgang mit grossen Datenmengen nicht über die gleichen Möglichkeiten verfügen. Bevor wir uns die Regeln der Strafgesetze näher anschauen – was bedeutet denn Waffengleichheit?

B. Gebot der Waffengleichheit

Die Waffengleichheit ist ein Kernelement eines fairen Verfahrens und meint die Gleichstellung und -behandlung der Verfahrensparteien.[5] Der

---

4 Verfügbar unter: https://www.seagate.com/files/www-content/our-story/trends/files /idc-seagate-dataage-whitepaper.pdf.
5 6B_974/2019 (E. 1.1); BGE 116 Ia 305 (312 ff.); *M. Thommen*, in: M. A. Niggli/ M. Heer/H. Wiprächtiger (Hrsg.), Basler Kommentar, Strafprozessordnung/ Jugendstrafprozessordnung, 2. Aufl., Basel 2014, Art. 3 Rn. 98.

Grundsatz des fairen Verfahrens ist auf Verfassungsstufe in Artikel 29 BV[6] verankert (vgl. auch Art. 6 EMRK[7] und 14 UNO Pakt II[8]). Danach hat jede Person in Verfahren vor Gerichts- und Verwaltungsinstanzen Anspruch auf gleiche und gerechte Behandlung sowie auf Beurteilung innert angemessener Frist (Art. 29 Abs. 1 BV). Durch die faire Ausgestaltung von Verfahren, verspricht man sich eine richtige, gerechte Entscheidung.[9]

Auch im Strafverfahren gilt der Grundsatz des fairen Verfahrens und das Gebot der Waffengleichheit (Art. 3 StPO). Die Schweizerische Strafprozessordnung verpflichtet die Strafbehörden ausdrücklich, alle Verfahrensbeteiligten gleich und gerecht zu behandeln und ihnen rechtliches Gehör zu gewähren (Art. 3 Abs. 2 lit. c StPO). Gemäss Bundesgericht setzt das Waffengleichheitsgebot nicht nur ein Gleichgewicht zwischen der angeklagten Person und der Staatsanwaltschaft, sondern auch zwischen dem Angeklagten und der Privatklägerschaft voraus.[10] In der Lehre wird differenziert, dass Waffengleichheit zwischen Beschuldigten und der Staatsanwaltschaft im gerichtlichen Verfahren geboten sei (nach Anklageerhebung), aber noch nicht im Vorverfahren (vor Anklageerhebung), da die Staatsanwaltschaft in diesen Verfahrensabschnitten nicht Verfahrenspartei sei, sondern die mit der Leitung der Untersuchung betraute Behörde mit der Kompetenz zur Anordnung von Zwangsmassnahmen.[11] Ausreichend sei, dass die beschuldigte Person vor Anklageerhebung die Möglichkeit habe, auf den Gang und das Ergebnis der Untersuchung in angemessenem Umfang Einfluss zu nehmen.[12] Spätestens im Gerichtsverfahren müsse jede Partei Gelegenheit haben, ihren Standpunkt zu den gleichen Bedingungen wie die Gegenpartei verfechten zu können, einen gleich ausgestalteten Zugang zu den Akten inbegriffen.[13] Werden grosse Datenmengen Teil einer Strafuntersuchung, können die Verfahrensparteien unseres Erachtens

---

6 Bundesverfassung der Schweizerischen Eidgenossenschaft vom 18. April 1999 (SR 101).
7 Konvention zum Schutze der Menschenrechte und Grundfreiheiten vom 4. November 1950 (SR 101).
8 Internationaler Pakt über bürgerliche und politische Rechte vom 16. Dezember 1966 (SR 103.2).
9 *Thommen* (Fn. 5), Art. 3 Rn. 98.
10 6B_974/2019 (E. 1.1).
11 W. *Wohlers*, in: Kommentar zur Schweizerischen Strafprozessordnung (StPO), A. Donatsch/T. Hansjakob/V. Lieber (Hrsg.), 2. Aufl., Zürich/Basel/Genf 2014, Art. 3 Rn. 23 f.; N. *Schmid/D. Jositsch*, Schweizerische Strafprozessordnung, Praxiskommentar, 3. Aufl. Zürich/St. Gallen 2018, Art. 3 Rn. 5.
12 *Wohlers* (Fn. 11), Art. 3 Rn. 24.
13 *Wohlers* (Fn. 11), Art. 3 Rn. 23 f.

auf das Ergebnis der Untersuchung allerdings nur angemessen Einfluss nehmen, wenn sie bereits **vor** Anklageerhebung symmetrische Möglichkeiten zur Datenbewältigung haben. Eine Gleichstellung erst im Gerichtsverfahren zielt ins Leere.

Die Waffengleichheit wird in der Schweiz primär als verfahrensrechtliches Postulat verstanden. Das Gebot bezieht sich auf die verfahrensmässige Gleichstellung von Parteien und verleiht nicht etwa Anspruch auf gleiche materielle Verteidigungsmöglichkeiten. Zum Beispiel kann ein Beschuldigter nicht beanspruchen, dass sein Strafverteidiger gleich erfahren ist wie der Staatsanwalt, oder dass ihm die Mittel zur Verfügung gestellt werden, damit sein Strafverteidiger gleich viel Zeit für die Verteidigung einsetzen kann wie die Staatsanwaltschaft für Untersuchung und Anklage. Der Anspruch auf Waffengleichheit konkretisiert sich in der Praxis in Verfahrensrechten wie dem Anspruch auf Rechtsmittelbelehrung[14], dem Replikrecht[15], der notwendigen Verteidigung[16] und dem Anspruch auf Mitwirkung an Beweiserhebungen.

C. Regeln von Gestern

Der Blick in die schweizerischen Strafgesetze macht schnell deutlich, dass die heutigen Regeln für die Datenlandschaft einer analogen Welt geschaffen wurden: Weder im Strafgesetzbuch noch in der Strafprozessordnung erfahren digitale Daten(mengen), wie E-Mail-Postfächer oder Kommunikationen auf Chat-Portalen, eine besondere Regelung. Soll etwa die Strafbehörde ein E-Mail-Postfach mit über 100'000 persönlichen E-Mails für das Strafverfahren erheben und auswerten können, obwohl voraussichtlich nur wenige E-Mails untersuchungsrelevant sind? Erhalten auch alle übrigen Verfahrensbeteiligten tatsächlich Zugang zu den 100'000 persönlichen Daten? Und in welchem Verfahren werden die wenigen relevanten E-Mails aussortiert? Um diese Art der „Inflation" geltender Regeln infolge Digitalisierung geht es.

Das Strafgesetzbuch widmet den digitalen Daten einen Satz in der Legaldefinition der *„Urkunden"*. Gemäss Artikel 110 Abs. 4 StGB sind Urkunden *„Schriften, die bestimmt und geeignet sind, oder Zeichen, die bestimmt sind, eine Tatsache von rechtlicher Bedeutung zu beweisen. Die Aufzeichnung auf*

---

14 BGE 145 IV 259 (261 f.); BGE 125 V 65 (67 f.).
15 6B_805/2013 (E. 2.2).
16 6B_90/2019 (E. 1.3.1).

Bild- und Datenträgern steht der Schriftform gleich, sofern sie demselben Zweck dient."

Dass das Strafgesetzbuch sich mit digitalen Daten nicht spezifisch befasst, erstaunt weniger. Vor allem die Bestimmungen der Strafprozessordnung sind jedoch nicht auf grosse Datenmengen zugeschnitten. Im Kapitel zu den „Durchsuchungen und Untersuchungen" hält Artikel 246 StPO für die Durchsuchung von Aufzeichnungen den Grundsatz fest, dass *„Schriftstücke, Ton-, Bild- und andere Aufzeichnungen, Datenträger sowie Anlagen zur Verarbeitung und Speicherung von Informationen"* durchsucht werden dürfen, *„wenn zu vermuten ist, dass sich darin Informationen befinden, die der Beschlagnahme unterliegen."* Bezeichnend ist, dass Artikel 246 StPO noch an erster Stelle *„Schriftstücke, Ton-, Bild- und andere Aufzeichnungen"* nennt, also klassische Datenträger, die für die Strafbehörde von Interesse sein könnten. Bei komplexen Wirtschaftsdelikten hat man es jedoch primär mit grossen elektronischen Datenmengen, z.B. E-Mails, Chats und Kalenderdaten, zu tun.

Artikel 246 StPO bestimmt, dass die Datenträger durchsucht werden dürfen, *„wenn zu vermuten ist, dass sich darin Informationen befinden, die der Beschlagnahme unterliegen."* Im Kapitel über die Beschlagnahme regelt Artikel 263 StPO dann den Grundsatz, dass Gegenstände und Vermögenswerte einer beschuldigten Person oder einer Drittperson beschlagnahmt werden dürfen, wenn die Gegenstände und Vermögenswerte *„voraussichtlich (a) als Beweismittel gebraucht werden"* […]. Eine Beschlagnahme von Datenträgern ist also zulässig, wenn sie *„voraussichtlich"* für eine Strafuntersuchung relevante Informationen enthalten und somit als Beweismittel dienen könnten. Verbildlicht gesprochen stammen diese Regeln noch aus den Tagen, als es um die Durchsuchung und Beschlagnahme einer physischen Kiste mit untersuchungsrelevanten Dokumenten in einigen Bundesordnern ging. Die Datenmengen waren überschaubar und deshalb konnte man noch Vermutungen darüber treffen, ob die Kiste Informationen enthält, die untersuchungsrelevant sein könnten und die Kiste beschlagnahmen, wenn sie *„voraussichtlich"* als Beweismittel gebraucht wurde. Vermutungen darüber aufzustellen, ob eine riesige Datenmenge (etwa ein Server oder ein E-Mail-Postfach) Informationen enthält, die *„voraussichtlich"* als Beweismittel gebraucht werden könnten, sind jedoch ungleich problematischer. Die Vermutungskonzepte für Durchsuchungen und die Beschlagnahme, auf denen die Strafprozessordnung aufbaut, werden stark verwässert und letztlich sinnentleert, wenn die Strafbehörden sie auf grosse Datenmengen anwenden müssen. Ist etwa in der Tat das gesamte E-Mail-Postfach mit über 100'000 Daten *„voraussichtlich"* relevant, weil sich darin wenige für die Untersuchung relevante E-Mails befinden?

Dieselbe Unzulänglichkeit zeigt sich auch bei den Bestimmungen zum Siegelungsverfahren. Artikel 248 StPO hält fest, dass das Zwangsmassnahmengericht (im Vorverfahren) oder das für den Fall zuständige Gericht (in den anderen Fällen) *„innerhalb eines Monats"* endgültig über ein Entsiegelungsgesuch der Strafbehörde entscheidet. Zwar handelt es sich hierbei um eine Ordnungsvorschrift,[17] dennoch ging der Gesetzgeber davon aus, dass der Richter grundsätzlich innerhalb einer kurzen Frist über Entsiegelungsgesuche entscheiden kann. Die Monatsfrist setzt aber implizit voraus, dass es das Gericht mit überschaubaren Datenmengen zu tun hat. In der Praxis ist ein richterlicher Entscheid über die Entsiegelung grosser Datenmengen innert Monatsfrist praktisch nicht möglich, wenn sich das Gericht effektiv mit den Daten und deren Inhalt befasst.

Die Datenmengen von heute (und insbesondere von morgen) hat der Gesetzgeber vor dreizehn Jahren beim Erlass der StPO nicht eingeplant. Das ist teils nachvollziehbar, wenn man auf der Zeitachse der eingangs erwähnten Grafik zum weltweiten Datenwachstum zehn Jahre zurückblickt (vgl. vorne S. 222). Die heutigen Datenmengen sind in der aktuellen StPO nicht vorgesehen, und für deren Handhabung gibt es im Grunde nicht einfach unpassende, sondern keine Regeln. Für die Untersuchungen komplexer Wirtschaftsdelikte hat dies zur Konsequenz, dass die Verfahrensbeteiligten sich mit der Datenflut anhand von Regeln auseinandersetzen müssen, die dafür nicht gemacht sind.

D. Aus der Praxis

In der Praxis neigen die Strafbehörden oft zu weit überschiessenden Datenerhebungen, was zu wesentlichen Nachteilen für die Verfahrensbeteiligten führt. Das lässt sich am besten anhand von Beispielen illustrieren:

Im Rahmen einer Strafuntersuchung wegen Korruption verlangt die Staatsanwaltschaft unter anderem von fünfzehn Personen eines Unternehmens, darunter Organmitglieder und höhere Kadermitarbeitende, deren E-Mails seit 2013 heraus. Insgesamt beläuft sich die Datenmenge auf rund fünf Millionen E-Mails. Weil sich unter den Daten auch die E-Mail-Postfächer von Geschäftsleitungsmitgliedern befinden, enthält diese Datenmenge unausweichlich auch viele sensitive Informationen, die mit dem laufenden Strafverfahren keinerlei Zusammenhang haben.

---

17 *Schmid/Jositsch* (Fn. 11), Art. 248 Rn. 11.

Wendet man nun die skizzierten Vermutungskonzepte der Strafprozessordnung für die Durchsuchung und Beschlagnahme an, so enthält der Mailverkehr von Mitgliedern der Geschäftsleitung oder Kadermitarbeitenden während der letzten acht Jahre „vermutlich" bzw. „voraussichtlich" Informationen, die etwa für die Abklärung eines Organisationsdefizits des Unternehmens relevant sein können. Die Sicherstellung von fünf Millionen E-Mails durch die Staatsanwaltschaft führt jedoch dazu, dass überwiegend Informationen erhoben werden, die sensitiv sind und keinerlei Bezug zu den Ermittlungen haben. Lässt man eine solche Datenmenge später durch eine Forensik-Firma analysieren, ist es in der Praxis so, dass bestenfalls ein Bruchteil der beschlagnahmten elektronischen Daten - im (angelehnten) Beispiel waren es weniger als ein Promille - der fünf Millionen E-Mails einen möglichen Bezug zum Strafverfahren haben. Ob die Daten aus strafrechtlicher Sicht tatsächlich relevant sind, steht damit noch nicht fest.

Solche überschiessenden Datenverfügungen in Strafuntersuchungen sind auch deshalb problematisch, weil auf diesem Weg viele sensitive Daten, z.B. über persönliche und finanzielle Verhältnisse oder Geschäftsgeheimnisse, Eingang in die Strafakten finden. Sind die Daten erstmal in der Akte, besteht keinerlei Datenschutz mehr, da Verfahrensparteien im Strafverfahren unbeschränkten Zugang zu allen, selbst persönlichsten und vertraulichen Informationen erhalten und die Informationen nach Belieben verwenden dürfen. In der Praxis kommt es regelmässig vor, dass Verfahrensparteien, teilweise über ihre Rechtsvertreter, Informationen aus dem Strafdossier an die Medien weitergeben oder für andere verfahrensfremde Zwecke verwenden. Auch beim Thema Akteneinsicht und Teilnahmerechte manifestiert sich daher die Problematik, dass die Regeln der Strafprozessordnung nicht auf den Umgang mit grossen Datenmengen zugeschnitten sind. Groteskerweise geben einzelne Zwangsmassnahmengerichte im Entsiegelungsverfahren Dritten (im Verhältnis zur Dateninhaberin) Zugang zu den gesiegelten Daten, damit sie Entsiegelungshindernisse wie namentlich ein allfälliges Geheimhaltungsinteresse substantiiert behaupten können. Diese Praxis führt in unserem Beispiel dazu, dass Beschuldigte, aber auch Privatkläger die fünf Millionen E-Mails einsehen können, die hier auch Korrespondenz der Geschäftsleitung und Geschäftsgeheimnisse wie Kundendaten enthalten, die offensichtlich Dritte betreffen und mit dem Verfahren nichts zu tun haben. Diese Praxis führt *ad absurdum*, dass eine Datenlieferantin die Siegelung von Daten genau deshalb verlangt, weil ein überwiegendes Geheimhaltungsinteresse geltend gemacht wird und ein Grossteil der Daten gar nicht untersuchungsrelevant ist. Diese Geheimhaltungsinteressen werden in den Wind geschlagen, wenn das Gericht während des Entsiegelungsverfahrens Einsicht gewährt. Dass es im

Schweizer Strafverfahren keinen Datenschutz gegenüber Verfahrenspartei-en gibt, ist nicht nur eine Eigenheit im Vergleich zu ausländischen Straf-prozessordnungen, sondern steht auch in einer gewissen Diskrepanz zur globalen Entwicklung, dass der Datenschutz verschärft wird.

Ein weiteres Beispiel: Die Staatsanwaltschaft verlangt in einer Betrugsaf-färe unter anderem von einer Bank die Herausgabe von 9'000 aufgezeich-neten Telefongesprächen mit einer Gesamtlänge von rund 300 Stunden. Die Edition ist mit erheblichen Kosten verbunden, die nicht ersetzt wer-den. Auch in dieser Konstellation stehen Staatsanwalt, aber auch Strafver-teidiger vor der Herausforderung, die 300 Stunden aufgezeichneter Tele-fongespräche analysieren zu müssen. Es wird noch darauf zurückgekom-men, was das für die Pflicht eines Anwalts zur Aktenkenntnis bedeutet. Wiederum ist es in der Praxis so, dass von diesen 9'000 Telefonaten nur einzelne Telefonate für die Untersuchung relevant sind. Die technischen Mittel, Telefongespräche mit einem potentiell relevanten Bezug zu analy-sieren, sind aktuell noch limitiert: Eine Möglichkeit ist die Umwandlung der Telefondaten mittels einer *Speech-to-text* Technologie, um die Texte an-schliessend mit Suchbegriffen durchsuchen zu können. Diese Technologie funktioniert in der Praxis für Gespräche in englischer Sprache recht gut, ist aber für andere Sprachen (noch) zu wenig tauglich. Eine andere Möglich-keit besteht in der Extraktion von Metadaten[18], um die Suche fokussieren zu können. Im Resultat besteht jedoch auch in dieser Konstellation die Problematik, dass die Strafbehörde mit einer möglichst grossen Kelle schöpft und weit mehr Daten erhebt, statt nur die wenigen (potentiell) un-tersuchungsrelevanten Telefonate.

Das bringt uns zu einem Treiber der Problematik – den in der Praxis be-stehenden gegensätzlichen Interessenlagen der Strafbehörden einerseits und der datenliefernden Unternehmen andererseits. Die Strafbehörde möchte möglichst alle potentiell untersuchungsrelevanten Daten sichern und selbst nach Belieben durchsuchen, das Unternehmen möchte nur tat-sächlich untersuchungsrelevante Daten herausgeben.

---

18 Metadaten sind strukturierte Daten, die Informationen über Merkmale anderer Daten enthalten, beispielsweise die Information darüber, wer ein Dokument zu welchem Zeitpunkt erstellte, abspeicherte oder abänderte.

E. Gegensätzliche Interessen

Die Interessenlage der Strafbehörde, alle untersuchungsrelevanten Daten zu erhalten, beinhaltet verschiedene Aspekte: Die Strafbehörde hat unmittelbar ein Interesse, die Kontrolle über die Daten zu gewinnen, die Daten also sicherzustellen und selbst selektieren zu können. Zwecks Wahrheitsfindung möchte sie Zugang zu allen potentiell relevanten Daten, was konkret bedeutet, dass sie Zugriff auf ein E-Mail-Postfach mit Millionen von E-Mails auch dann erhalten möchte, wenn am Ende nur wenige untersuchungsrelevante E-Mails darunter sind. Deliktsrelevante Daten möchte die Strafbehörde als Beweis sichern. Insbesondere aber hat die Staatanwaltschaft ein Interesse, ihre Rechte sofort ausüben können. Es ist daher wenig überraschend, wenn aus den Reihen der Staatsanwälte bisweilen gefordert wird, dass die Möglichkeit von Dateninhabern, die Siegelung der Daten zu verlangen, abzuschaffen sei.

Den Interessen der Strafbehörde stehen die Interessen des Unternehmens und anderer Betroffener gegenüber, möglichst verhältnismässig und schonend Daten herausgegeben zu müssen und nur unter Wahrung der Geheim- und Privatsphäre. Die Unternehmen haben zivilrechtliche, strafrechtliche und regulatorische Risiken zu berücksichtigen. Sie wissen insbesondere auch um das Risiko des fehlenden Datenschutzes im Strafverfahren und möchten deshalb nicht überschiessend, sondern von vornherein nur Daten mit einem wirklichen Bezug zur Untersuchung liefern. Im skizzierten Beispiel der Erhebung von E-Mails also nicht fünf Millionen E-Mails, sondern nur die wenigen E-Mails, die tatsächlich einen potentiellen Bezug zum Strafverfahren haben.

Geht man der Frage nach, wie in der Praxis mit diesen gegensätzlichen Interessen umgegangen wird, ist zweierlei festzustellen: Es gibt keine Regeln, die diese Problematik adressieren, und es gibt unterschiedliche Vorgehensweisen.

F. Unterschiedliche Ansätze in der Praxis

Die Strafbehörde kann grundsätzlich Daten(träger) bei Beschuldigten oder Dritten direkt beschlagnahmen, um in ihren Besitz zu gelangen (z.B. im Rahmen einer Hausdurchsuchung; Art. 263 ff. StPO). Zur Vorbereitung der Beschlagnahme kann die Polizei Daten(träger) vorläufig sicherstellen. Da bei der Beschlagnahme jedoch immer der Grundsatz der Verhältnismässigkeit zu berücksichtigen ist, wird die Strafbehörde allenfalls zuerst versuchen, die Daten(träger) vom Besitzer auf (relativ) freiwilliger Basis zu erhalten und die Dateninhaberin mittels Herausgabe- oder Editionsverfügung auffordern, die Daten(träger) bereitzustellen oder herauszugeben. Besteht kein Verweigerungsrecht, ist der Aufforderung nachzukommen (Art. 265 StPO). Betroffene können aber auch ein Verweigerungsrecht geltend machen und die Siegelung der Daten(träger) verlangen (Art. 248 Abs. 1 und Art. 264 Abs. 3 StPO).

Im Wesentlichen können drei Ansätze unterschieden werden, wie die Strafbehörde bei der Erhebung von Daten in der Praxis mit den entgegenstehenden Interessen der Unternehmen umgeht. Insbesondere wenn die Strafbehörde die Interessen der Unternehmen gänzlich unberücksichtigt lässt und unbegrenzt Daten erhebt, akzentuieren sich die Nachteile defizitärer Regeln im Strafprozess und die Waffengleichheit der Verfahrensbeteiligten im Umgang mit grossen Datenmengen gerät in Schieflage.

I. Zielgerichtete Datenerhebung

Ein möglicher Ansatz für den Umgang mit grossen Datenmengen ist, dass die Strafbehörde von Anfang an nicht einfach sämtliche vorhandenen Daten erhebt, sondern gezielt nur den deliktsrelevanten Teil. Eine zielgerichtete Datenerhebung (Edition oder Sicherstellung zur Beschlagnahme) bewirkt unmittelbar die von Unternehmen gewünschte Reduktion der Datenmenge. Auf diese Weise kann die Strafbehörde unter Umständen ein Entsiegelungsverfahren gänzlich vermeiden oder zumindest vereinfachen. Die zielgerichtete Datenerhebung entspricht gleichzeitig auch dem Prinzip der Verhältnismässigkeit, wonach Zwangsmassnahmen nur ergriffen werden dürfen, wenn die damit angestrebten Ziele nicht durch mildere Massnahmen erreicht werden können (Art. 197 Abs. 1 lit. c StPO). Das Verhältnismässigkeitsgebot gilt verstärkt gegenüber nicht beschuldigten Dritten, denen gegenüber Zwangsmassnahmen, die in Grundrechte eingreifen, *„besonders zurückhaltend"* einzusetzen sind (Art. 197 Abs. 2 StPO). Dieses Vorgehen ist auch unter dem Blickwinkel der Waffengleichheit angezeigt, weil die Verfahrensparteien nicht mit einer Datenflut konfrontiert werden, die sie nur mit erheblichem Aufwand – und teilweise wegen fehlender Mittel gar nicht – bewältigen können.

Am Beispiel der Erhebung von E-Mails würde zielgerichtet bedeuten, dass die Strafbehörde beispielsweise (begrenzende) Suchbegriffe einsetzt, um die für eine Untersuchung potentiell relevanten Daten zu selektieren. Unbenommen bliebe ihr die Möglichkeit, später weitere Daten zu verlangen. Dem Bedürfnis nach einer Sicherstellung der nicht erhobenen Daten könnte mit der Auflage Rechnung getragen werden, dass das Unternehmen keine Daten löschen darf.

Zielgerichtete Datenerhebungen praktiziert beispielsweise das U.S. Department of Justice (DOJ) in Untersuchungen mit kooperierenden Unternehmen. Das DOJ hält ein Unternehmen typischerweise dazu an, nur die untersuchungsrelevanten Daten herauszugeben und legt in einem Dialog mit dem Unternehmen fest, welche Daten relevant sind.

II. Kooperative Datenerhebung

Ein zweiter möglicher Ansatz für den Umgang mit grossen Datenmengen ist, dass die Strafbehörde zunächst eine umfassende Datenherausgabe verfügt, nachgelagert jedoch in einen Dialog mit dem datenliefernden Unternehmen tritt und gestützt darauf eingrenzt, welche Daten definitiv herausgegeben werden müssen. Unserer Erfahrung nach eignet sich dieses Vorgehen, um die Interessen sowohl der Strafbehörde als auch der Unternehmen zu berücksichtigen. Das Unternehmen liefert letztlich nur Daten, die für das Verfahren effektiv relevant sind, während die Strafbehörde die Daten sichern kann und danach oft zeitnah Zugang zu den Daten erhält, die sie für ihre Untersuchung benötigt. Wie der Dialog konkret abläuft, hängt davon ab, ob die Strafbehörde zunächst nur die Edition von Daten verfügt (die Daten also noch beim Unternehmen verbleiben) oder die Daten direkt zwecks Beschlagnahme sicherstellt (die Daten also bereits behändigt).

Die kooperative Datenerhebung ist allerdings in der jüngeren Praxis namentlich in komplexen Fällen erschwert, da Staatsanwaltschaften mit Blick auf mögliche Ausstandsbegehren von anderen Verfahrensbeteiligten den Dialog und kooperative Lösungen vermeiden (vgl. unten S. 233 f.).

1. Kooperative Edition

Die Strafbehörde fordert ein Unternehmen mittels Editionsverfügung zur umfangreichen Datenherausgabe auf. Zum Beispiel soll das Unternehmen gestützt auf eine Liste mit extensiven Suchbegriffen sämtliche E-Mails mit Treffern für den Zeitraum seit 2014 herausgeben. Letztlich interessiert ist die Strafbehörde nur an Kommunikationen betreffend einen bestimmten Kunden X des Unternehmens. Aufgrund der breiten Verwendung von Begriffen wie zum Beispiel „Spesen" führt die Suche ohne weitere Einschränkung zu unzähligen Treffern. Sie würde bewirken, dass das Unternehmen sehr viele Daten herausgeben müsste, die Kommunikationen zu Spesen anderer Kunden betreffen (sensitive Daten mit Geschäftsgeheimnissen), die mit der Untersuchung gar nichts zu tun haben.

Nach unserer Erfahrung ist in der Praxis je nach Strafbehörde und Kooperationsbereitschaft des Unternehmens folgendes Vorgehen möglich: Das Unternehmen wendet die Suchbegriffe der Strafbehörde an. Es prüft die Datenmenge mit Treffern und sortiert dann Daten, die nicht untersuchungsrelevant sind, aus, indem Ausschlüsse und Einschränkungen definiert werden (z.B. Ausschluss der E-Mails mit Treffern für „Spesen" anderer Kunden). Die Strafbehörde erhält am Ende des Prozesses die potentiell als relevant ausgefilterten Daten. Wesentlich ist bei diesem Vorgehen, dass das Unternehmen die Kriterien für die Ausschlüsse und Einschränkungen und die jeweiligen Mengengerüste vollständig transparent macht.

2. Kooperative Beschlagnahme

Möglicherweise verfügt die Strafbehörde auch direkt die Sicherstellung einer umfangreichen Datenmenge beim Unternehmen und kopiert die Daten zu diesem Zweck von internen Datensystemen oder Datenträgern. Im Unterschied zur Edition gelangt die Strafbehörde mit der Sicherstellung bereits in den Besitz der Daten. Regelmässig wird das Unternehmen dann die Siegelung der sichergestellten Daten verlangen.

Nach unserer Erfahrung bietet die Strafbehörde unter Umständen auch in dieser Konstellation Hand für Triageverhandlungen über den Ausschluss von nicht untersuchungsrelevanten Daten, bevor sie die Beschlagnahme anordnet. Voraussetzung ist wiederum, dass das Unternehmen kooperieren möchte. Nach Siegelung der Daten werden beispielsweise auf dem Datensatz Suchbegriffe angewendet, um die potentiell untersuchungsrelevanten Daten zu identifizieren. Nach allenfalls mehreren Suchdurchläufen selektiert die Strafbehörde am Ende des Prozesses wiederum die ausgefilterten Daten. An diesem Konsensprozess nehmen normalerweise sämtliche Parteien teil, die die Siegelung beantragt haben, und die Verteidigung. Formell verzichtet das Unternehmen im Umfang der selektierten Daten auf die Siegelung und die Strafbehörde ordnet deren Beschlagnahme an. Für die nicht selektierten Daten wird die Sicherstellung aufgehoben und die Daten werden der Dateninhaberin in der Regel retourniert. Der Fristendruck der Strafbehörde, innerhalb von 20 Tagen die Entsiegelung zu verlangen (Art. 248 Abs. 2 StPO), kann in der Praxis dazu führen, dass die Strafbehörde sich auf keinen Konsensprozess einlässt, insbesondere wenn es mehrere Verfahrensparteien gibt. Lässt sie sich auf den Prozess ein, verzichtet das Unternehmen typischerweise im Entsiegelungsverfahren auf die „Einrede", dass die Entsiegelung zu spät erfolgte. Ob ein derartiger Einredeverzicht rechtmässig ist, obwohl die Frist zur Entsiegelung als gesetzliche Frist der Parteidisposition entzogen ist, ist allerdings nicht höchstrichterlich geklärt.

III. Überschiessende Datenerhebung

Bei diesem Ansatz verfügt die Strafbehörde, dass das Unternehmen umfassend Daten herauszugeben hat, ohne nachgelagert noch weiter über Ausschlüsse und Einschränkungen zu verhandeln. Im Ergebnis wird konfrontativ eine überschiessende Datenmenge herausverlangt und die Interessen des Unternehmens bleiben unberücksichtigt. In unserem Beispiel der Erhebung von E-Maildaten wird also die Herausgabe von fünf Millionen E-Mails verlangt, anstelle des untersuchungsrelevanten Bruchteils von einer Promille. Um zu verhindern, dass die Strafbehörde viel zu viele sensitive und irrelevante Daten erhält, die in der Strafakte landen, führt das Vorgehen in der Praxis regelmässig zu langwierigen Entsiegelungsverfahren, in denen die Gerichte letztlich über die herauszugebenden Daten entscheiden. Weil die Gerichte unserer Auffassung nach am wenigsten für den Umgang mit grossen Datenmengen eingerichtet sind (vgl. unten S. 235 f.), trägt dieser Ansatz den unterschiedlichen Interessenlagen am schlechtesten Rechnung. Zudem werden ohne überzeugenden Grund die berechtigten Privat- und Geheimhaltungsinteressen der betroffenen Personen und Unternehmen massiv verletzt und jeglicher Datenschutz ausgehebelt.

IV. Würdigung

Die aktuelle Praxis in der Schweiz tendiert bedauerlicherweise zum dritten Ansatz. Einer der Gründe dafür ist, dass sich eine Strafbehörde exponiert, sobald sie mit einer Datenlieferantin Gespräche führt und über die Herausgabe von Datenmengen verhandelt. Sie riskiert, dass andere Verfahrensparteien ihre Unabhängigkeit anzweifeln und Ausstandsbegehren stellen. Auch wir machen die Erfahrung, dass Strafbehörden aus diesem Grund Gespräche ablehnen. Statt ein kooperatives Vorgehen zu ermöglichen, wird den Beteiligten ein konfrontatives Verfahren aufgezwungen.

Es gibt von Seiten der Strafbehörde aber auch Bemühungen, im Sinne der Strafprozessordnung berechtigte Geheimhaltungsinteressen von Parteien und anderen Verfahrensbeteiligten zu schützen (Art. 102 Abs. 1 StPO). Ein Vorschlag wäre, beim Strafdossier (Art. 100 StPO) zwischen den Gesamtakten und den Beweisakten zu unterscheiden, wobei die Beweisakten eine Teilmenge der Gesamtakten bilden. Diese Unterscheidung soll erlauben, das strafprozessual begründete Akteneinsichtsrecht der Parteien (Art. 101 Abs. 1 StPO) auf die Beweisakten zu beschränken. Gewisse zusammengetragene Akten würden somit (vorläufig) nicht zu den parteiöffentlichen Beweisakten erhoben. In die nicht parteiöffentlichen Akten hätten Verfahrensparteien und andere Verfahrensbeteiligte zum Schutz berechtigter Geheimhaltungsinteressen grundsätzlich nur in die sie betreffenden (Partei-)Akten uneingeschränkt Einsicht. Dieser innovative Vorschlag der Zürcher Staatsanwaltschaft III (Wirtschaftsdelikte) wurde vom Obergericht des Kantons Zürich jedoch nicht gestützt.[19] Das Gericht urteilte , dass die Strafprozessordnung eine solche Aktenkategorisierung nicht zulasse und Einschränkungen des Akteneinsichtsrechts nur nach Massgabe von Art. 102 Abs. 1 StPO bzw. Art. 108 StPO möglich seien. Vor dem Hintergrund, dass die Strafprozessordnung nur auf überschaubare Datenmengen ausgerichtet ist, erstaunt dieses Fazit nicht. Bedauerlich ist es nichtsdestotrotz.

Trotz verschiedener Ansätze in der Praxis verbleibt die Grundproblematik, dass in Strafuntersuchungen komplexer Wirtschaftsdelikte tendenziell immer mehr Daten Eingang in die Strafakte finden. Die verschiedenen Akteure eines Strafverfahrens müssen folglich einen Umgang mit den riesigen Datenmengen finden. Was aber bedeutet das konkret, gerade auch mit Blick auf die Waffengleichheit der Verfahrensbeteiligten? Wie analysiert man erhebliche Datenmengen, welche technischen Hilfsmittel werden dazu benötigt, und welche Schwierigkeiten stellen sich?

G. Bewältigung der Datenflut

Für die Datenanalyse müssen die Akteure im Wesentlichen drei Anforderungen erfüllen – sie brauchen Technologie, Know-how und Personalressourcen:

- Die Technologie wird benötigt, um Daten aufbereiten und analysieren zu können (z.B. Relativity, Nuix, Reveal oder Brainspace).

---

19 Nicht publizierter Beschluss des Obergerichts des Kantons Zürich vom 17. Oktober 2019.

- Es braucht Expertenwissen, um die Technologie zweckmässig und gewinnbringend einzusetzen. Insbesondere Technologie, die auf künstlicher Intelligenz (**KI**) basiert, ist zwar zunehmend effizient, aber für den Anwender auch zunehmend komplex.
- Trotz Technologie bedarf es weiterhin Menschen, die sich die Daten anschauen und relevante Informationen identifizieren. Die Datenanalyse durch den Menschen ist ein verhältnismässig langsamer Prozess. Wir gehen davon aus, dass sich durch Etablierung speziell von KI-basierter Technologie der Bedarf an Personalressourcen mittelfristig weiter reduzieren wird.

Die Anforderungen zur Datenanalyse vor Augen gelangen wir zur Frage, welche Akteure, abgesehen von der Staatsanwaltschaft, diese drei Anforderungen erfüllen und überhaupt in der Lage sind, die Datenflut zu bewältigen. Weitere Akteure im Strafverfahren sind die Unternehmen, natürliche Personen als Beschuldigte, Privatkläger und die Zwangsmassnahmengerichte. Die Realität zeigt hier ein sehr gemischtes Bild. Wir befassen uns nachfolgend eingehender mit der Situation der Unternehmen und beschuldigten natürlichen Personen.

I. Unternehmen

Unternehmen verfügen oft selbst sowohl über Technologie und Know-how als auch Personalressourcen für Datenanalysen. Global tätige Unternehmen haben spezialisierte Abteilungen für interne Untersuchungen, was eine Informatik-Infrastruktur und die Technologie zur Datenanalyse genauso mit einschliesst wie Expertenwissen. Sofern sie nicht über eigene Abteilungen verfügen, können Unternehmen bei Bedarf ohne weiteres Technologie, Know-how und Personalressourcen einkaufen, z.B. über die Zusammenarbeit mit Anwaltskanzleien, Wirtschaftsprüfern oder spezialisierten Technologie-Dienstleistern. Grössere Kanzleien arbeiten schon seit Jahren mit eigener Technologie, verfügen über eigene Experten für Datenanalysen und Projektteams für die manuelle Datenanalyse.

In der Praxis sind die Unternehmen bei der Analyse grosser Datenmengen daher keineswegs im Nachteil. Sie haben die Daten in aller Regel bereits analysiert, bevor der Staatsanwalt überhaupt einen Blick darauf werfen kann, weil beispielsweise gesiegelt wurde. Um gesiegelte Daten analysieren zu können, muss die Strafbehörde erst im Entsiegelungsverfahren vor dem Zwangsmassnahmengericht obsiegen – und das kann dauern und misslingen.

Das Zwangsmassnahmengericht wäre gemäss Strafprozessordnung dazu gehalten, innert Monatsfrist über eine Entsiegelung zu entscheiden. Die Gerichte verfügen jedoch regelmässig weder über die technische Infrastruktur noch über das Know-how, und meist auch nicht über die Erfahrung, um grosse Datenmengen zu analysieren. Wir stellen fest, dass die Zwangsmassnahmengerichte unter den Akteuren im Umgang mit grossen Datenmengen – gemeinsam mit gewissen natürlichen Personen als Beschuldigte – am Schwächsten positioniert sind. In unserer Praxis schaffen wir bisweilen Abhilfe, indem wir dem Gericht über einen Fernzugriff freien und selbständigen Zugang zur Infrastruktur unserer Anwaltskanzlei erteilen, um die gesiegelten Daten effizient und mit spezialisierten Analysetools zu sichten. Das Gerichtspersonal wird bei Bedarf technisch von den IT-Spezialisten der Kanzlei unterstützt. Die Strafprozessordnung würde es den Zwangsmassnahmengerichten im Übrigen erlauben, externe Sachverständige *„zur Prüfung des Inhalts von Aufzeichnungen und Gegenständen"* beizuziehen (Art. 248 Abs. 4 StPO). Das Gericht könnte daher externen Experten den Auftrag erteilen, eine Triage grosser Datenmengen vorzunehmen.

II. Natürliche Personen als Beschuldigte

Die praktischen Möglichkeiten von beschuldigten natürlichen Personen zur Bewältigung grosser Datenmengen variieren stark. Am schwierigsten ist die Verteidigung im Strafverfahren für eigentliche „Einzelkämpfer" mit geringen finanziellen Mitteln. Vermögende Beschuldigte können sich dagegen eine kostspieligere Strafverteidigung leisten. Oft sind beschuldigte natürliche Personen jedoch auf staatlich finanzierte Verteidiger (sog. amtliche Verteidigung) angewiesen.

Was die Ressourcen der Verteidiger betrifft, so verfügen kleinere, auf Strafrecht spezialisierte Kanzleien nicht über die Technologie, um grosse Datenmengen zu analysieren. Regelmässig fehlen ihnen auch eigenes Expertenwissen für komplexe Datenanalysen und das dafür nötige Personal. Vor allem aber fehlen die finanziellen Ressourcen, und der Strafverteidiger einer kleinen Kanzlei trägt überdies das finanzielle Risiko, dass sein Honorar insbesondere bei Entschädigung durch den Staat gekürzt und er für den tatsächlichen Aufwand nicht entschädigt wird.[20] Typischerweise fehlen dem Strafverteidiger einer kleinen Kanzlei daher die Ressourcen, um

---

20 Der Stundenansatz für amtliche Mandate beträgt im Kanton Zürich grundsätzlich CHF 220 (§ 3 Verordnung über die Anwaltsgebühren; LS 215.3).

beispielsweise 300 Stunden Telefonaufzeichnungen und hunderttausende E-Mails zu analysieren. Selbst wenn er aber über die nötigen Ressourcen verfügt, würde ihm der Aufwand am Ende womöglich nicht entschädigt. Diese faktischen Restriktionen kollidieren mit der anwaltlichen Pflicht zur Aktenkenntnis.

Unter Umständen werden beschuldigte Mitarbeitende im Strafprozess durch die Arbeitgeberin unterstützt, die eine Verteidigung (teil)finanziert. Denn werden Mitarbeitende strafbarer Handlungen beschuldigt, wird im Verlaufe der Ermittlungen allenfalls ein Verfahren gegen das Unternehmen selbst eröffnet. Die Verteidigung des Mitarbeitenden bildet dann faktisch die eigene erste Verteidigungslinie. Dies führt dann auch dazu, dass das Unternehmen dem beschuldigten Mitarbeitenden bei der Auswertung grosser Datenmengen hilft und ihn dabei unterstützt, die für seine Verteidigung relevanten Daten aus dem Meer vorhandener Daten zu fischen.[21]

H. Fazit zur Waffengleichheit

Grosse Datenmengen verursachen in Strafverfahren eine Problemlage. Strafuntersuchungen komplexer Wirtschaftsdelikte sind naturgemäss besonders datenintensiv, und es ist zu erwarten, dass sich diese Entwicklung in Zukunft aufgrund des weltweiten Datenwachstums weiter zuspitzt. Zur Problematik gehört, dass die Regeln der Strafprozessordnung auf den Umgang mit riesigen Datenmengen nicht zugeschnitten sind und die verschiedenen Akteure bei der Bewältigung riesiger Datenmengen faktisch über ungleiche „Waffen" verfügen.

Abgesehen von der Staatsanwaltschaft haben auch die Unternehmen grundsätzlich die nötigen Ressourcen zur Bewältigung grosser Datenmengen und sind der Strafbehörde bei der Datenanalyse oft einen Schritt voraus. Ob und wie die Unternehmen überlegene Kenntnisse nutzen, ist von ihrer Rolle im Strafverfahren und weiteren Faktoren abhängig. Für die Unternehmen ist jedoch problematisch, dass die Strafbehörden zu einer

---

21 Hintergrund dieser Vorgehensweise bildet die Rechtsprechung des Bundesgerichts zur Unternehmensstrafbarkeit. Gemäss Leitentscheid vom 11. Oktober 2016 *in Sachen Schweizerische Post AG* setzt die Strafbarkeit des Unternehmens voraus, dass im Unternehmen in Ausübung geschäftlicher Verrichtung im Rahmen des Unternehmenszwecks eine Straftat (sog. Anlasstat) begangen wurde. Es muss nachgewiesen sein, dass der Mitarbeiter (Anlasstäter) die objektiven und subjektiven Tatbestandsmerkmale erfüllt, sonst entfällt die Unternehmensstrafbarkeit. Vgl. BGE 142 IV 333 (336 f.).

extensiven, weit überschiessenden Datenerhebung tendieren und dadurch sehr viele sensitive Daten in die Strafakte gelangen, die mit der Strafuntersuchung nichts zu tun haben.

Die praktischen Möglichkeiten von beschuldigten natürlichen Personen hängen stark von der Konstellation und ihren Mitteln für die Finanzierung einer Strafverteidigung ab. Tendenziell fehlen ihnen bzw. der Verteidigung die Ressourcen zur Bewältigung grosser Datenmengen. Problematisch ist der Umgang mit grossen Datenmengen regelmässig auch für die Zwangsmassnahmengerichte, die in mehrfacher Hinsicht darauf nicht ausgerichtet sind.

Zur Entschärfung der Problemlage könnte beitragen, die Ressourcen zur Bewältigung grosser Datenmengen im Lichte der Waffengleichheit auszutarieren. Ein erster, wichtiger Schritt wäre, bei der Erhebung von Daten mehr Augenmass walten zu lassen und auf die Edition oder Beschlagnahme unzähliger, überwiegend aber nicht relevanter Daten zu verzichten. Wenn gleichwohl erhebliche Datenmengen in das Strafverfahren einfliessen, gilt es in einem zweiten Schritt, den Grundsatz der Waffengleichheit so zu konkretisieren, dass alle Verfahrensbeteiligten ihre grundlegenden Verfahrensrechte effektiv ausüben können:

Waffengleichheit in diesem Kontext bedeutet zunächst, dass allen Akteuren die **gleichen Daten** zur Verfügung stehen. Die Daten müssen in der Form, wie sie der Strafbehörde vorliegen, auch den übrigen Akteuren zugänglich gemacht werden. Verfügt die Staatsanwaltschaft zum Beispiel über Daten im ursprünglichen Dateiformat (*native file format*) mit sämtlichen Metadaten, darf sie die Daten den übrigen Akteuren nicht im PDF (*„Portable Document Format"*) Format zur Verfügung stellen, bei dem sämtliche Metadaten verloren gehen.

Weiter verlangt die Waffengleichheit, dass allen Akteuren die **gleiche Technologie** zur Verfügung steht. Die Strafbehörde muss den Akteuren die technischen Analysetools, die sie selbst zur Datenanalyse einsetzt, ebenfalls zur Verfügung stellen. Dies kann durch einen Zugang vor Ort in den Räumlichkeiten der Strafbehörde oder durch einen kontrollierten, sicheren Online-Zugang erfolgen.

Waffengleichheit bedeutet, dass die Akteure über **gleiches Know-how** verfügen, um die Technologie zur Datenanalyse zu verwenden. Die Strafbehörde muss den Zugang zur eingesetzten Technologie erläutern, z.B. indem sie eine Anleitung zur Funktionsweise eines Analysetools zu Verfügung stellt. Eine eigentliche Ausbildungspflicht darüber hinaus ist hingegen abzulehnen. Es ist heute Sache eines jeden Anwalts, sich die in seinem Fachbereich notwendigen Informatikkenntnisse anzueignen.

Waffengleichheit würde letztlich auch bedeuten, dass den Akteuren **gleiche Personalressourcen** zur Verfügung stehen. Dieser Aspekt wird jedoch nach dem Schweizerischen Rechtsverständnis von der Waffengleichheit als verfahrensrechtliches Postulat nicht erfasst. Immerhin ist zu verlangen, dass die Gerichte gerade bei der Entschädigung von Strafverteidigern von den mit unter kleinlich anmutenden Honorarkürzungen absehen. Wenn die Staatsanwaltschaft erhebliche Datenmengen zu den Akten nimmt, muss auch der Strafverteidigung der Aufwand bezahlt werden, um diese Datenmengen zu sichten.

Der Schlüssel zur Entschärfung der Problemlage grosser Datenmengen im Strafverfahren liegt aber bei den Strafbehörden. Sie sollten Mass halten, auf eine unnötig extensive Datenerhebung verzichten und stattdessen gezielte Datenerhebungen anordnen oder Hand für kooperative Datenerhebungen bieten. Im Weiteren erscheint uns der innovative Vorschlag der Zürcher Staatsanwaltschaft, im Strafdossier eine Kategorisierung von parteiöffentlichen Beweisakten und (vorläufig) nicht parteiöffentlichen Akten vorzunehmen, als Lösung geeignet. In jedem Fall gilt es weitere Lösungsansätze auszuloten, welche die berechtigten Interessen aller Verfahrensbeteiligten fair und effizient austarieren.

Autorenverzeichnis (plus Herausgeber)

Magdalena Heyder
Rechtsanwältin und ehemalige Mitarbeiterin der Anwaltskanzlei Homburger AG in Zürich

Dr. Heiner Hugger, LL.M.
Rechtsanwalt und Fachanwalt für Strafrecht, Partner, Clifford Chance Deutschland LLP

Prof. Dr. Christoph Knauer
Rechtsanwalt und Partner der Kanzlei Ufer Knauer Partnerschaft von Rechtsanwälten mbB, Honorarprofessor für Wirtschaftsstrafrecht und strafrechtliche Revision an der LMU München

Ass.-Prof. Dr. Cathrine Konopatsch, LL.M.
Assistenzprofessorin für Strafrecht an der FernUni Schweiz

Prof. Dr. Marianne Johanna Lehmkuhl
Universitätsprofessorin, Lehrstuhl für Strafrecht, Wirtschaftsstrafrecht und internationales Strafrecht, Institut für Strafrecht und Kriminologie, Universität Bern

Prof. Dr. Frank Meyer, LL.M. (Yale)
Universitätsprofessor, Lehrstuhl für Straf- und Strafprozessrecht unter Einschluss des internationalen Strafrechts, Universität Zürich

Dr. Flavio Romerio (LL.M.)
Rechtsanwalt und Managing Partner der Anwaltskanzlei Homburger AG in Zürich

Prof. Dr. Helmut Satzger
Universitätsprofessor, Lehrstuhl für Deutsches, Europäisches und Internationales Strafrecht und Strafprozessrecht sowie Wirtschaftsstrafrecht, Ludwig-Maximilians-Universität München

Dr. Thomas Schröder
Akademischer Rat a.Z., Institut für deutsches, europäisches und internationales Strafrecht und Strafprozessrecht, Universität Heidelberg

Assist.-Prof. Dr. Stefan Schumann
Assistenzprofessor, Abteilung Unternehmensstrafrecht und Strafrechtspraxis der Johannes Kepler Universität Linz; Rechtsanwalt in München

Prof. Dr. Gerson Trüg
Rechtsanwalt und Fachanwalt für Strafrecht, TRÜG HABETHA Rechtsanwälte, Albert-Ludwig-Universität Freiburg

Dr. Bernhard Weratschnig, MBA, LL.M.
Oberstaatsanwalt bei der Zentralen Staatsanwaltschaft zur Verfolgung von Wirtschaftsstrafsachen und Korruption (WKStA) in Wien; Lektor an der Sigmund Freud Privatuniversität (SFU) in Wien